美国制造创新研究院解读

中国电子信息产业发展研究院　编

電子工業出版社
Publishing House of Electronics Industry
北京 · BEIJING

内 容 简 介

本书围绕美国制造创新网络计划展开，编者根据美国制造业相关部门及网站公开发布的内容进行分析研究，并掌握了大量一手材料，对美国“制造+创新”的双轨运行进行详尽和深入的观察。全书分上下篇，上篇主要内容包括美国制造创新网络的背景、运行机制、会员制和知识产权及对中国的启发等，下篇主要从组织结构、会员制度、技术领域、项目机制等方面详细介绍 America Makes、DMDII、AFFOA、IACMI 等美国已建的制造创新研究院。

本书通过研究美国特色的超级“产、学、研”平台——美国制造创新网络，充分挖掘美国制造与创新近五年的发展历程，内容涵盖宏观和微观两方面。在宏观上，它有很好的顶层设计与规划，以及正向运营的机制保障；在微观上，每个创新中心的定位、职责、流程等设计翔实且具有可操作性，给出了未来产业新制造的蓝图。

本书可供政府和企业借鉴，也可作为相关研究机构和行业专家的参考材料，对当下中国各地升腾发展的创新中心和如火如荼的工业升级有着非常好的借鉴意义。

图书在版编目（CIP）数据

美国制造创新研究院解读 / 中国电子信息产业发展研究院编. 一北京：电子工业出版社，2018.1
ISBN 978-7-121-32546-5

Ⅰ. ①美…　Ⅱ. ①中…　Ⅲ. ①制造工业一研究一美国　Ⅳ. ①F471.264

中国版本图书馆 CIP 数据核字（2017）第 205321 号

策划编辑：徐　静　郭穗娟
责任编辑：郭穗娟　　特约编辑：顾慧芳
印　　刷：北京七彩京通数码快印有限公司
装　　订：北京七彩京通数码快印有限公司
出版发行：电子工业出版社
　　　　　北京市海淀区万寿路 173 信箱　邮编　100036
开　　本：787×1092　1/16　印张：16.25　字数：406 千字
版　　次：2018 年 1 月第 1 版
印　　次：2023 年 7 月第 3 次印刷
定　　价：98.00 元

凡所购买电子工业出版社图书有缺损问题，请向购买书店调换。若书店售缺，请与本社发行部联系，联系及邮购电话：（010）88254888，88258888。

质量投诉请发邮件至 zlts@phei.com.cn，盗版侵权举报请发邮件至 dbqq@phei.com.cn。

本书咨询联系方式：（010）88254502，guosj@phei.com.cn。

编 委 会

序　言

最近几年，围绕着新一轮科技和产业革命，制造业受到工业发达国家的高度重视，而“制造业+创新”已成为各国不约而同的努力方向。英国近几年建立了高价值制造技术与创新中心，德国弗劳恩霍夫协会建立了创新技术联盟，都积极在这条道路上进行探索和实践。

美国总统科技顾问委员会在 2011 年发布报告，认为美国先进制造业衰退的重要因素是在将发明和发现实现产业化、转化成产品这个流程上出了问题。这个介于基础研究和产业化之间的空缺，被称为“死亡谷”。如何将基础研究的成果转化为先进制造技术的商业化应用，是制造业解决创新问题必须跨过的一道坎。

最近五年，美国为了推动国家制造创新战略计划，围绕科技成果转化建设了由一批“制造创新研究院”组成的一个遍布全国的“国家制造创新网络”，旨在保持美国先进制造在全球竞争中的领先地位。由制造创新研究院组成的制造创新网络涉及近 2 000 家企业、院所、大学、咨询等各种机构，构建了面向未来的美国先进制造业创新竞争能力。到 2016 年，美国已建成 14 个制造创新研究院。同时，又将国家制造创新网络正式命名为“制造业-美国”。

2017 年 5 月，美国先进制造国家计划办公室发表了《从概念到实践：制造业——美国年度报告》，充分肯定了制造创新研究院已取得的成就。当然，美国国家制造创新网络期待着在美国创新研发与先进制造产业化间起到积极的桥梁作用。但是，要完全实现这个目标，仍有一些困难。这种管理、运营模式的发展及效率还有待进一步观察。

美国制造创新网络及制造创新研究院给我们最大的启发是：政府如何利用有限的资金，调动“产、学、研、用”的积极性，寻求多方面的参与，共同组成创新联盟，聚焦于共性技术的研究与开发，在基础研究与产业化间架设桥梁。这给我们留下了十分深刻的印象。

根据《中国制造 2025》规划，我国要建立一批制造业创新中心。近年来，政府已经发布了《制造业创新中心建设工程实施指南（2016—2020 年）》《关于完善制造业创新体系推进制造业创新中心建设的指导意见》，以及 2017 年 7 月发布的《省级制造业创新中心升级为国家制造业创新中心条件》，为建设制造业创新中心指明了发展方向。

他山之石，可以攻玉。《美国制造创新研究院解读》的出版恰逢其时。本书是国内第一本系统和完整地介绍美国制造创新网络的由来，以及 14 个创新研究院的发展情况及运行机制的图书，具有近距离观察、学习和消化吸收的意义，可以让国内从事这一领域的专家和工程科技人员充分了解美国在这方面的进展、发展趋势和运行机制。深信本书对推动我国制造业由大变强，实现建设制造强国目标，具有十分重要的参考价值。

柳百成

中国工程院院士

清华大学机械工程学院及材料科学与工程学院教授

2017 年 8 月 6 日于北京

前言

《美国制造创新研究院解读》——一部长度刚刚好的工业实验剧

据说观察一个生物体演化的最好对象是果蝇，因为它的生命周期很短。它快速地呈现了一个生物从生到死的过程，演化中各种精彩的片断都压缩在一个非常短的时段内。对于实践者而言，都是苦乐自知的自然呈现，而对于观察者而言，却是最珍贵的记录舞台。美国国家制造创新网络，以及建立的各种创新研究院，正是一幕徐徐拉开的全系列工业实验剧，一切都可以仔细观察。

中国正在努力地将制造大国提升为制造强国，创新作为转型升级的重要抓手被寄予厚望。国家和省级制造业创新中心的建设，呈现出高涨的态势。此刻，美国制造创新研究院的发展，就是一个活生生的样本，给了我们直接学习和借鉴的案例。

美国宏大的计划很多，例如，美国基因组计划，投资非常巨大；美国制造创新研究院的主要委托方，美国国防部 DoD 在推动工业界、科研院所等开展协同创新方面已经驾轻就熟。然而，美国制造创新研究院充分表达了美国工业体系在调度资源上的章法，仍然是当下最值得关注的热点。这一次，它呈现出的规律性和重复性，是美国工业体系发展中难得一见的一次最为整齐的集体“踢踏舞”。

这样的组织其实协调难度还是很大的，产业界和学术界的合作并不容易。利益既不能太清晰，以至于联盟成员会相互提防甚至大打出手；但目标也不能太模糊，使得联盟合作不痛不痒、貌合神离。这种挑战是对一个组织、一种机制最为严峻的考验。哪些技术应该扶持、哪些知识产权应该保护、哪些成员应该加入、哪些利益集团应该联合，是一场工业实验剧复杂的舞台调度。

中国电子信息产业发展研究院组织编写本书，意图借鉴美国制造创新网络发展模式，通过剖析现有创新研究院的方向选择、建设过程和运营机制，为我国建设制造业创新中心提供指导，加快推动我国制造强国建设。

本书正是一种观察和记录的尝试，采用了远焦和近焦两个镜头角度进行展开，上篇主要采用“远焦镜头”，从十年多来美国制造的报告、战略角度取景，发现美国制造创新网络是宏大主旋律下的一曲铿锵的乐章。它内含的逻辑，其实并不必然是“工业再振兴”所激发的，“产、学、研”合作机制有着更长久的历史。早在20世纪70年代，面对日、韩半导体的崛起，美国形成了产业界、学术界和政府联合起来的SEMATech半导体联盟，对于美国重新夺回这块市场的领先地位居功至伟。而在90年代，由于不愿接受一些条款和发展方向的限制，SEMATech毅然放弃来自政府的补贴，彻底走上市场机制路线。这些政府因素的利弊和实践经验，或多或少也会体现在美国制造创新研究院的运作机制中，例如，政府在创新研究院的投入计划就是七年完成退出。还有很多这种例子表明，美国制造创新研究院正是美国工业体系的一个标准缩影。尊重既定的传统工业史，回顾那些走过的历程，是更好面向未来的方式。

下篇则采用了“近焦镜头”，逐一对14个创新研究院进行了分析。然而，有些创新研究院材料比较丰富，所以挖掘相对深；有些则资料相对较少，因此行文中没有也很难追求完全一致的结构。如果您是一个期望掌控实际操作细节的读者，可以从不同的章节中抽取不同要素，拼出一个完整的七巧板。可以说，下篇在追述美国未来先进制造脉络的时候，也比较像一个实操手册。我们在编写的时候，有时候甚至都想从书面上跳出来，跟未来的读者一起探讨这种机制到底如何操作。这是编写本书给我们带来的一个巨大乐趣。

创新研究院是一个丰富的光谱镜头。它将美国科技学术界、产业界和政府凝聚在一个五年的连续镜头之后，它之前的逻辑很深，之后的故事很长，我们作为观众却只能定格在这样的片断下去观察它，揣测它的工业体系。因此，这本书也可以看成一个小小的美国制造万花筒，不同的创新研究院呈现不同的色彩和形状，不是由一个模子制出来的。

本书的阅读对象，比较适合政府规划与决策者、产业界高层管理人员和技术管理者。它涉及的领域，既有美国“产、学、研”平台的运行机制，又有对未来高端制造的方向选择。更重要的是，它的招标流程、技术路线图的规划、政府宣传的手段等，都透出了美国方式，这是最值得学习和借鉴的地方。

然而，有些内容在专业领域涉足过深。因此，建议读者可以像袋鼠一样，跳跃着阅读本书。阅读中如果碰到不可忍受的专业词汇，不妨放过这个小节，跳到下面一个章节。正如行驶在田间路上，碰到没有林荫的地方，可以加速通过，前面的风景又会呈现不同的体验。

早在三年前，我就开始陆陆续续地关注美国先进制造的战略，研究工作也是零零星星的。然而，从好奇到兴趣，线索越挖越深，主题越来越明确。在这个过程中，才能意识到，手里抓住的钓鱼线下面，沉甸甸的是一条超级大鱼。掌控它显然已经超出了作者的能力：这些形形色色的创新研究院就是一架完整的美国工业创新机器。只有靠集体的力量，才能去把握它的含义，因此非常感谢其他作者如贲霖、刘亚威、宋华振等众人对这本书重要章节的完成。这期间对内容做了大量的裁减和调整，许多好的内容也未能全部放进去。美国制造创新网络涉及众多专业学科，大量丰富的细节和内容仍然会有不少遗漏，专业细节理解起来也很有难度，因此本书有很多不太成熟的地方，还请读者多多提出建议。

美国制造创新网络，看上去只是美国制造战略的很小一部分，但也呈现出美国工业恐龙皮影戏般的效果。我们只能提供一个剪影轮廓，要想还原成生龙活虎的真实立体效果，还需要依赖“产、学、研”各界共同的努力和实践了。

林雪萍

中国电子信息产业发展研究院第二届学术委员会智能制造分委会委员

南山工业书院创始人

2017 年 8 月于北京

上 篇

下　篇

上篇

第一章　美国国家制造创新网络[1]出台的背景

1.1　美国制造业现状

制造业一直在美国国计民生和国家战略上扮演着非常重要的角色。实际上每一个主要工业国家，没有不把制造业放在国策中第一重要的位置的。当今美国制造业的衰退，已经引起了美国国家和民众的日益关注。很显然，这与美国的国际地位、国家利益不相吻合。而关于"制造业对于美国是否重要"的这种辩论，一直也没有停止过。

制造业在美国的国民经济和国家安全方面占有第一重要的位置，从图 1-1 可以大致体会美国制造业的重要性。

2011 年，美国有 1.8 万亿美元的 GDP（国内生产总值）出自制造业，占 12.2%，比 2009 年的 11.2%略微上升。而在贸易和出口方面，制造业仍然是产品出口的主力。在过去的十多年里，制造业产品出口平均占据了全部美国贸易的 65%。2010 年，有 1.1 万亿美元的制造业产品出口；2011 年为 1.3 万亿美元，占当年美国实物出口总额的 86%[2]。根据世界经济论坛的研究，在 128 个国家中，超过 70%的收入差异可以由它们在制造业产品出口上的差异来解释。

---

[1] 编著者说明：本节采用最早的名称国家制造创新网络（National Network Manufacturing Innovation, NNMI），由于后来该组织更名为 Manufacturing USA，因此从下个章节开始，会以"Manufacturing USA"或者直译成"制造业 USA"出现。在本书中，NNMI 和 Manufacturing USA 基本上属于同名混用的状态。

[2] 初步设计，National Network for Manufacturing Innovation: A Preliminary Design 国家制造创新网络：初步设计，国家先进制造项目办公室，2013 年 1 月。

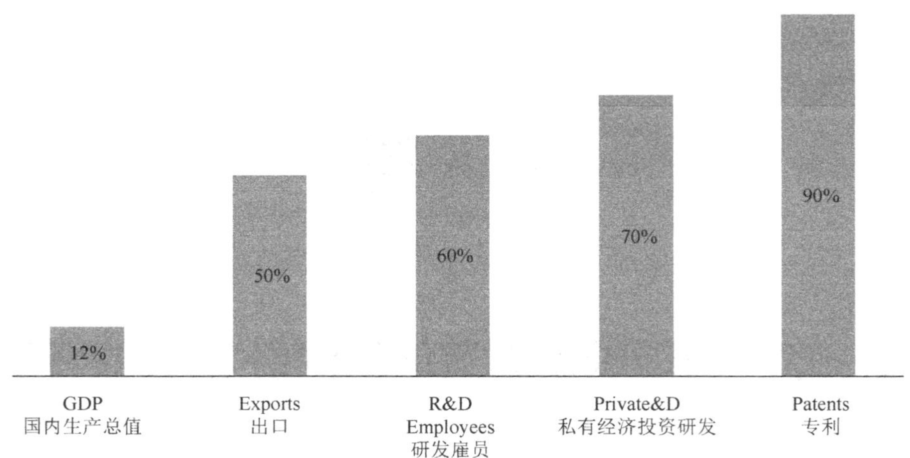

Source:BEA data;Presient's Council on Advanced Science and Technology.*Report to the President on Capturing Domestic Competitive Advantage in Advanced Mamrfacnring*.July 2012.
来源：2012年7月，美国总统科技顾问委员会，《就抓住先进制造的国内竞争优势而致总统的报告》，美国经济分析局数据

图 1-1　美国制造业在各项经济指标中所占份额

从基础研究的角度看，在全国私有资金研发投入中，来自制造业的约占 2/3。2009 年，美国国内制造业研发投入达到 1 950 亿美元，大约是国内私有经济研发投入的 70%。国家 60%的研发人员由制造业雇佣[3]。在美国，90%的专利产生自制造业。

1.2　美国制造业面临的主要问题

美国制造业的国际优势在缩小，可以从多个角度来进行分析。

从在 GDP 中的占比来看，2015 年占比为 12.27%，而研发占 GDP 的比重，美国居世界第 7 位，落后于韩国、日本、瑞士等国家。尽管如此，美国依然是全球研发投入绝对数量最大的国家，2009 年占全球研发总投入的 30%，只是份额在不断缩小。

不仅在制造业的蓝领工作上美国大量外包，而且这种情况正在向很多白领研发工作上蔓延。过去的几年，美国企业在海外的研发投入是在本土的 3 倍。根据美国自然

---

3 战略规划，*National Network for Manufacturing Innovation Program Strategic Plan*《国家制造创新网络计划之战略规划》，2016 年 2 月。

科学基金会的统计，在通信设备、半导体及相关电子元件制造、机动车三个工业产品领域，2008 年本土研发的工作岗位仅占全球研发岗位的 55%。28 万个中小企业无力外包研发岗位，不得不在人力成本上和海外对手竞争。

贸易和出口则一直是美国的硬伤。美国制造业在过去 20 年的逐步衰落造成长期的贸易赤字，而且，从 2002 年开始，高科技产品贸易也每年出现赤字。2003 年，在产品出口总额上，德国超越美国成为世界第一。随后，2009 年又被中国超越。在高科技工业方面美国全球市场出口份额也一路从 20 世纪 90 年代的 20%下降到 2008 年的 11%。高科技制造业产品贸易也在 2001 年从顺差转为逆差，并在 2003 年逆差达到 170 亿美元，2010 年扩大为 810 亿美元。这都是美国以前一直保持相对优势的领域。2011 年，美国先进技术产品贸易逆差达到 990 亿美元，大约占美国全部贸易逆差的 17%；而在 2000 年，美国先进技术产品有 50 亿美元顺差，到 2011 年，美国丧失了近 69 万个高技术制造领域的岗位[4]。

最头疼的是，就业问题仍然比较严重。制造业雇佣工人从 20 世纪 60 年代到 90 年代一直保持在 1 700 万～1 800 万。近十年，制造业几乎没有增长，三分之一的就业岗位丢失，新的产能投资也停滞不前。制造业就业岗位从 1998 年的 1 760 万个下降到 2010 年的 1 160 万个。近年来，美国制造业虽然有所恢复，但是，2015 年制造业的就业岗位也只达到 1 231 万个。据 2015 年美国制造业者协会 NAM 统计数据，美国先进技术产品的全球出口份额也从 21%下降到 15%，相应地丧失了 500 万个就业机会[5]。

贸易问题和就业岗位问题一直是美国国内争吵最大的地方。在 2016 年以前，华盛顿的贸易机构及其支持者一直认为工作流失是由于技术和自动化造成的，因此贸易不必承担责任，进而政治上继续支持贸易持续扩张。“贸易在美国制造业前所未有的工作流失中最多扮演了微乎其微的角色”是一种非常常见的观点。这一观点的典型代表是《纽约时报》题为《长期的工作杀手不是中国，而是自动化》的文章。甚至有人认为，特朗普或其他任何人无法把就业机会带回美国的最大原因是没有地方可以让工作回来。工作流失的主要原因在于效率提升。美国制造业的产出在 2015 年达到历史新高。在过去的 35 年间，制造商裁掉了 700 多万个工作岗位，但同时他们的产出比以往任何时候都高[6]。当然，这个观点也会有争议，美国智库信息技术与创新基金会（Information Technology and Innovation Foundation, ITIF）在多个报告中阐述了这一点。简单来说，

---

[4] 初步设计（同 2）。

[5] 初步设计（同 2）。

[6] ITIF. 特朗普制造战略的十大指导原则，2017 年 1 月。

1999—2015 年 GDP 实际增长了 37%，而制造业实际产出只增长了 27%。如果科技造成了所有的工作流失，那么制造业实际产出的增速应与 GDP 一致。实际上恰恰相反，制造业反而更糟。

类似的辩论一直就没有停止。随着人工智能和机器人的高速发展，这一争论会继续加大。但不管如何，在制造业，不仅低端的工作在丢失，高技术领域同样在丢失。不仅在制造业，甚至在软件和服务行业也在发生类似的情况。印度正在以更低的人力成本大量外包美国的代码开发的工作。

但是制造业在扩大就业方面的能力却是大家都公认的，处于各个不同行业的领头位置。美国《初步设计》报告中提到，制造业在美国所有可观的经济门类中，拥有最大的效应系数：制造业上每投入 1 美元，在相关经济活动中将产出 1.35 美元。相比之下，服务业每投入 1 美元，相关经济活动产出是 0.55 ~ 0.66 美元。平均来说，一个制造业工作支持了 2.5 个其他产业的就业，而在高端制造领域，可以支持高达 16 个。一个制造业的职位可以带来 1.6 个制造业外的就业，而一个先进制造领域的就业可带来 5 个先进制造业外的就业。

而在企业的运营方面，美国感觉到了很多的压力。2011 年，19 个美国制造业主要门类中，有 11 个门类的产出少于 2000 年。也是在这 10 年中，有超过 65 000 个制造业运营实体终止了业务运营，几乎达到美国制造业运营实体总量的六分之一；截至 2009 年，美国一直是世界上第一制造业大国。而到 2010 年，中国超过美国成为世界第一的制造业大国。

自 1980 年以来，美国制造业从业者的平均周薪基本不变，而美国同期标准生活水平提高了 3 倍。产业工人的技术技能，而不是成本，是企业决定在何处生产运营的首要考虑因素。2010 年的全球制造业竞争力指数研究[7]基于全世界 400 余位 CEO 和高级管理人员的调查显示，这是一个国家吸引制造业方面竞争力的首要决定因素，超过劳动力价格和原材料价格因素。这个 2010 年的报告认为，到 2015 年，美国制造业竞争力将从世界第 4 位降为第 5 位，而美国工人的工资收入低于欧洲平均水平及其他 16 个国家。

很多发明诞生于美国的技术正在让美国觉得陌生，例如，美国已经不具备生产节能型 LED（发光二极管）照明的知识、技能工人和供应链基础。类似的还有电子图书阅读器、电视、计算机、手机等。《美国制造》[7] 一书中曾经慨叹道，整个美国的航空

[7] 关于抓住先进制造业的国家竞争先机而致总统的报告，2012 年 6 月，总统科技顾问委员会。

飞机所赚取的利润全部被电视机的贸易逆差直接抹平。如此长的清单，还可以继续写下去：机器人、锂电池、太阳能电池、半导体存储装置、光刻机等。

美国在电池的生产上也在失去其领先地位。2009年《美国复苏与再投资法案》拨款240亿美元以推进先进电池的制造，以期将来的电动或者混合动力车辆电池不用依赖进口。而亚洲的公司包揽了除苹果以外所有品牌的手机、笔记本电脑的设计和制造。这种知识和产能的转移刺激了一部分美国学者的神经，他们认为这将极大危害美国的国家安全体系，增大假冒部件的风险。

很多国家为创新型初创企业提供方便获取的低成本资金，如中国国家开发银行2010年借贷354亿美元以发展风能和太阳能。相比之下，同年美国仅提供40亿美元的资助和160亿美元的贷款。

美国《初步设计》报告认为，造成美国制造业问题的主要原因是，未能有效地将基础研究领域的投资转化为经济和商业价值。美国国家科技委员会指出，美国的基础研发活动和技术创新的实际应用之间存在鸿沟，随之带来美国在高技术高附加值工业产品上不断增长的贸易逆差。尤其是早期的技术研发成果无法实现高效的规模化、推广化和商业化进程，因为这个过程，需要复杂的制造工艺的研发来同步跟上[8]。

美国在基础技术研发方面进行了大量投入，但是这些投入并没有收获相称的产业和商业利益。如《美国先进制造国家战略规划》中提到，在国家基础研发活动和生产技术创新及应用之间存在的鸿沟给美国的创新投入带来极大的浪费，同时制造业并没有从基础创新中获取足够的利益驱动。与此同时，制造业国际竞争在加剧，国际上各主要工业国家都在投资和动员资源加强制造业商业化转化基础，德国、日本、法国、韩国等都比美国进行了更大的投入。这些国家都建立了政府、工业界、学术界的合作关系来促进制造业创新[9]。

美国具有良好的技术创新的基础条件，但是未能更好地将这些创新能力整合起来，以支持美国制造业复兴战略，尤其是与制造业相关技术的规模化和商业化。

具体而言，这就形成了四个大问题：一个是制造业大量外迁，伤及国家制造业产业链，很多产品无法在本国内全链生产，危及国家安全；二是就业机会减少，产业工人待遇低，产业工人技能低且无提高途径；三是失去的制造业基础设施伤及制造业创新能力；四是制造业创新和产品的市场成功之间存在鸿沟。

本书作者之一贲霖2016年9月在华盛顿参加了由美国国家自然科学基金会新成立

[8] 先进制造的国家战略计划（a National Strategic Plan for Advanced Manufacturing）美国先进制造业战略规划，国家科技委员会，2012年2月。

[9] 初步设计（同2）。

的制造前瞻智库 MForesight 所举办的高峰会上，见识了美国制造精英界对制造与贸易的看法。毫无疑问，与会者对全球自由贸易忧心忡忡，他们认为，所谓的自由贸易仅仅是一幅图景，现实的情况是，每个国家都想让自己的工业最终在世界上脱颖而出。美国的弱点是，业界迫于持股人逐利的压力，只关注盈利多少，而认为美国经济是其他人应该关注的事情。国家则应该把注意力回归到客户、雇员、本地社会上。大量的制造业外流使得美国的制造业实力遭受沉重的损伤，将制造业的工作与技术带回美国迫在眉睫。

参会者认为，尽管美国的经济看起来还不错，失业率也不高，但是，几十年来，美国雇主与雇员的关系在持续恶化。雇主想寻求更低价的劳动力，随便就可以抛弃雇员，而雇员也因此丧失了对于雇主的忠诚。IBM 被作为一个反面案例被提出。1992 年前，它从不解雇工人；而后，它开始走上解雇工人这条不归路了。到了 2003 年，IBM 甚至要求美国工人要接受雇佣条款去培训他们在海外的替代者。

制造业的研发 R&D 留在美国，下游全部离岸外包，这是美国的普遍现象。美国民众正在强烈要求，需要把真正有价值的工作和所有的下游工作拿回来。这种基于本土工作、对制造业现状不满的情绪在特朗普身上看得非常清楚，我们姑且可以称之为“特朗普情绪”。

1.3 美国制造为何重要

美国总统科技顾问委员会（President's Council of Advisors on Science and Technology, PCAST）2011 年提交的《确保美国在先进制造业的领导地位》，成为支撑后来制造业发展的重量级报告。这份报告基于美国制造业的重要性和衰落的事实，给出了一些重要启示。

总的来说，制造业的相对萎缩是每一个发达工业国家共有的现象，是农业经济向工业经济、工业经济向服务经济类型转化的必然，而且在将来美国也无意与一些低劳动力成本、低附加值工业产品的国家竞争。即使如此，在先进制造领域，在由基础科技研发驱动的制造工艺及产品领域，美国仍然需要努力振兴及维持自己的领导地位。主要原因有三个：

（1）基于包括先进材料、高精度机床在内的先进制造业可以为美国工人带来高质量、高回报的工作机会。

例如，高技术产业工人的小时工资比普通产业工人高 50%～100%。如 AK 钢铁公司，在整体经济下滑的情况下，仍然可以维持雇佣 1 300 余工人生产定制化的电子工业钢铁用件，供应本国及出口市场；通用电气公司在制造高能效的洗衣机、烘干机、环保涂层产品、荧光灯、钠电池、喷气发动机等领域在国内增加了 4 000 多个就业岗位，依靠先进机床加工技术、技能工人、复合材料、税收优惠、自动化等措施，在外包潮流中实现了这种逆向的流动；Farouk 系统公司、年产值 10 亿美元的手持电器生产商和艾默生，将其在亚洲的生产厂转回国内以改善质量控制，更贴近客户需求，同时依靠自动化技术、更短的供应链来改善成本竞争力。

研究显示，在新英格兰地区的先进制造领域，每年有 7 500～8 500 个平均年薪 80 000 美元的产业工人工作岗位由于一些困难的阻碍而丧失掉，这些阻碍包括税收激励的缺乏、行业与公司和政府缺乏合作、受训技能工人的缺乏等。另一项研究表明，在密歇根州，2007 年有 65%（381 000 个）的工作岗位属于先进制造范围，而 2009 年，这个比例上升到 72%。尽管总体来说，该州就业岗位在持续减少，但高技术岗位流失的速度明显小于传统制造业岗位。

（2）一个坚实的制造业基础对于开发和采纳新技术是至关重要的，可以维持创新的可持续性。

美国制造业企业提供了美国 70%的研发资助资金，雇佣了 63%的国内科学家和工程师。技术和创新常常是跟着生产活动走的，当生产移向海外，知识和技术也不可避免地跟随着转移出去，那些承担了产能的国家，慢慢掌握了知识和技术，又拥有全球供应链的助力，在其研发力量的基础上，跨越式发展下一代新技术，再依托供应链优势，迅速抢占新市场份额。据《哈佛商业周刊》研究，这就是美国在高能效车辆的先进电池技术上落后的原因。相似的还有在硅材料加工、薄镀膜技术等领域。韩国、中国和日本在这些原来从美国转移进来的技术上持续发展，这帮助了它们确立在太阳能面板创新和制造的领导地位。目前，由于美国国内这些技术的供应链基础设施的缺乏，美国已经不是这个领域的主要竞争对手了。地理上相互靠近对于培育创新也是非常重要的。从研发到生产再到给客户送货，如果都在同一个地理区域内，将有助于提高新技术开发、商业创新的知识转移效率。从历史上来看，设计和生产在同一地理区域是重要的。设计和生产相互之间的及时反馈可以使得产品原型迅速开发、测试和扩大生产。而且，在这样的环境下，工程师和产业工人之间的交流也可以得到加强。在科学为基础的现代工业中，创新是需要跨专业、跨领域、交叉学科、广泛的技能通力交流合作的。尽管现在有信息技术的帮助，但是地理位置上相互靠近将在很大程度上促进知识的交流，美国硅谷就是一个很好的例子。

（3）本国的先进制造能力对国家安全至关重要。

尽管美国国家安全得益于许多在海外生产的产品，但是，供应链的全球化无疑会给国家安全带来风险，就是一旦发生意外，从原材料到高科技部件是否能及时供应。先进制造技术对于国防和国家安全是至关重要的，2006 年美国国家安全委员会的一项研究给出一个有用的视角：在未来军事冲突发生的时候，外国会拒绝提供某些必要的军事材料，而自己生产这些材料的工业基础又需要相当长的时间才能重建。研究提出，信息技术工业、纳米技术、生物技术有必要从战略上始终维持活力。先进制造业的产能也是该研究指出的，即需要持续保有的一种关键战略能力。而且，先进制造业和众多小公司的创新想法是密不可分的。有众多先进制造能力的小公司能极大地扩展国防部选择承包商的范围，获得有竞争力的产品和价格。例如，国防部实施的制造技术（Mantech）计划，每年大约向制造业基础研发投资 7 亿美元，而在国防部给国会的报告中则声称，大约能带来 60 亿美元的成本节约。

对美国而言，制造业的就业、贸易逆差、全球化、本土化都是长期值得关注的话题，许多国内的舆论纷争都由此而起，这些激烈的辩论也影响着美国国家制造政策的制定。在 2017 年年初，美国信息技术与创新基金会（ITIF）智库[10]在 2017 年提交的《特朗普政府制造战略的十大指导原则》中提出了如下四个关键性的问题[11]：

为什么美国自 2000 年以来失去了三分之一的制造业岗位?

为什么制造业岗位会转移到海外?

美国应该有多少制造业?

海外制造业能否返回美国?

现在看起来，美国制造业对于美国本土的重要性继续呈现辩论白热化的状态。但整体而言，制造业回归美国本土，正在成为政府刻意追求的目标，尽管还不清楚制造业本身是否会因为成本、供应链等原因对此进行抗争，也无法判断是否所谓“制造业回流本土”的现象真的能够顺利发生。

1.4 国家制造创新网络的诞生

2007—2008 年，美国发生了次贷危机，接着引发全球金融风暴，带来全球性的经

[10] 注：ITIF 是美国华盛顿特区的一个的非营利性无党派公共智库，该组织致力于促进技术创新的公共政策。

[11] ITIF.《特朗普政府制造战略的十大指导原则》，2017 年 1 月。

济衰退，美国的制造业也深陷旋涡之中。

当时，本书作者之一贲霖身处底特律，见证了经济衰退、汽车制造业被困的惨况。人们对底特律重新喊出了早在1973年在西雅图失业潮中喊出的绝望呻吟："Will the last person leaving Detroit—Turn out the lights"（最后一个离开底特律的人请关灯）。失业的人群流浪在底特律八英里路以南，底特律市中心延绵数英里都是废弃的高楼和民宅，充斥着满目的涂鸦，犯罪率日增，警察渎职。底特律以北50英里的城市Flint是大量汽车工业中小供应商的聚集地，更是受汽车工业困境波及的重灾区，加油站关闭，房屋废弃，工厂停工。当时朋友们一起聊天曾说，"这就是一幅核战争后的画面，如果拍电影，都不用布景"。

重振国家的经济基础，投资和创新是两大手段。2009年年初新任美国总统巴拉克·奥巴马针对经济大衰退所提出的总额7 870亿美元的美国经济刺激方案，由2 860亿美元的个人和企业减税措施以及5千多亿美元的政府开支计划组成。这就是《2009年美国复苏与再投资法案》，其要点就是减税、基础设施及公共投资、环境和能源安全投资、低收入人群福利，其中包括后来提出的1 200亿美元的基建计划和科研投资、145亿美元的环境投资（包括能源研究中心、国防设施能源效益设施投资）等数个计划。这些项目都和后来提出的先进制造业战略、举措及国家制造创新网络（National Networking Manufacturing Innovation，NNMI）的建立与运作密不可分。

作为经济危机的应对措施的效果之一，2008—2010年美国制造业开始反弹。截至2010年1月，美国制造业增加了近50万个职位。与此同时，制造业本身也在经历一些转型变化，例如，新的制造技术和生产方式的出现，包括数字技术、生物技术、纳米技术革新、增材制造等。

与此同时，美国总统行政办公室下属的经济委员会和科技政策办公室迅速行动，联合更新发布了《国家创新战略2009》，随着《国家创新战略2009》的步伐，同年《重振美国制造业框架》报告被提出。框架主要讨论了重振美国制造业方面政府应该的作为。随后两年修订发布了《国家创新战略2011》，并在2015年最终发布了《国家创新战略》终稿。这些创新战略的目的基本都是确保可持续增长和高质量就业，催化国家优先级技术的突破，以及建设一个拥抱创新的政府。

经过几年的不断深化与讨论，2011年6月总统科技顾问委员会（PCAST）提出《确保美国在先进制造业的领导地位》报告，主要讨论了美国在全球制造业领导角色的削弱和确保美国全球制造业领导地位的创新政策、途径及行动建议。根据此次PCAST明确而鲜明的建议，总统宣布成立"先进制造伙伴"计划（Advanced Manufacturing

Partnership, AMP)，其最主要任务就是识别工业界、学术界和政府之间的合作机会，促进政府激活美国先进制造业潜力。在美国，工业界被放到了优先的位置，先进制造合作伙伴计划（ AMP ）由陶氏化学公司总裁和麻省理工学院校长二者共同领导。

为了更好地贯彻 AMP 的“政、企、学”合作意图，由国家科技委员会倡议，2011 年 12 月快速成立了先进制造国家项目办公室（ AMNPO)，直接汇报给总统行政办公室。而在 NNMI 成立之后，AMNPO 顺理成章成为 NNMI 项目的管理办公室，并设立在商务部国家标准技术研究院下面，通过召集一系列 AMP 的公私合作伙伴计划，创造一个一体的倡导先进制造的“大政府”，为政府相关部门间持续的合作和信息分享提供便利，从而协调和实施先进制造伙伴关系的产出成果。

2012 年，在 PCAST 致总统的报告和美国竞争法 102 条款的精神指导下，国家科技委员会发布了《国家先进制造业战略计划》。该战略计划指出，美国在基础技术研发方面进行了大量投入，但是这些投入并没有获得相称的产业和商业利益，这是因为在国家基础研发活动和生产技术创新及应用之间存在鸿沟。

2012 年 3 月，国家制造创新网络(NNMI)设想开始被提及，在部分地区针对 NNMI 的意见征集活动、组织运行模式举办了广泛参与的座谈会进行探讨。

2012 年 6 月，美国国家研究委员会下属的科学、技术与经济政策委员会发表了《迎接挑战：美国对于全球经济的创新政策》报告。报告汇集了该委员会的一个研究项目——“比较国家创新政策：21 世纪的最佳实践”的成果，认为美国应当更新其“国家创新支柱”投资战略，更多了解其他国家为扶持本国经济所采取的措施，更加努力地获取创新投资成果，也就是为高技术事业发展和提供高质量职位创造有利环境。

至此，顶层的战略设计和相关立法依据基本完成。针对美国竞争力、创新及经济基础的根本——制造业，一系列相关报告、战略、计划、举措陆续出台。

2012 年 7 月，先进制造伙伴（ AMP ）关系工作组在致总统的报告《抓住国内先进制造业的有利先机》（称为 AMP 1.0 报告）发布，这是 AMP 成立一年来的工作总结。在这份报告中，国家制造创新网络（ NNMI ）的设想被正式提出。同样马不停蹄的是实战操作。就在这份报告出台仅仅一个月，第一个增材制造创新研究院作为 NNMI 的试验性创新研究院正式成立。与后来者有所不同，历史条件决定它是一个预先选定技术主题，并由国防部依赖现有拨款组建的创新研究院，主要目的是试验 NNMI 创新模式。此后几年中，美国政府不断出台对 NNMI 的构想、征询意见，同时也陆续建立不同的创新研究院，直到 2017 年 1 月，第 14 个也就是能源部资助的，材料生产能源消耗及排放降低创新研究院（ REMADE ）成立。

在特朗普和奥巴马政府交接之际，共有 14 个创新研究院被创立，离目标 15 个只差一步。NNMI 的建设进度何时进入特朗普政府的日程，还有待观察，但对先进制造业的扶植和促进却是两党难得的达成共识的国家战略目标，应该还有更多继续发展的空间。

1.5 美国制造伙伴（AMP）计划的推进机制

2011 年 6 月总统科技顾问委员会提出《确保美国在先进制造业的领导地位》报告，主要讨论了美国在全球制造业领导角色的削弱和确保美国全球制造业领导地位的创新政策、途径及行动建议。在写作该报告的过程中，AMP 委员会在全国各地召集了 4 次会议，共有来自企业、政府和学术界的 1 200 余位各界人士参加，公开广泛地就相关主题提出了各种建议。

《确保美国在先进制造业的领导地位》这份报告极具影响力。根据此次总统科技顾问委员会的明确而鲜明的建议，美国政府反应迅速，6 月份总统宣布成立“先进制造伙伴”计划，其最主要任务就是寻找工业界、学术界和政府之间的合作机会，促进政府激活美国先进制造业潜力。具体而言，就是识别机会、投资机会和评估。也就是要找到那些和先进制造业相关的最有前途的和最需要政府资金支持的技术领域，然后通过 AMP 向拨款部门建议拨款的分配和额度，并且对政府的投资进行客观科学的评估和建立一套评估标准——报告甚至给出了标准的建议。

这就意味着，AMP 致力于达到三方面的工作成果：开发联邦用于先进制造技术领域投资的评价、优先级判定和提出建议的永久模型；聚焦于先进制造领域的高影响力技术推行一系列合作活动，并针对技术、创新平台和劳动力发展创造合作模式；向政府有关先进制造的投资管理部门提供建议。

2012 年 7 月 AMP 1.0 报告发布，它主要是从战略层面指出，先进制造业是由高效、高生产力、高度集成、严格控制的广泛的美国制造商和供应商的群体组成的，不仅仅意味着先进生产技术。抓住先进制造业的先机，还需要政府、社团、教育从业者等各方积极参与。报告提出三大支柱十六条建议，三大支柱分别是推动创新、确保人才的输送和改善商务环境，这些行动建议对于加强美国先进制造业的创新系统，促进先进制造业在美国的发展至关重要。

在这十六条建议中，报告进行了非常细致的展开和解读，以推动创新的第一条为例，即“系统识别和推动先进制造关键技术的流程”，主要分为四个阶段：

（1）制订国家先进制造业战略计划和目标（该报告在 2012 年 2 月由国家科技委员会发表）。

先进制造国家项目办公室（AMNPO）和学界、企业界合作密切参与战略的制定，技术优先级评定标准要吻合国家战略大前提，制定出优先级评价的标准框架。阶段一工作完成后，得到一组国家关键战略技术的候选者；依据美国联邦政府对于工业技术优先级评定的一个分类标准，按照美国国家利益，市场需求、美国制造业竞争力和技术成熟程度的高低不同，分成了 13 个分类[12]。

（2）研究和制定每一种优先技术的发展路径（从新技术的研发到成为供应链）。

（3）针对优先技术开发设计，发起和资助相应的研发项目，具体形式可以是建立创新研究院的形式，筛选建立的流程需要是公开竞争性的。

（4）评价和改正。研发项目要定期审视和评估，由各方代表专家进行，应基于严格的具有衡量指标数据的分析（具体衡量指标，参阅 AMP 1.0 报告附件 1）。

AMP 1.0 的报告实际上汇集了 5 个工作小组的意见，包括技术开发、共享设施和基础构架、教育与劳动力、政策和外联，各自都有相关主题的子报告，这些报告汇总称为 AMP 1.0 报告。值得注意的是，“国家制造创新网络（NNMI）的建立”是 AMP 1.0 报告的一项非常重要的建议，这是首次正式在政府的文件报告中提出成立 NNMI 的建议，意在解决美国的基础创新工作与创新成果的成功商业化之间的鸿沟。

AMP 1.0 报告发布两年后，总统科技顾问委员会在 2014 年 10 月再次发布了《加速美国先进制造业发展》报告（可以简称为 AMP 2.0 报告）。报告的名称从第一版的“抓住竞争先机”变为第二版的“加速先进制造”，很有意思地反映了这种演进的变化：AMP 1.0 创建的目的是确保美国先进制造业抓住发展的先机，而 AMP 2.0 的目的显然是要加速这一进程，加快落实步伐。

鉴于 AMP 1.0 报告的内容以及整体美国制造行业对于先进制造的日益增长的关注，总统科技顾问委员会成立了 AMP 2.0 委员会，继续致力于 AMP 1.0 建议的实施。它仍然围绕 AMP 1.0 报告中的三个支柱“推动创新、确保人才的输送和改善商务环境”，提出了加速美国先进制造业建设的十二点建议。

这些建议不仅是对 AMP 1.0 中一些优先开展的工作所做的具体总结，而且根据新

---

[12] 注：在 IMI 的运作机制，如何优选技术方向中有解读。

的形势和新的发现，本着加速美国先进制造业的大目标，提出通过额外投资促进一些关键潜力技术创新的一系列建议。

这些建议都非常强调可操作性。在支柱三“改善商务环境”中，也给出了明确的操作规则。如要求在两个月内，国家经济委员会、科技政策办公室应该提交给总统一系列相关建议，包括在先进制造业活动中总统行政办公室的持续角色，以及相关联邦机构的角色、职责、定义等。

最为重要的是，AMP 2.0 在 AMP 1.0 基础上，进一步明确先进制造业优先发展技术的识别，并给出了四个原则，包括优先排序准则、产业和市场的需求拉动力、技术交叉能力、国家和经济安全，然后从这四个方面来确定对于美国优势的杠杆放大作用，甚至还给出了评分方法。由该方法决定了最优先的三个先进制造业技术领域：先进材料制造（AMM），先进传感控制与平台（ASCPM），可视化信息化和数字化制造（VIDM）。AMP 2.0 报告附件中的《AMP 推荐的三个优先技术领域》对于这三个技术领域的发展愿景、挑战、差距进行了详细分析，并给出了相关举措建议。

如何促使美国制造业创新可持续发展？这是 AMP 2.0 中要着重解决的问题之一。

对于遴选出的三个优先技术领域，以及特定的可持续发展策略，AMP 2.0 报告中详细论述了其方案。而对于超越特定技术领域的共性问题，报告也给出了解决的建议，包括以下几项：消除优先技术发展过程中差距的战略；建立先进制造顾问联盟，开发、建议和更新优先技术领域；建立促进先进制造技术产生的新的科研基础设施；软件硬件的兼容互换交换性等。

在这样的一个基础上，国家制造创新业网络（NNMI）的分析作为单独一个工作小组报告成为 AMP 2.0 中重要的组成部分。该工作小组报告总结了 AMP 2.0 以前成立的四个试点创新研究院的经验成果，对于未来的整体发展及其创新研究院的交流机制、绩效评估和监管、统一对外接口描述、组织结构、知识产权管理办法，以及聚焦技术领域的识别等问题进行了深入的讨论和总结，提出了一系列相关建议。

总体来说，总统科技委员会在 2011 年发布了《确保在美国先进制造业的领导地位》的报告，建议成立了 AMP 及委员会。2012 年 AMP 委员会发布了 AMP 1.0 报告并首次提到了 NNMI。而在 NNMI 已经建立了四个试点之后，AMP 2.0 报告于 2014 年再次发布。此时，NNMI 已经成为一个正式的工作组。至此，整个 NNMI 的运行机制已经有了非常完整的轮廓。

第二章　创新战略如何振兴美国制造

进入 21 世纪以来，美国国家创新战略一直有一个清晰的主线，并进行发展和演化。可以说，面向创新的国家冲动一直存在于美国的社会共识和法律框架之中，并由来已久。这期间，交织着报告、议案与法律的相互促进、相互迭代的成果演化，也是专家精英共识如何落实到政府具体政策和行动的连台好戏。

这一切，可以从奠基性的美国竞争法开始。

2.1　著名的两大报告

2003 年 10 月，美国竞争力委员会启动了“国家创新倡议”[1]。“国家创新倡议”于 2004 年召集了国家创新峰会，在峰会上发布了两份报告之一的著名的《创新美国：在竞争与变化的世界中繁荣》报告，提出了三大类六十多条建议，为美国创新能力的提升制订了行动方案。

2005 年 5 月美国科学院组织的一个包括诺贝尔奖获得者和高科技公司的 CEO 在内的 20 人，成立了“21 世纪繁荣全球经济委员会”。该委员会向国会提出了两份重要报告之二的《站在正在聚集的风暴之上：为更辉煌的经济未来激活与调动美国》的著名报告。报告评估了美国的技术竞争力，并进一步提出了相关的政策建议，包括四大类二十项“当务之急”，以促进美国的竞争优势。总的来说，是通过加强美国的研究和教育系统以确保国家经济的健康发展。

以上两份报告发布之后，各种立法议案陆续被提出，试图通过立法将上述两份报告中的政策建议固定下来。

---

[1] 注：美国竞争力委员会成立于 1986 年，该非营利组织主要致力于提升美国经济的全球市场竞争力。

2005 年上半年,《保护美国竞争优势法》议案被提出，其中吸纳了《站在正在聚集的风暴之上：为更辉煌的经济未来激活与调动美国》中的绝大多数建议。随后一年，旨在提供专利保护的《国家创新法案》议案、改进教育计划的《国家创新教育法》议案、旨在加强商务与科学部等四部委领域经费投入的《国家竞争力投资法》议案被密集提出。

然而，具有讽刺的意味是，尽管这些立法议案受到媒体和公众的密切关注，但最后没有一项通过国会的表决。估计其中的一个主要原因是，这些议案一旦通过，国家预算便会激增，而这是预算部门最不希望看到的。只有在 2005 年年中，提出了一个《美国创新与竞争力法》(American Innovation and Competitiveness , Act) 议案，希望通过增加研究经费、吸引科学和技术人才，以及加强有关的基础建设，维持并提高美国在 21 世纪的创新能力。该法案的最终修正议案终于在 2017 年 1 月奥巴马总统任期的最后时刻被通过，历时将近 12 年。

在美国，一个关于某个主题（例如：创新）的有影响力的报告面世之后，可能会带来一个主要的提交国会的议案及其附属变形议案，进而形成被国会和政府认可的战略构想及行动方案，这是很多报告努力的方向。美国政府跟国会的分权形成博弈，主要议案如果未能通过，也可以通过其他附加或者变形议案的通过达成报告主旨的部分实现。所以，在审视美国制造业相关议案的时候，我们可以知道它们彼此之间的联系和共同的主旨。

在上述两份报告及一系列提案的基础上,《美国竞争法 2007》和《美国竞争法 2010》先后通过。该法案的目的是通过研发投资美国创新，并提升美国竞争力。《美国竞争法》是美国历史上为数不多的两党联立的法令，这说明，增加基础研究经费，提升科学、技术、工程和数学教育，已得到美国民众较为一致的认可。它被誉为美国未来科学事业的路线图。

2.2 竞争法推动创新美国

竞争力和创新一直以来都是美国乃至世界上各主要工业国家、经济大国的立国根本，也是国家经济建设当中的主旋律。美国作为世界上首屈一指的创新大国，在国家竞争力和创新方面一直遥遥领先。但是，最近十年以来，美国的经济发展遇到了很大的问题，和其他各主要工业国家在创新力上的差距越来越小，由此产生的国家竞争力的领先优势也不断缩小，引起美国全社会和政府的高度关注。

2006 年 1 月，时任美国总统布什（George Walker Bush）在国会发表国情咨文，宣布启动“美国竞争力倡议”，旨在巩固美国在科学技术上的世界领先地位。一年半后，布什签署了《为切实推动一流的技术、教育与科学创造机会法 2007》(*America Creating Opportunities to Meaningfully Promote Excellence in Technology, Education, and Science Act of 2007*)，英文首字母缩写正好是“compete”（竞争）一词，故称《竞争法》。该法案容纳了此前两份著名报告的主要内容:《创新美国：在竞争与变化的世界中繁荣》和《站在正在聚集的风暴之上：为更辉煌的经济未来激活与调动美国》。

该法案长达 407 页，它批准在未来三年中为数十个研究和培训项目投资 430 亿美元，是美国科技、教育和科学发展历史上的里程碑。这个“美国竞争力计划”涉及六个重要机构，包括科技政策办公室、国家航空航天管理局、国家标准技术研究院、国家海洋大气管理局、能源部和国家科学基金会。它为这六个机构提供了广泛政策的授权法，规定了相关机构应该遵循的政策、必须完成的特定项目以及可能的开支水平。对于拨款，还要确定特定年份所需要开销的金额。

《美国竞争法 2007》侧重于三个主要领域，包括科研投资、公民教育和激励创新。

在科研投资方面，该法案决定把国家科学基金会（NSF）的经费增加一倍，由 2006 年度约 56 亿美元逐步增加到 2011 年度的 112 亿美元；而能源部（DOE）科学办公室则在 10 年内增加一倍经费。其中，2006—2011 年度的经费由 36 亿美元逐步增加到 52 亿美元。同时建立“创新加速度科研项目”，以指导联邦机构在科研方面的投资，这其中规定了不低于 8% 的研发预算，专门针对高风险的前沿课题。

而在发展创新的基础上，则主要进行了顶层体制和软实力的建立。正式成立了对总统负责的创新和竞争力委员会，主要负责制订详细日程，以促进提高公共和私营领域的创新和竞争力——2010 年成为总统科技顾问委员会（PCAST）。同时，进一步召集全国科技峰会，并征集广泛的关于美国创新的竞争力的报告，要求美国国家科学院进行一项研究，调查清楚目前阻碍创新的原因和形式，以更好地制定政策。

《美国竞争法 2010 再授权法案》是 2007 法案的延续，于 2011 年 1 月签署成为法律，代表了美国走建设面向 21 世纪的创新经济道路的重要里程碑。该法案授权联邦政府继续对能源部科学办公室、国家标准技术研究院和国家科学基金会三个美国主要从事基础研究机构的研发预算增大投入。此外，还有助于加强奥巴马政府开创的旨在提高美国学生在科学、技术、工程和数学教育方面的投入。该法案还授权多个联邦部门采取设立奖金的竞争方式，通过不断挖掘社会人才，解决技术难题。

该法案分十部分，基本还是涉及了2007法案相同的政府部门和相关领域，仍然是六大政府机构，同时在教育、STEM、创新等领域进行了再授权，如面向制造业的教育被重点强调，从而为制造业输送更多高质量人才。这些内容包括通过基金资助的先进技术教育项目、绩点制的奖学金制度、增进少数族裔的参与和基于网络的远程教学等。

而在创新领域，非常有意思的一点是，在商务部长下设置创新及创业办公室，这有点类似美国版的“双创”，致力于创新和新技术产业化。

法案还要求进行一项美国竞争力和创新能力的研究，由商务部经济统计管理局负责，并于2012年1月6日发表了《美国竞争力和创新能力报告》，其中很多处提到了有哪些具体条款直接影响美国制造业[2]。

2.3 国家创新战略的六年三次更改

《美国竞争法》的一大主题就是创新，其来源之一就是《创新美国》报告。这也可以看出来，美国的法律都是呼应一些重量级报告而来的。由于这些重量级报告都是不少专家集思广益而来，因此具有很大的影响力。在《美国竞争法》中，建立对总统负责的创新和竞争力委员会，其职责之一就是就美国创新战略给予总统建议。以《美国竞争法》为背景，国家创新战略应声而出。

美国国家创新战略从2009年发布第一稿，到2011年发布第二稿，再到2015年形成终稿，是一个有步骤、有计划的探索过程。一方面它确保创新战略的形成既符合国家发展方向和整体利益，另一方面又对具体实施提供指导，甚至具备具体实施的一个战略，具有非常强的可操作性。

2.3.1 《国家创新战略2009》

2009年年初，新任美国总统奥巴马针对经济大衰退提出了总额7 870亿美元的美

[2] 附录A，美国竞争法案中的先进制造条款。

国经济刺激方案。同年 9 月，美国总统行政办公室下属的经济委员会和科技政策办公室联合发布了《国家创新战略 2009》，其目的是确保可持续增长和高质量就业，催化国家优先级技术的突破和建设一个拥抱创新的政府。而一个更为现实、更为具体的基本举措就是，在《美国复苏与再投资法案》（ARRA 法案）中，与国家创新及其相关方面的投资额超过了 1 000 亿美元。

作为第一稿，战略聚焦于最急迫的关键领域，就是经济可持续增长和高质量就业，它通过一个金字塔的模型表达了三个层次的递进关系，如图 2-1 所示。

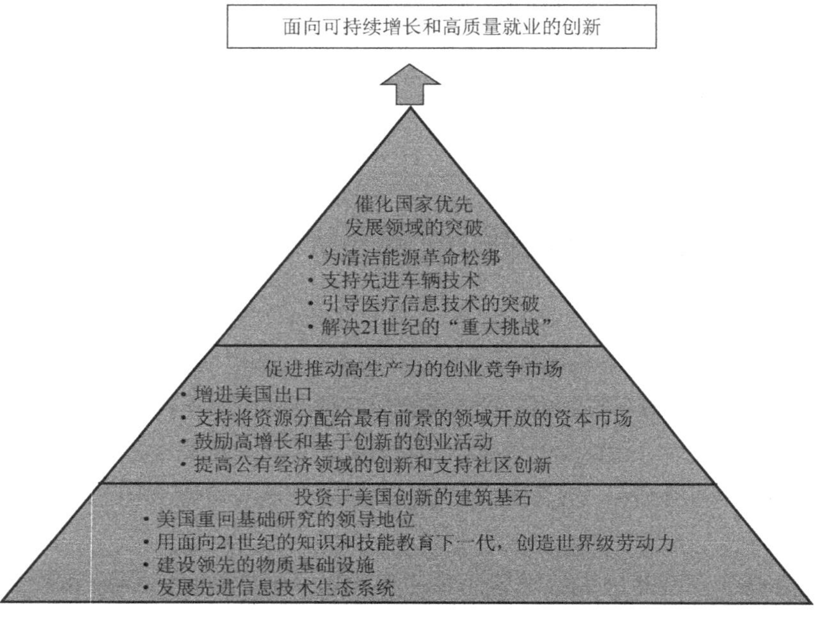

图 2-1　《国家创新战略 2009》战略思维

这个金字塔模型阐述了政府在国家创新问题上的战略思维，并且简明扼要地定义了创新的含义。简单地说，就是开发新的产品、服务和流程。创新是创造新的就业机会的关键，是快速高效经济增长的保证，是经济活力和弹性的关键。

根据《国家创新战略 2009》的创新模型，需要从创新基础，到促进创新的市场机制，再到国家优先技术突破。

在创新基础方面，主要是四个方面的工作，首先恢复美国在基础研究方面的全球领导地位，基础研究是所有创新工作的起始点；其次是教育，人才教育是一切创新工作的根本；再次，创新的物理基础设施是进行创新的物质基础；最后是开发先进的信息技术促进创新信息的交流。

在促进创新的市场机制方面，主要内容包括出口、积极良性的资本市场和激励创新型创业的环境和社区共同体创新。

在国家优先技术突破方面，提出了清洁能源、先进车辆技术、医疗信息技术为代表的一系列国家战略级的优先发展技术领域及其相关行动措施。

《国家创新战略 2009》从正反两个方面看待了美国经济发展中遇到的问题和取得的成绩，指出目前经济的主要问题是泡沫经济的不可持续性和基础投资上的短视造成的。而致力于可持续的经济增长，保证高质量的就业，创新是原动力，是解决问题的根本途径，是可持续性的保证。

那么，政府在国家创新中应该扮演什么角色？根据历史的经验和教训，单靠市场机制本身不能解决所有的问题，必须依靠政府职能和市场机制的配合。政府的参与不是去挑选市场上的优胜者，而是提供给市场竞争选手以工具和支持，让他们在市场环境下承担风险，自由创新。于是，政府职能自然落到在创新的基础上进行投资，充当连接者和催化者的作用，提供开放的市场竞争环境。

《国家创新战略 2009》给出的基本逻辑是，基本的任务是在美国创新的基石上的投资，在此基础上促进有利于高效企业的市场竞争机制，再进一步，催化有国家优先级的技术突破，从而形成面向可持续经济增长和高质量就业的创新战略。

作为对《国家创新战略 2009》的回应，2009 年 12 月，总统行政办公室发表了《重振美国制造业框架》。该框架审视了美国制造业的现状和遇到的挑战，并基于这些事实，以及对于制造业生产过程的分析和美国国家创新战略的指导，建设性地指出美国政府在重振美国制造业这个重大问题上应该的作为。

首先，框架总结了美国制造业的五个基本事实，分别如下：制造业为社会创造了可观的利益；综合成本是制造业者选择生产地点的主要因素；制造活动为环境带来的影响既是责任也是机遇；高生产效率是高工资的保证；美国的综合制造成本在世界范围某些行业是有竞争力的。在此基础上，框架回顾了标准的制造过程模型，总结出生产制造过程中的成本关键因素是劳动力、技术和商务运作、设备、地点、运输、市场准入环境、法规和税收。而制造业的振兴要从这七项成本关键因素着手，创新又是解决这七项成本因素的根本手段。通过结合《国家创新战略 2009》所指出的创新的基石：基础创新、教育、基础设施建设等；有利于创新的外部环境；良性资本市场；关键技术的突破，如能源技术、生物技术、先进车辆技术等来进行调整。

在制造业框架中，逐一将这将七项成本关键因素与《国家创新战略 2009》提到的创新基石建立逐一对应的映射关系，从而使得政策制定框架可以有效地规范政府的作为。对于劳动力因素，主要是给劳动者提供机会去获得高生产率的必备技能，包括高等教育和培训、投资社区大学和投资高质量职业培训等。而对于技术和商务运作因素，则主要是期望创造新技术和新的商务模式领域投资，包括基础研发和领先技术、制造业拓展伙伴（Manufacturing Extension Partnership, MEP）项目的规模翻倍、理顺和增强对于产业的政府服务的提供。基于此，政府最后还直接建立了一个创业和创新国家办公室和隶属商务部的创新方面的国家顾问委员会。

其他方面还涉及为商务投资开拓稳定高效的资本市场，例如，其中一个法案的可再生能源的现金鼓励和减税政策、先进车辆制造贷款项目等。与此同时，积极帮助社区和工人面向未来转型，结束美国本土的工厂关闭风潮，通过地区的创新集群支持有竞争力的制造业社区的创建等。该框架还建设性地提出一些高技术领域的机遇，包括未来工业清洁能源方面的高技术，如风能、太阳能；焕发制造业根基的活力，如钢铁、电池和电动车；资本密集型的高生产力工业，如生物工程技术；美国工业的领头羊领域，如航空航天技术；新兴技术，如纳米。当然还有制造业之外的领域，如智能电网、宜居房屋等。

2.3.2 《国家创新战略 2011》

2011 版的国家创新战略是对 2009 版的更新，主题是“确保经济增长和繁荣”。基于 2009 版的金字塔创新战略模型，2011 版根据新近形势的特点和变化，进一步阐述了金字塔创新战略模型各部分对于完成“确保经济增长和繁荣”目标的战略举措，如图 2-2 所示。

在第一部分提到的美国创新基石的投资上，和 2009 版一样，主要还是四个方面的工作：教育、基础研发、基础设施和先进信息技术生态系统。但是，最大的变化是，2011 版把教育提到了第一位置，而不是基础研发。这意味着创新的源头需要继续向前推，推到人才教育这个关键性但又是长远的问题。

第二部分：促进市场机制下的创新，也是主要四个方面的工作：税收鼓励政策、知识产权、鼓励高新技术创业、培育面向创新的良性市场机制。具体战略举措包括以下几项：凭借研究实验抵税计划加速创新，鼓励高增长基于创新的创业，增强创新的、开放的、竞争性的市场等。

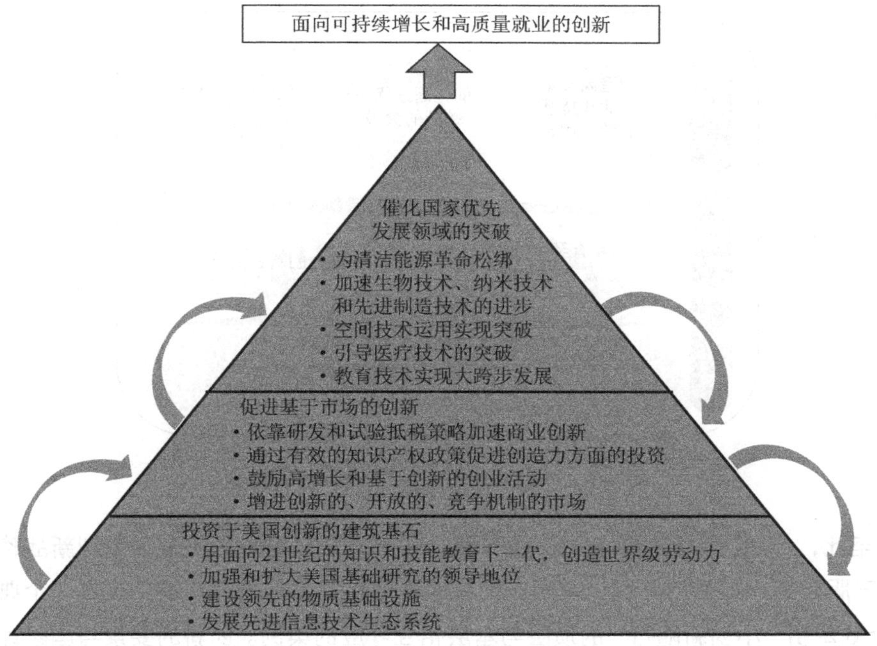

图 2-2 《国家创新战略 2011》主题

第三部分：面向国家优先级的突破技术催化。在一些已经识别的具有国家级重要性的领域进行政府投资，以催生这些领域的创新突破，保证美国创新在 21 世纪的领先地位。这些技术领域是清洁能源、生物技术/纳米技术/先进制造业、空间技术、医疗技术和面向教育产业的新技术。

2.3.3 《国家创新战略 2015》

2015 年 10 月，在前两版的基础上，美国政府正式确定国家创新战略。其战略模型如图 2-3 所示，在金字塔模型基础上确定了层级模型。延续前两稿的主题，还是聚焦在基础创新、政府职能与投资和关键技术突破。

基础部分是创新的要素，包含三个要素：创新基石上的投资、为私有领域的创新引擎输送燃料和为国家创新者助力，着重提出了公有和私有两个经济领域的创新。上层部分则是战略倡议，主要包含三大部分：创造高质量就业和持续的经济增长，催化国家优先技术突破，最终打造一个具有民有和民享的创新政府。

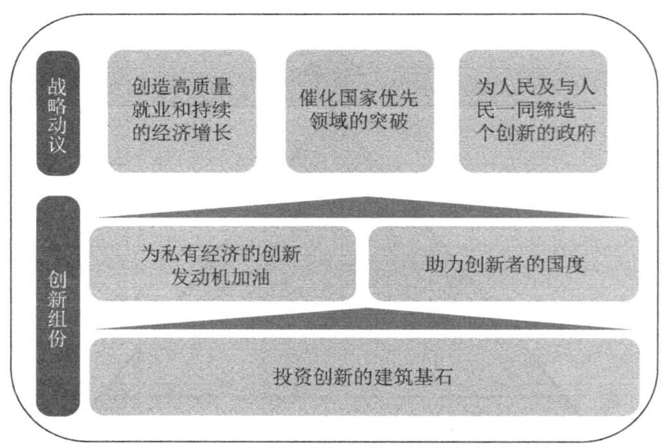

图 2-3 《国家创新战略 2015》战略模型

至此，经历过六年的实践，三易其稿，最终形成了最新的美国国家创新战略。通过这三版方案，战略格局逐步提高，创新的基础和主体越来越明晰。这是一个典型的“大计划牵引、小创新随行”的顶层与基层相互呼应的案例。创新的要素与国家计划的引领相互交织在一起，展示了一个非常典型的国家级战略设计与执行的过程，可以作为一个刚刚提出来的国家战略如何演化、如何动态优化的一个绝好的案例。

2.4 由创新政策推动先进制造业

那么，联邦政府在制造业创新领域究竟该扮演什么角色呢？美国总统科技委员会在 2011 年提供的《确保美国在先进制造业的领导地位》报告非常详细地描述了创新政策的重要性。在报告里，它强调了所谓产业政策和创新政策的区别，并明确指出，美国的先进制造业需要创新政策，而不是产业政策。

许多国家制定产业政策，是直接向特定的公司及其附属企业投资，来推进制造企业前进的。美国政府不走这样的道路，不直接扮演风险投资人的角色，把赌注押在某些大公司或者特定工业门类上面。相反，美国政府认为，应该基于市场竞争机制去优选那些最好的工业门类、公司和产品。因此，必须制定一个创新政策，不是选择培育一些特定的工业门类或者企业，而是要创造一种支持先进制造业创新的外部环境条件。

创新政策的目的是确保美国制造业的全球领导地位，第一，让美国提供开展业务的最好的外部环境；第二，让强有力的新技术在本国开发完成；第三，让以技术为本的企业能够得到蓬勃发展所要求的基础设施环境。创新政策应该包括创造吸引和维持企业在知识生产和创新的产品生产上愿意投资的商业和税收环境，应该通过一些定制化的激励措施和跟进的教育及培训让劳动者使用和进一步开发先进制造技术，应该让那些面临市场化的失败但对制造业创新意义重大的技术得到战略投资。

1. 创造一个有利创新的环境

所谓有利创新的外部环境，主要指的是税收、立法和劳动力。美国企业综合税税率为 39.21%，高于除日本（39.54%）以外的所有经合组织国家，如德国 30%，法国 34%，加拿大 29.5%，而国际经合组织国家的企业综合税税率平均值为 30%。美国企业境外的现金回流需要按照国内税率高出国外税率的部分征税，这使得很多美国公司不愿意把利润拿回国内。许多国家提供各种减税或者税收刺激方案来吸引制造企业及其研发活动，美国 2011 年研发活动的税收抵免在世界经合组织工业化国家中排名第 17；而 1992 年，美国排名第一。研发活动税收抵免从 1981 年出现以来仍然只是一项临时性措施，这给企业运营活动带来很大不确定性，企业期望的是可预期的长期的税收抵免计划。目前，美国政府已经提议简化和长期制定关于研发活动税收抵免的政策。

制造业的技能工人是企业最看重的，针对全球 400 多位 CEO 的一项调查表明，是否能有足够的高技能劳动力是决定企业竞争力的关键因素。美国的制造业外流让韩国、印度、中国等一些国家越来越强地具备一些生产的基础设施，同时也产生越来越多的高技能劳动力。而美国在这个方面不断走下坡路，以至于造成 STEM 领域高技能劳动力的缺乏，而且由于 H1B 签证的技术人才引进的一些限制，想引入国外的高技能劳动力更加困难。

2. 克服技术市场化过程中的失败

政府投资的一个主要的公正性体现就是要帮助企业克服市场化过程中的失败。所谓市场化的失败是指当私人投资无法达到新技术所要求的社会层面的优化程度时，该技术往往在市场竞争中失败，而投资者也无法获得相应的投资回报。

新技术经常要面对市场化过程中的失败。新技术的早期研发者由于资金的限制无法从自己的创新中得到足够的回报，而由于知识的外泄，其他的一些跟随者却往往能够获益。新技术的市场化成功能带动许多公司的兴旺甚至整个行业的兴盛。因此，政府在研发早期阶段的投入是很关键的。

历史上，联邦政府的很多技术投资是成功的，这些投资往往是国防部、美国国家航空航天局（NASA）、能源部、国立卫生研究院（NIH）等领衔投资开发的，其后由于市场化的成功，带动了整个行业的兴盛，并创造了上百万的就业机会。互联网就是一个例子，它是早期美国国防高级研究计划局（DARPA）和NSF长期提供资金的结果。这种投资对于私人资本是难以企及的。而另外一些情况，公私资本合作也有很多成功案例，如20世纪50年代贝尔实验室晶体管的研发、硅谷的半导体产业和GPS系统的研发。

而公私合营资本以PPP（Public-Private-Partnership）模式进行合作，在历史上也产生了很好的示范效果，如在20世纪80年代后期和90年代早期，半导体制造技术联盟（SEMATECH）联合体就是一个例子，它是美国对于日本在集成电路存储芯片市场上的强有力的竞争的一种对策。由联邦政府在5年内投入5亿美元，企业界再配比5亿美元，为下一代硅芯片进行系统研发，包括新技术、工具、生产设施、设备、供应商在内，形成联合体这样一个具有整体效应的高效形式。一直以来，PPP模式的政企合作有令人欣喜的成功案例。商务部和国家标准与技术研究院（NIST）对于下一代的计算设备进行了先导性的PPP合作尝试，形成了纳米电子研究动议组织，联邦政府对这个组织每年投资270万美元，州和企业界每年配比投入2 000万美元，并形成一系列地区级研发中心。该组织共有20个州的35所大学参加。目前，该组织在下一代计算装置的预备竞争力研发方面扮演重要角色。

另外一点要强调的是，政府需要尽可能提供给创新技术型企业以低成本的资金，尤其是具有国家优先级和解决社会重大问题的项目。尽管市场机制可以让最好的选手脱颖而出，但是往往对于早期新技术有显著的时间滞后。一些国家的发展银行的经验告诉我们，这种资金鼓励策略的效果是令人鼓舞的。

具体来说，在克服新技术市场化失败的方面，美国政府如何去确保先进制造的领导地位呢？主要涉及以下三个方面：

1）推动新技术

是推动新技术而不是推动新技术公司，政府不是风投，政府要在一些具有变革潜力的新技术上进行扶植，以避免新技术市场化失败，具体形式包括拨款资助有希望的新技术的应用研究、PPP模式的预备竞争力研发和联合体组织。至于哪些是重要的具有国家优先级和社会重大效益的潜在变革技术，报告[3]初步回答了这个问题：纳米级碳材料、下一代光电技术、可弯折电子器件、纳米技术及其衍生的医疗诊断和治疗装置。

[3] 为确保先进制造业的美国领导地位而致总统的报告，总统科技顾问委员会，2011年6月。

这些内容，除了纳米技术，其他内容均体现在已经完成的 14 个国家创新研究院之中。

2）支持共享基础设施

政府要提供给从业者、制造商和社会更多的使用制造基础设施的机会，尤其是中小企业。目前，有很多新技术、先进技术可以极大地促进制造业创新和生产活动的效率，但是，这些技术及其基础设施大多为一些大企业或者政府机构所拥有，对于中小企业，使用成本是高昂的。政府必须通过一些手段，让广泛的制造业能够尽可能便捷地得到这些资源的支持。

3）制造工艺流程的再思考

广泛的可以为制造业带来变革性影响的技术应该是以下几方面因素：降低风险、时间和成本；适应性设计，针对细分市场的产品开发；产品设计针对数量和品种的多样性的迅速扩大的对策。根据历史经验（半导体、信息技术等），可以从三个方面入手：可以极大改善现状的产品设计手段，包括系统工程、物理信息系统等；开发建立一些先进制造基础设施；支持建立开源的协作环境，进一步促进大规模、高复杂度产品的设计和诞生。

第三章　国家制造创新网络与制造创新研究院的运行机制

充满了硅谷传奇的互联网和IT精英、华尔街鲜亮的金融大亨，美国还在乎本土制造吗？美国靠什么保障制造业的领先优势？对于这两个问题的回答，导致了“制造业+创新”的国家战略，也就是国家制造创新网络（NNMI）的诞生。

创新是一个完整的链条，技术开发与技术转化是一个连续的过程，技术必须形成商业化应用或进入规模化生产，才能完成一次创新过程。科技到生产力中间有一道惊险的鸿沟，这个介于基础科研和商业化生产之间的空缺被称为“死亡之谷”。如何将基础研究方面的成果转化为新技术的商业化应用，是制造业要解决创新问题必须跨过的一道坎。

美国总统科技顾问委员会发现，导致美国制造业衰落的因素并不在于高昂的劳动力价格——劳动力因素被过度夸大了，因为德国的工资比美国高30%~40%[1]，但德国制造业仍然一枝独秀。智囊团认为，是在将发明和发现转化成“美国制造”产品这个流程上出了问题。虽然美国仍然引领世界基础研究、科学发现和创造精神，但是由于大公司研发的大多数重点放在了短期项目上，中间缺乏像早期的贝尔实验室、德国弗朗霍夫研究所等专门机构来做转换性研究。

对于如何填平这样的鸿沟，美国提出的对策就是建立工业界和学术界合作的制造创新研究院，通过“握手机制”，政府负责前半棒，后半棒交接给工业界。制造创新研究院（Institute of Manufacturing Innovation，IMI）由此诞生，它是由“产（包含中小企业）、学（包含社区学院）、研（包含国家研究院/所）、政（政府）”联合组成的非营利创新联盟。

国家制造创新网络NNMI成立的目的是致力于解决基础研发的成果向成功的商业转化过程中的障碍，也称为鸿沟。在运作机制上，采取PPP模式的政府、学术界、工

[1] 关于抓住先进制造业国家竞争先机而致总统的报告，总统科技顾问委员会，2012年7月。

业界三方合作，共同出资出力，共同致力于解决 NNMI 的目标问题，共同分享成果，而这种模式也是在私人资金无力解决“鸿沟”问题的对策。

3.1 循序渐进的国家制造创新网络战略设计

国家制造创新网络 NNMI 的战略设计是一个逐步构想完成的过程，从最初想法的提出到最后战略设计完成，甚至具体实施规划的细节，历时长达 5 年。可以清楚地看到，这是一个边构想、边完善、边建设的过程，既有自上而下的政策、法规、战略的贯彻，又有自下而上的来自企业、政府、学术界的集思广益，充分表现出 NNMI 项目作为一个整体符合国家发展创新的大方向，全局系统的思维，有章可循的推进，审慎前提下的大胆迈进的特色。美国政府的战略设计、举措和实施一直鲜明地体现这样的特色。

NNMI 的战略设计是当下制造业领域的一个战略举措。无须把讨论的时间线拉得过长，从近十年着眼，贴身观察一个初生事物的变化，既使得我们的研究和讨论更具时效性，也是颇具趣味性和实验性的一个思考。

沿着 NNMI 的规划演变的路径，这些相关行动具体如下：

2009 年 12 月，在《重振美国制造业框架》报告中，讨论了重振美国制造业方面政府应该的作为。根据国家创新战略的指导方针，在创新的基石、有利于创新的外部环境、关键技术的突破三方面进行了探讨，从制造业几个成本关键因素入手，提出政府针对制造业这些关键成本因素的框架构想。

应《美国竞争法再授权法案 2010》中的促进先进制造业的要求，2011 年 6 月总统科技顾问委员会（PCAST）向总统提交了《确保美国在先进制造业的领导地位》报告。该报告就先进制造业美国的创新政策进行了探讨，指出了政府的适合角色。之后，就复兴先进制造业在技术市场化的失败和培育富饶的创新环境两个方面提出七条原则三条建议。报告建议成立先进制造伙伴关系（AMP）计划，随后 AMP 委员会成立。

在 PCAST 这份报告的基础上，2012 年 2 月，国家科技委员会《国家先进制造业战略计划》编制完成。本着国家创新战略和美国竞争法案的精神指导，该战略计划针对先进制造业提出五个战略目标，每个战略目标又设计了衡量指标和规划了若干战略举措。

2012 年 7 月，先进制造伙伴关系 AMP 1.0 致总统的《关于抓住先进制造业国家竞争先机而致总统的报告》发布（称为 AMP 1.0 报告），这是对 AMP 成立一年来的工作总结。报告围绕三个先进制造业的支柱，提出了十六条确保美国的先进制造业竞争力、激活国内制造业基础、促进美国创新经济的建议。其主要内容完全体现了国家创新战略、美国竞争法案、先进制造业战略计划等一系列相关文件和法律的一贯指导精神。尤其需要提到的是，在这份报告中，国家制造业创新网络（NNMI）的设想被正式提出。

2013 年 1 月，NNMI 初步设计报告完成，这是由国家先进制造业项目办公室（Advanced Manufacturing National Program Office, AMNPO）在美国各地进行了四次意见征集、讨论和总结而形成的，是 AMP 1.0 关于建立 NNMI 工作的延续及成果。从制造创新研究院（IMI）和整体制造创新网络（NNMI）两个层面探讨了整体项目的愿景、目标、特点、成员组成、经费、监督和选项等。

2014 年 10 月，AMP 2.0 致总统的报告《加速美国先进制造业发展》发表，仍然围绕着 AMP 1.0 提出的三大支柱，进一步提出了十二项旨在加速美国先进制造业发展的建议。尤其需要指出的是，单独有一个工作小组关于 NNMI 的运作机制进行了进一步的分析和建议，完整的子报告也作为该报告的附件独立地呈现。

2014 年年底，美国制造业及创新复兴法案（Revitalize American Manufacturing and Innovation Act , RAMI）获得通过，正式授权国家标准技术研究院（NIST）成立国家制造创新网络。根据 2014 年 RAMI 法案的要求，NNMI 必须建立清晰的战略规划，在两年之后，也就是 2016 年 2 月，《NNMI 战略计划》编制完成，正式出台。该计划针对 NNMI 的主要建设意图进行了系统规划，并相应涉及了一些具体相关举措，如绩效评估、知识产权管理办法等。

至此，NNMI 的战略设计与执行工作的顶层设计已经全部完成。

3.2 NNMI 的战略方向与目标

《NNMI 战略计划》由 AMNPO 制定，它顺应整个 NNMI 战略计划的脉络，是由国家战略层面到先进制造业战略，直到 NNMI 战略的一个实施过程。

首先，NNMI 作为一个国家级制造业创新项目，更明确项目范围是针对先进制造业。

先进制造业的准确定义是什么？NNMI 战略计划书是这样解释的：采用不断涌现的新技术和新方式，进行前所未有的新产品的创造，或者创造现有产品的新生产方式。

这里就有两个需要明确的名词：新技术和新方式。

其次，战略规划定义描述了 NNMI 的两级层次网络结构。

第一层是制造创新研究院（IMI）。战略规划指出，IMI 是按 PPP 方式由政府、学术界、企业界合作和共同投资建设的，致力于开发世界级先进技术和能力的实体。每个 IMI 必须有其突破性技术领域及其第一流的中心设施，允许和参与方在此基础上进行相关技术领域的预备竞争力研发（技术成熟度 4～7）。同时，IMI 提供培训、教育，以及致力于可持续的、稳定的先进制造技术生态环境的创造。

第二层是国家级的国家制造创新网络 NNMI。该网络由各 IMI 及其下属子网络组成，作为美国复兴制造业战略的一部分（RAMI 法案）。网络由商务部下属的 AMNPO 直接领导，在项目上 AMNPO 既向商务部汇报，也可以直接向总统行政办公室汇报。这样的汇报机制使得 NNMI 的影响力大为增加，体现了美国行政部门的高度重视。国家制造创新网络的作用在 IMI 作用的基础上，还包括整体增强美国制造业全球竞争力、弥合基础研发和商业化之间的鸿沟、组织协调各 IMI 作为 NNMI 整体的活动，以及规划部署新的 IMI 建立和建设等。

很显然，NNMI 项目就是着眼于美国在先进制造领域的全球领导地位。因此，NNMI 致力于成为人、创意和技术的桥梁，以解决产业级的先进制造业的挑战，确保新技术能够从研发阶段到最后成为市场上产品的发展更加顺畅，培育国内的创新生态，为先进制造业培训更多有技能的劳动者。

NNMI 设置了四大目标来增强美国工业竞争力和经济增长。最重要的目标显然还是要增强美国制造业的竞争力，体现在先进制造的研究、创新、技术开发、实施先进产品在美国制造的策略。进一步落实，就是使能技术、材料、工艺、信息、产品、劳动力教育，这不仅能促进技术成熟度（TRL 4～7）的研发工作，而且能降低中小企业在技术和资金上的风险。

促进创新技术向规模化、成本分摊和国内产能转化，是一个相对复杂的目标，这也是国家制造创新网络的核心，也就是说，解决创新过程中制造业“死亡谷”问题。它采用了一个非常具体的度量工具，那就是技术成熟度（TRL）。这个区间被设定在 TRL 值 4～7。在这样一个区域，大量技术创新成果由于没有得到及时足够的支持而很难转化成为现实的生产力和产能，没有产生应该有的经济效益。

而对于加速先进制造业所需技能人才的开发是战略规划中讨论最多的问题，充分体现了国外的共识：那就是所谓先进制造业，根本在于人才和教育的推动。

创新研究院（IMI）是否具有可持续的、稳定的商业模式，是整个目标中最为不确定的一个环节，也是美国政府希望能够顺利解决的问题。所有 IMI 都要凭借自己的实力在市场上生存，国家的资金和扶助是帮助创新中心在最初的 5～7 年成长起来，之后的存亡都要靠市场说了算。IMI 显然需要自己建立稳定的资金源来维持运作和发展壮大。早期的 IMI 相关活动可以是招募会员、知识产权分享、开发技术路线、先进制造技术研究和开发、创造和展示先进制造业工具、成员间分享预备竞争力相关知识，以及开发相关培训课程。但这些活动中，许多都无法直接在早期带来收益，而在未来，这些活动需要成为 IMI 的重要资金来源。

在创新中心的建设上，各创新中心相互之间也要学习分享，具体建议包括以下几项：会员协议、会员制的层级和种类、权责义务等；知识产权分享办法、商务运营衡量指标；设施及服务的要求；会员所属设施服务及能力的要求；创新中心获得、升级、更换设备的方式；物理和网络的安全；信息技术系统；外联业务；国外参与者的相关处理办法；增进公众关注度；跨中心之间的先进经验和商务模式的分享；日常运作的实际经验分享等。

3.3 NNMI 的管理机构

NNMI 是在国家整体相关战略和举措的指导下建立的，因此，NNMI 的设计机制与国家高层设计保持高度一致，并进一步落实了相关举措。这就决定了 NNMI 的领导关联机构也是非常复杂的，涉及了美国联邦政府在科技和创新方面的各级行政机构。

先进制造国家项目办公室（AMNPO）是 NNMI 项目的直接领导管理者，于 2011 年 12 月宣布成立，旨在解决总统科技顾问委员会（PCAST）提出的联邦相关各部门在先进制造业领域通力合作的任务。

作为 NNMI 的直接领导机构，AMNPO 在 NNMI 项目上的职能是实施统一的战略管理，制定一些总体规则，保证所有 IMI 都是按照一个既定的使命和愿景前进。这些总体规则包括 IMI 的选择和创建流程、资金管理、知识产权分配建议、绩效评估、会员制和董事会管理制度等。在尽可能维持各 IMI 特色的前提下，建设关于 IMI 的相关战略、政策、沟通方式和管理办法等。

除了 NNMI 方面的领导管理职能，AMNPO 还负担国家关于先进制造业战略的实施，以及其他和先进制造业相关的活动，包括合作、交流、管理等相关组织和项目。

IMI 建立的选择流程是由 AMNPO 负责。选择的评估是基于打分制，审核小组由 AMNPO、联邦代表和专家组成。审核的内容不仅是申报项目书，还要实地考察及商务计划分析书等。

AMNPO 对于拨款管理的原则如下：

（1）IMI 的运作是 PPP 模式，也就是 Public-Private-Partnership。在 PPP 模式下，政府、业界共同出资，为共同目标合作分担资金风险，分享成果。在 IMI 的模式下，政府先拿出 7 千万～1.2 亿美元招标资金，要求申请者配套比例不得低于 1∶1，在 5～7 年内分期投入。早期政府投入的比例大，然后逐年减少，争取在 5～7 年内完全停止政府方面的资金投入，而 IMI 靠自己的竞争力在市场上存活下去。

（2）IMI 的资金来源可以是会员费、收费服务活动、研发合同、试制合同、非 NNMI 的基金申请，其他来源的联邦拨款、知识产权收入、捐款。

（3）每个 IMI 由董事会负责监督资金的运用，具体来说是在 IMI 的宗旨和限制条件下，制定相关的政策和流程，开发营利的商业机制。无论是 IMI 本身的资金支持还是 IMI 资助的项目资金，后续的拨付都要考察前期的业绩表现。

（4）对于业界的配套资金，宏观的要求必须是某种实物形式的，能对 IMI 的建设任务和目标带来实质性好处。例如，可以是现金、授权或是知识产权。

NNMI 设计了非常好的内部交流和外部交流机制。同时，AMNPO 还负责 manufacturing.gov 网站的建设，这个网站是所有先进制造业相关信息的一个门户。

3.4 IMI 的运作机制概要

各个创新院之间的相互合作是 NNMI 网络的首要功能，合作包括共同致力、经验分享、研发成果分享。彼此间的资金和会员模型、年度报告、远景预期等都应该是透明的。各 IMI 间不是竞争关系，而是在各自侧重的领域互为支撑，共同致力于 NNMI 的目标设计。

IMI 相对自治，其决策机构为董事会，由 PPP 各方成员担任。日常监管任务主要是决策、运营、会员管理、知识产权管理、投资、技术选择、资金分配、进度跟踪等。

NNMI 为此定义了四类具体的执行机构，并定义了角色及资金来源。

（1）网络委员会。初始由先进制造国家项目办公室（AMNPO）任命委员会成员，继后由网络委员会自行决定成员组成。值得注意的是，每一个管理组织或者委员会都应该有一个优化的规模，以便有效和高效地运行。

网络委员会的运作资金来自政府和国会对于 AMNPO 的拨款和个人委员的费用自付。

（2）技术顾问团。总目标是确保恰当的技术聚焦。资金来源是通过 AMNPO 来自政府和国会的拨款，以及个人会员承担的费用。

（3）教育/劳动力开发顾问团。总目标是确保劳动力的开发满足制造业的需求。资金来源是通过 AMNPO 的来自政府和国会的拨款，以个人会员承担的费用。

这个顾问团非常有意思，代表成员除了来自 IMI、制造商 / 供应链成员等，还有来自社区大学、父母和学生等。充分考虑了 AMP 2.0 的关于劳动力开发建议和其他组织的提议，帮助开发所需的劳动力，并确保需求驱动教育。

（4）网络支持办公室。总目标是 NNMI 的行政功能和支持，资金来源是政府和国会拨款。

尽管各 IMI 是高度自治且具备多样性，但是一些共同的政策是必需的，因为这是 NNMI 网络合作的基础，AMNPO 在知识产权、绩效评估、对外对内交流、运作、市场、品牌等方面会给出指导性原则。例如，各个 IMI 要参与 NNMI 门户网站 manufacturing.gov（后推出 Manufacturing USA.com 这个商业化品牌域名），目的是为了更好地传播 NNMI 的理念，更好地完成国家制造创新网络的设计任务。

每个 IMI 需要有机制来识别和决定自己的聚焦技术领域。聚焦于技术本身，而不是掌握技术的公司实体等，聚焦技术领域应能为创新中心、地区、产业乃至国家带来实质性的利益。如有四个典型的聚焦领域：制造工艺、先进材料、使能技术（框架、平台、方法）、特定工业门类（汽车、航天）。

但是面向这些技术领域的基本活动主要是聚焦在应用型研究（技术成熟度 4～7）。而教育和培训、增强供应链性能的创新方法和实践的发展、中小企业的吸引参与和共享创新设施等，则是所有 IMI 同样需要落实、看似与技术无关的活动。

IMI 的设置中，其领导机构必须是非营利组织。非常有意思的是，IMI 不推荐由大学来承担。与大学有密切相关的数字设计创新研究院（DMDII）的 UI 实验室，尽管源自伊利诺伊斯大学，但它也是相对独立的机构。麻省理工学院相关的 AFFOA 纺织研究院、卡内基大学的 ARM 机器人研究院都是类似的情况。

IMI 的合作方除政府之外（联邦、州、地方），企业可以包括从大企业到初创企业的各种层次企业，学术成员可以从著名的研究型大学到社区大学的各类高等院校。除此之外，成员还可以是联邦资助研发中心（FFRDC）、国家实验室、政府机构、职业或者技术研究所、工会、专业或者工业组织、非营利组织等。对于国外的合作方，必须是美国共同经济利益相关者，在美国有实体运行并为美国经济发展做贡献者，某些情况下，对于国外的合作者还会有进一步的限制。

鉴于其使命和目的，IMI 一般也是和一些已经存在的国家相关项目紧密互动的，如 NSF 的工程研究中心、工业/大学联合研究中心等。

对每个 IMI，政府给的资助额度一般为 7 千万～1.2 亿美元，时间是 5～7 年，民间资金和政府资金的比例一般为 1：1。不同领域的资金配比会有所不同，在一些领域如增材制造、智能纺织的民间资金配比往往会远高于这个水平。联邦资助的支出规划根据 IMI 特点的不同有所不同，但基本是在初始阶段完成后逐年减少，最后需要 IMI 能够在财政上自负盈亏自行发展。IMI 的自主资金来源非常多样化，如会员费、付费服务、合同、预研生产、研究资助、知识产权转让和捐赠等。

研究制造创新研究院 IMI 的基本职能与活动，首先必须认识清楚一个大前提：IMI 是国家制造创新网络 NNMI 的组成要素，作为相对独立的网络节点，IMI 具备自身的基本职能与活动，同时，也要在国家制造创新网络合作的前提下，致力于整个 NNMI 的目标和愿景的达成。

3.5 制造创新研究院的技术领域如何确定

各个制造创新研究院都是在最近五年陆续形成的，对近距离的观察者而言，这就像一棵棵正在眼皮子底下成长的小树。

自从 2012 年 8 月第一个增材制造创新研究院作为国家制造创新网络的先导机构成立以来，国家制造创新网络在不同的工业技术领域陆续成立了 14 个创新机构。这些创新机构都有其不同的聚焦技术领域，有些并不出意外，如 3D 打印、轻量材料、机器人等；而有些却让我们耳目一新，如先进功能纺织品、生物组织制造、流程集约化实施的快速推进等。

那么，NNMI 作为一个国家级制造业创新计划，是如何确定创新机构的突破性技术领域的呢？又是如何通过科学方法确保突破性技术领域的科学性、准确性和有效性的呢？

NNMI 是一个复杂的系统工程问题，其决定影响因素非常多样化，有世界范围内制造业先进技术潮流、国家创新战略、制造业创新战略，也有创新机构招标发起人的优先利益重点、技术成熟度、产业需求迫切度等。

无疑，这是一个自上而下设计的国家创新战略模型，环环相扣：国家创新战略指导先进制造业创新战略，而先进制造业创新战略则来指导 NNMI 技术创新战略。美国 NNMI 的建设，充分地体现了这是一个系统工程的落地实践。

2012 年 7 月，在先进制造合作伙伴计划 AMP 1.0 报告中就提出以三大支柱为基础，抓住先进制造业竞争力。AMP 下属有 5 个工作小组，分别在技术发展、共享平台、教育和劳动力、政策外联进行基础研究，为该报告的产生提供支撑。

其中，技术发展工作小组提供了关于先进制造优先技术的辨识研究，按照一套系统方法为 AMP 建议了 11 个优先技术方向，作为将要陆续创建的 NNMI 下的创新机构的突破性技术领域，包括先进传感、数字化技术等。

该系统方法被称为“确立联邦投资在先进制造技术的优先权的框架”，即如何确定优先的技术领域。

首先，搜集关于优先制造技术领域的识别所需数据。这些数据主要来自以下几方面：

（1）调研统计。从工业界和学界的参与者中对于未来重要的工业领域、关键技术、PPP 模式的最佳实践范例及模型进行调研。

（2）研讨会。和工业界、学界参与者进行研讨，识别制造业竞争力所要求的优先技术。

（3）研究。研究和参考其他国家在识别和培育优先制造技术的机制。

（4）白皮书。指定专家组提供。

其次，给出了非常具体的评估指标与评估步骤。每一种技术都需要按照四个方面的评估得分去识别，包括美国国家利益需要迫切度、国际市场需求、美国该项技术的竞争力和国际上该项技术的成熟度。

具体的评估步骤是，首先由业界和学界的参与者进行先期评估，初步识别出对于美国制造业未来十年在经济和国家利益上具有最重大影响力的技术；其次是在前面的基础上，更广泛地让大学成员、工业界大企业成员和中小企业成员一起参与评估，搜集反馈。

最后，让更广泛的学界业界成员参与对于第二步的结果评估，最终产生美国未来的先进制造领域的优先重点技术。

在这三步评估过程中，共有超过 1 200 个工业界、学界、独立成员参加，最终确定了“突破性技术”所在的领域和方向。

2014 年 10 月，AMP 又发布了 AMP 2.0 报告，就 AMP 1.0 报告中三大支柱如何进行加速给出建议。在优先技术领域识别问题上，这次体现的是“加速”二字。

AMP 2.0 报告仍然是在调查问卷、小组会议、专家小组等集思广益的基础上进行。在 AMP 1.0 报告基础上，挑选出急需加速进行的技术领域。此次遴选的四个考虑因素是，工业和市场的拉动力、跨界综合能力、国家安全和经济安全影响力、对于现有优势的杠杆效应，每个因素的分值为 1～4。

评估者分成 4 个小组，并有相同的权重，对 AMP 1.0 报告中 11 个优先制造技术领域（MTA's）进行打分评估。最后有三个 MTA’s 被选为急需加速，它们是先进感知控制和平台（ASCPM）、可视化信息化和数字化制造（VIDM），以及先进材料制造。

AMP 2.0 同时提供了一个附件，对于这三个 MTA’s 进行了详细分析，包括机遇挑战与差距等，并提出加速建议，最终融入“加速”报告，成为其中的一个部分。

我们可以非常清晰地看到美国先进制造优先技术决策机制的鲜明影响和一脉相承。本着国家创新战略的指导精神，2016 年 4 月，国家科技委员会的先进制造小组委员会（SAM）发布了《联邦政府优先技术领域概略》，结合现状及未来发展趋势，提出了 14 个国家优先的先进制造技术领域。其中，5 个重点潜力技术领域为先进材料制造（如高性能合金、轻量材料的生产技术等）、面向先进生物制造的工程生物学（如人工合成蛛丝制造）、可再生医学的生物制造技术（如人体器官的活体 3D 打印）、先进生物产品制造（如生物燃油和生物化工品等）和药物连续制造。

至此，水到渠成。

我们回顾一下 NNMI 各个创新机构建立的时间表：

2012 年，America Makes 增材制造；

2013 年，DDIMI 数字制造及设计，LIFT 轻量材料；

2014 年，Power America 宽禁带半导体；

2015 年，IACMI 复合材料，AIM 集成光子制造，NextFlex 柔性电子；

2016 年，AFFOA 先进功能织物，Smart 数字制造，RAPID 化学流程能量集约化快速推进，NIIMBL 生物制药，ATB 生物组织制造；

2017 年，REMADE 可回收可重用绿色制造，ARM 机器人制造。

由 2017 年回望，所有 14 个重点技术领域均为 NNMI 成立的创新机构所覆盖。

特朗普政府后续会在哪些 MTA’s 建立创新机构？如何延续确定 MTA’s 的系统框架？还会有哪些熟悉的和意外的机构？我们可以继续拭目以待。不过值得借鉴的是，决策者们采用了严谨的步步为营的方式，落实了从顶层战略、领导意志到专家遴选，再到具体逐个 IMI 落实，这是一个稳扎稳打的政策解读与基层展开的实例。

3.6 IMI 的业绩评估

美国政府是一个非常合格的甲方，在提出的建设方案中，关于业绩评估则是从来不缺少的。在 2015 年 8 月，NNMI 就发布了关于 IMI 业绩评估的指导书。指导书由先进制造国家项目办公室（AMNPO）下属的工作组主持，基于国防部、能源部已经建立的制造创新研究院 IMI 进行分析。

当然，这是一个宏观指导框架，旨在为各制造创新研究院 IMI 设计、实施和运用各自的评估指标提供一套原则。这套原则涵盖了整个 IMI 的生命周期。由于这仅是一个原则性框架，因此每个 IMI 的具体业绩评估指标要由各 IMI 根据各自具体情况开发，有可能在共同框架基础上有所不同。而且，指导书主要针对商务部资助的 IMI，其他部门资助的 IMI 可以借鉴，但不强迫必须按照这个指导书进行。

评估指标总共分为三类：衡量对于最初的利益相关者、潜在的 IMI 成员的增值和有效性指标；衡量 IMI 对于资助机构的使命和目标的支持程度指标；评估 IMI 达到国家制定的目标，特别是 RAMI 法案和近期先进制造业的政策报告中所表述的目标的贡献。这三类指标优先级也依此顺序。

根据法案的要求，该指导书提出了四大评价分类指标，分别是技术促进（包括研发、专业和商业化等）、发展制造业劳动大军、促进创新生态系统和经济效益。最后一项可以看作“财务的可持续性”，这显然是各 IMI 的业绩中必须考核的一类指标。对于这四大分类指标，还给出了更细的二级指标，以便更好地贯彻执行。

这个展开的目标是对于刚刚开始运营的先期建立的几个 IMI 评估的总结。对于这些新生事物，评价指标也是边建设边实践的。

除了上述四类一级的定量指标，IMI 的评估也采用了一些定性指标，包括在规模化上促进基本创新力[制造成熟度（MRL）4～7 级]的非联邦投资的孵化、区域生态系统发展、供应链和劳动力发展等。这些定性指标很多时候像一些所谓成功的案例和故事，它们不能离开定量指标单独存在，但是可以形成良好的补充，并且对于 IMI 扩大自己的影响力是必要的。

量化评估的首要条件是数据的采集，数据采集首先要建立在一个稳定严格的数据框架下。只有如此，才能采集到高质量的真实数据。指导书给出了一个数据框架的建议，基本评估数据采集的框架应该是基于合作组织机构、IMI 的项目及关键人物而进行。

数据分析评估方法可以多种多样，指导书给出一些有针对性的参考。例如，根据常识，搜集的数据应该回答 5 个基本问题：Who（谁），Where（哪里），When（何时），What（何时），and How much（怎样）。指导书甚至还推荐了关系型数据库。

指导书推荐在 IMI 发展的不同阶段衡量指标可不同。IMI 的发展可以分为三个阶段：

短期指启动，主要是联邦资金拨付前直到机构开始有研发成果。衡量准则可包括成员数量统计、合作的措施、研究与开发活动以及成果产出，如出版物、专利、原型软硬件和工艺开发成果。

中期一般为 3 年，在联邦资金完成拨付直到后联邦资金时期的开始。衡量准则可包括新产品、专利许可活动、额外资金、战略联盟发展以及企业成长。

长期则是 5～7 年。联邦资金完成拨付一段时间后，需要重点衡量投资回报、行业间扩散，以及对更广泛制造行业的影响。

指导书提出，任何机构的评价计划应该紧密围绕以下原则制订：

（1）建立或利用现有数据基础条件，以便针对 NNMI 计划/制造创新研究院的使命和目的的满足程度，管理判定它所需的信息.

（2）面向能够最好地提供严密和可重复分析的领域，专注其数据收集。

（3）利用对已有制造创新研究院以及对其他类似计划和相关跨部门组织（如“科学政策之科学”跨部门工作组）所做评估工作的经验教训。

（4）提供一个来自对 NNMI 计划运行效果分析结果可信的衡量准则，涉及范围足够支持面向机构未来的设计和活动的过程改进分析。

（5）利用伙伴关系提升数据质量，如将 NNMI 计划的数据链接到相应的外部数据源，面向机构评价建立一个“实践社区”。

作为补充，指导书给出了针对 IMI 绩效的评估细则供参考，包括影响力、工业价值、教育及劳动力开发、项目组合、财务和对于 NNMI 网络建设的贡献等，如图 3-1 所示。

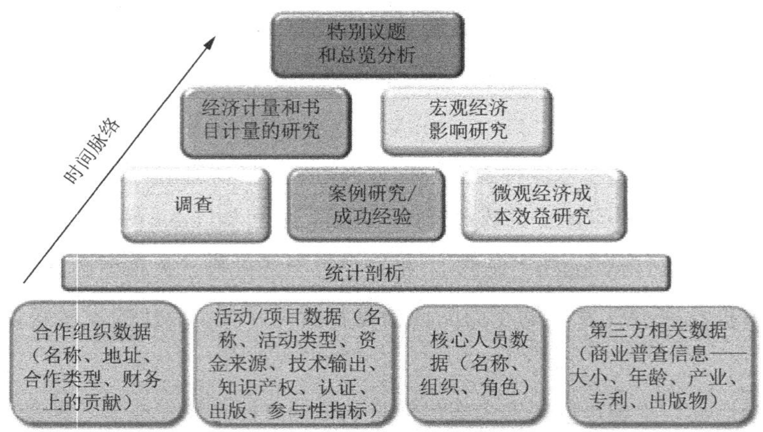

图 3-1　评估随时间而变化

来源：国家制造业创新网络项目之战略规划， 先进制造业项目国家办公室，2016 年 2 月

第四章　面向中小制造企业的创新网络

事实上，对于国家制造创新网络（NNMI）这样的全国范围的产学研支撑服务网络，美国并不陌生。而且这些项目往往交织在一起。2012 财年增加国家科学基金会（NSF）、国家标准与技术研究院（NIST）、能源部（DOE）和美国国防高级研究计划局（DARPA）在先进制造技术上的投入，发起建立“先进制造联盟项目”（AMTech 项目），就是为了推动先进制造领域的突破性技术项目研究，目前已经并入国家制造创新网络之中。

在美国还有一个专门面向中小制造业的网络，而且已经存在了将近三十年。这就是美国制造业拓展伙伴（Manufacturing Extended Partner，MEP）计划，专门面向制造业的中小企业。

4.1　制造业拓展伙伴计划概要

MEP 创建于 1988 年，截至 1996 年建立了完善的全国网络。美国每一个州及海外“领州”波多黎各都至少建有一个 MEP 中心。

MEP 采用网络化运营，总共 58 个中心，600 多个服务网点，有将近 1 300 名非联邦政府员工，2 500 多个合作伙伴（主要包括联邦、州、大学及行业成员）。MEP 的经费为分摊制，由联邦政府向 MEP 中心拨款，并由其他相关部门及来源共同承担。MEP 通过自学习，持续进化以支持制造业适应不断变化的市场环境。

看上去 MEP 并没有会员制，对知识产权保护似乎也不够清晰，而是以外包方式来服务。MEP 像个短链，而 NNMI 则要紧密得多，而且有技术 HUB 中心。NNMI 主要关注应用技术的研究开发（技术成熟度为 TRL4 ~ 7），MEP 则更侧重于对中小型制造商的技术转让和支持（技术成熟度为 TRL7 ~ 9）。NNMI 定位于与 MEP 的互补。例如，NNMI 增材制造创新研究院在早期的运行中，就有若干个 MEP 中心积极参与。

4.2 MEP 的来源：扶持美国中小企业

20 世纪 80 年代，美国制造业相较日本逐渐失去领先地位，在消费类电子、钢铁以及其他工业领域，美国制造无论从其产品质量还是生产工艺都被视作相对落后，且缺乏创新。同期的一项研究表明[1]，员工人数不足 500 人的中小企业的创新数量是大型企业平均每名员工创新数量的大约 2.5 倍。全美 33 万家中小企业占全国制造业企业就业人数的近 99%，约 970 万人，占美国制造业总量的 60%，中小企业俨然成为美国制造基础设施的基本架构。

作为应对措施，1988 年《综合贸易与竞争法》得以通过，在一直非常关注制造业竞争力的议员 Hollings（生于 1922 年）的推动下，在美国商务部下属的国家标准与技术研究院建立了制造业扩展合作伙伴（MEP）计划，以此加强企业竞争力，加速美国中小企业对制造技术的使用。Hollings 就被称为美国“MEP 之父”。

MEP 刚建立之初将其初衷定义为“传播技术信息”。然而，中心很快就发现“昂贵的，未经测试，且过于复杂的”技术并不是大部分中小企业所预期的。中小企业在市场上往往处于劣势的竞争地位。一家原始设备制造商（OEM）无法掌握其投资的全部价值并得到有效回报，所以缺乏足够动力来投资其供应链，这种对中小制造商的资源分配明显不合理的现实，产生了一个经典的“市场失灵”。于是，MEP 中心转而以提供“专业知识，需求评估，以及改善车间所相关的培训服务”。在此安排下，MEP 体系得以快速成长。

具体来看，近几十年里，越来越激烈的全球化竞争迫使美国制造业者必须快速适应当下日新月异的市场态势。如上文提到三十年前日本在产品质量和制造工艺横扫美国工业，中小企业要适应这些变化，就必须在精益制造、ISO 认证等方面寻求突破，MEP 便在这时发挥了作用。既然 MEP 的使命是培养美国制造业，它的服务、产品及合作伙伴关系也随之演化。

21 世纪初，以中国为代表的低成本制造国家发展迅速，MEP 提供的生产相关的服务依然存在市场，但今天的制造商则更需要获得全方位的支持。MEP 为此推出了更

[1] MEP 项目概述，2013 年 11 月 20 日，Wendy H. Schacht。

关注于增长/成长的服务，旨在为小企业提高创新的能力。同时，MEP 加强了联邦和州之间旨在提高美国制造业竞争力举措的伙伴关系，将 MEP 的影响力进一步向个体企业以外的整个工业供应链、制造社区以及创新生态系统延伸。

1988 年通过的 MEP 法案，在 2007 年、2011 年的 NISTMEP 中进行了两次重新授权和改革。而最近一次的修改则体现在 2016 年的双管制美国创新和竞争力法案中。

4.3 运作架构

4.3.1 多样化的人员组成

MEP 的实力在于其强大的合作伙伴关系。通过它在联邦、州，以及本地层面的协作关系，承担着迈向其他组织和联邦研究实验室的极具价值的桥梁工作，MEP 为制造商提供了新产品开发、新客户开发、新市场拓展、获取新的技术，以及在供应链中提高价值的多种渠道及机会。

MEP 有一个非常重要的区域化特征，也就是充分利用当地现有资源，形成合作伙伴模式向制造商提供制造业扩展服务。从地理位置而言，无论在市区还是在郊区，每一个制造商的距离都能在 2 小时车程之内找到 MEP 网点。

MEP 区域中心所有的工作人员则受雇于 MEP 中心及各合作伙伴，而非联邦政府——并不是联邦政府人员编制。但可以使用国家拨款，这是公共和私营合作伙伴计划中的一部分。这些合作伙伴的类别是非营利机构、大学和政府等，其中各自占比如图 4-1 所示。

多样化的人员组成也决定了 MEP 组织架构呈现了非常灵活的特点：主要组织和独立合作伙伴组织相结合、中央和地区办公室相结合、总部运作和多实地办公室相结合，具有很大的弹性。

MEP 主要项目办公室下属四大部门：财务管理及中心运营部，系统学习和管理部，对外事务、绩效和支持部，项目和合伙分部。

财务管理及中心运营部主要负责联邦资助的计划和财务监督；合作协议提供协助行政；预算和财务事项的总体管理。

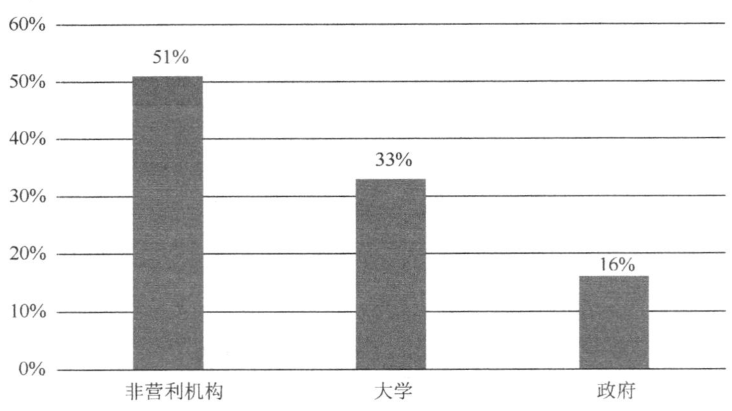

图 4-1 各类机构所占比例

来源：MEP 监事会高层培训，2017 年 4 月

系统学习和管理部致力于与系统中所有中心的领导和工作人员合作；MEP 学习组织的组成部分，发展壮大与 MEP 中心、州和行业的合作伙伴关系支持；发展强大的本地制造生态系统。

对外事务、绩效＆支持部可以提供建立和提供全面的政策、沟通和绩效支持；协调国家营销与沟通功能；制造研究与绩效评估；为计划办公室提供管理和 IT 支持。

项目和合伙分部开发由 MEP 中心的国家网络提供的技术和商业援助方案；识别并为中心开发新的机会；代表 MEP 识别、发展和维护具有国家意义的伙伴关系。

4.3.2 MEP 与联邦机构的合作关系

MEP 与联邦机构的合作关系通过执行谅解备忘录（MOU）和协议备忘录（MOA）来将其形式化。这些协议有助于建立和维持双方之间的合作关系，能够利用资源，并为各机构间提供沟通渠道。每项协议在详细列出伙伴关系的某项具体性质是独一无二的。MEP 已经与各联邦机构签署了此类协议。例如：

和美国能源部签署的谅解备忘录
本谅解备忘录的目的是确定能源部（DOE）与商务部（DOC）之间的合作与伙伴关系框架。这一伙伴关系将加强协调和扩大现有工作，致力于推动政府加快联邦资助研发（R&D）商业化的目标，加强能源技术和先进制造技术的推广，促进经济增长。

MEP 已经发布了关于伙伴关系的 MOU 和 MOA 透明度，并分享了有关协议性质的信息，以促进制定州和地方级协议，以补充已经实施的 MOU 和管理信息系统。

MOU 和 MOA，主要为了加强和确定伙伴关系的范围。MEP 可以通过此加强和扩大与区域联邦机构的关系，以及支撑 MEP 中心以此作为与州和当地合作伙伴的讨论平台。例如：

和美国国防部签署的谅解备忘录
此项谅解备忘录由美国国防部、国防部长办公室、副助理国防制造业和产业基地政策部长，以及商务部、美国国家标准与技术研究院、MEP 共同签署，旨在提供一个在国防部、国防部领导的美国制造创新研究院、NIST 及 MEP 之间寻求协作共赢的整体框架。

4.3.3 资金运作机制

MEP 作为一个公私伙伴关系（PPP）计划，财务方面施行的是成本分摊模式。联邦政府拨款支付三分之一，其余三分之二，即每个中心运营所需的差额，由州/地方政府和/或私人实体资助，其中也包括向客户收取的费用。MEP 资金来源如图 4-2 所示。

成本分摊模式大大促进了 MEP 的有效运作，它将鼓励各中心充分利用资源，改善同其他组织的合作伙伴关系，必须推出制造商/客户认可的服务，这样才会有人愿意为此买单。与之互补的公共资金注入，也使得中小企业能够负担得起中心提供的服务。

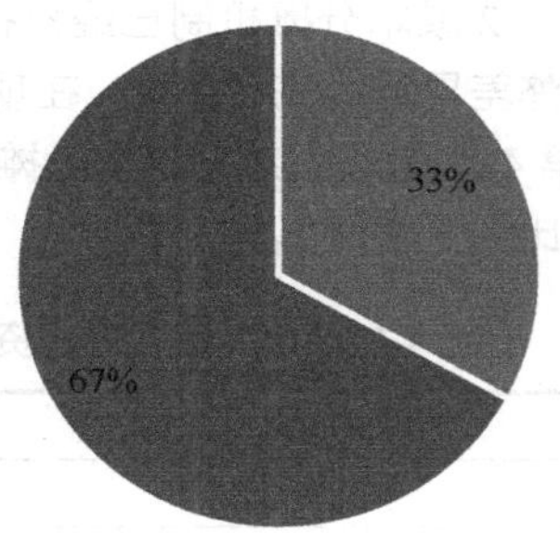

图 4-2 MEP 资金来源

来源：MEP 监事会关于 MEP 成本分摊机制的分析报告，2013 年 9 月

从资金规模来看，2015 财年，国会拨款 1.3 亿美元用于 MEP 计划，比 2014 财年的款项增加了 1.6%。2016 财年拨款情况保持不变，并要求在 2017 财年提高到 1.42 亿美元。所有额外获得的款项使中心有机会为更多的制造商提供服务，如新兴行业的制造商、农村地区或非农村地区的中小制造商。此外，款项还将帮助中心开发新工具，以支持创新的供应链、技术加速和劳动力发展。历年国会给 MEP 计划的拨款情况如图 4-3 所示。

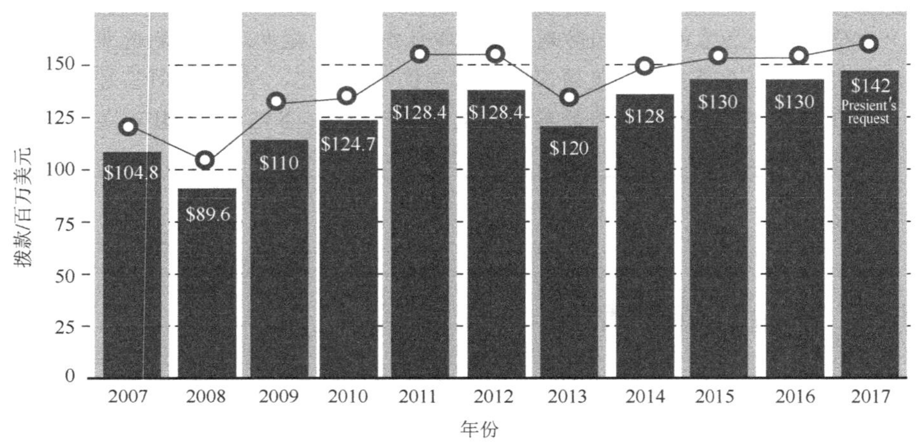

图 4-3 历年国会给 MEP 计划的拨款情况

来源：2015 年 MEP 年度报告

美国商务部长 PennyPritzker 曾经指出，"MEP 是一个成功的公私伙伴关系的范例，致力于帮助美国在 21 世纪保持竞争力和创新。MEP 不仅为纳税人提供投资回报，而且为使用其服务的企业带来真正的经济利益。"

然而，目前采用的 1∶2 成本分摊机制已经执行了超过 20 年，在实际操作过程中对于 MEP 中心发展的利弊差异已经充分体现。在项目运行前 3 年，非联邦政府至少分摊项目总费用的 1/2，从第 4 年起非联邦政府所分摊的成本将会逐步提高至最少不低于 2/3。MEP 运营期间资金比例见表 4-1。

表 4-1 MEP 运营期间资金比例

MEP 中心运营时间	联邦资金所占最高份额	非联邦资金所占最少份额
1～3 年	1/2	1/2
4 年	2/5	3/5
5 年及以上	1/3	2/3

来源：MEP 监事会关于 MEP 成本分摊机制的分析报告，2013 年 9 月

MEP 在 2017 年确定了 1∶1 的永久性成本分摊比例。

4.4 知识网络的30年

4.4.1 传递知识

作为一个历经30年而发展起来的战略，MEP目标非常明确，首先关注中小企业的发展，以提高美国制造者的竞争力。其次就是声援制造业。作为面向并代表制造业和制造者的代言人，吸引政策制定者、利益关系人及客户参与进来。实际上，MEP一直在进行各种摇旗呐喊，就是要得到更多的人对于中小制造业企业的关注。再次支持合作伙伴关系，支持国家、州及地区制造业生态系统和合作伙伴关系。最后建立能力，将MEP的能力发展成为一个学习型的网络组织及高绩效的系统。MEP技术部署框架见表4-2。

表4-2 MEP技术部署框架

<table>
<tr><td rowspan="4">联邦实验室/大学</td><td>基础研究：
发现纯基础科学</td></tr>
<tr><td>竞争前研究：
使能技术，受用户启发，协作</td></tr>
<tr><td>应用研究：
解决问题的应用技术
（1）材料
（2）设备
（3）工艺
（4）系统</td></tr>
<tr><td>技术转移：
启动，知识产权保护，许可</td></tr>
<tr><td rowspan="3">MEP（连接市场与技术的桥梁，加强研究与商业化之间联系；PPP公私合作伙伴关系）</td><td>技术转型：
样机，设施设计，可制造性设计</td></tr>
<tr><td>技术扩散：
教育、评估、演示</td></tr>
<tr><td>生产采纳：
战略、市场、定位、供应链、生产</td></tr>
</table>

来源：Roger Kilmer, MEP总监，2008年3月

MEP的战略其实就是在关注提高制造商的创新能力。它的做法是对制造商提供一个框架服务，通过两个扎扎实实的组合：一是通过精益制造、质量和其他针对工厂效率的项目目标，将潜能发挥到业务增长，从而达到降低最低开支的目的；二是通过专注于业务增长服务，开发新的销售、新市场和新产品，从而达到增加销售的目的。

这种战略的贯彻，非常明确地体现在MEP项目的发展历程中。

1988—1999年：建立体系（优化绩效和责任）。

2000—2006年：提供更具附加值的服务。

2006—2009年：专注于战略管理（发展领导人）。

2009—2016年：扶持创新（发展部署技术）。

2016—2017年：提高经济影响力（以技术为依托的经济发展模式）。

2017年至今：使能制造业4.0（这被称为MEP的下一个篇章）。

在长达30年对中小企业的扶持过程中，虽然项目主题在变化，但是其服务的战略思想一直围绕着既定的框架不变。这30年是IT技术、互联网技术发展迅速的年代，但其基本要旨却从来不曾发生过动摇。

MEP成功案例

项目：中国式指套助力Melni连接器

MEP协助机构：爱达荷州TechHelp

Melni公司的负责人Mark有一个设计理念，通过以中国式手指陷阱的方式将两根电线连接在一起。手指陷阱是一种简单的装置，它将受害者的手指捕获在由竹子编织的小圆筒的两端。受害者试图拉出手指则只会使陷阱收紧。

然而，要从中国式手指陷阱设计到经UL认证，产品必须能够承受41 000V的电压测试，这需要巨大的工作投入。Mark联系到博伊西州MEP成员，TechHelp公司的新产品开发团队（NPD），将他的手指陷阱变成可靠的电连接器。Melni连接器包含导电螺旋，一旦被扭曲，它就能够“抓住”剥离的电线、电缆和其他细长元件并牢固地连接它们，从而代替了耗时、不可靠、昂贵且痛苦的压接、焊接和包装过程。

在此期间，TechHelp的新产品开发部门派出了一支由机械工程师、教授、工程专业的学生和艺术家组成的任务团队。该团队从卡片背面拍摄了Mark的想法，并帮助他将3D建模和实体原型开发成为专利成品。

由于TechHelp团队的努力，Melni取得了巨大成功，公司在短短13个月内于2010年9月14日收到美国专利#7794255，在3年内获得了4项美国专利，并且创建了6个新的工作岗位，节省了25万美元的开支。MelniLLC被授予2010年爱达荷州创业偶像奖，成为奥巴马总统访问新产品开发实验室期间的特色产品。在

2015 年春天，Melni 在 NBC 的鲨鱼坦克展示了这款连接器，他的发明和商业模式成功获得了亿万富翁马克·库班的 150 万美元的投资。

MEP 中心以定制化的服务、对从流程优化、人力资源发展到专业的业务领域，包括供应链整合、传信及技术转让，开拓国内外市场，满足各种迫切需求。MEP 的基础是基于他的合作伙伴制。中心作为制造业者的中枢，将他们与政府机构、贸易协会、大学和研究实验室、州和联邦发展计划结合起来，并积极整合其他资源帮助中小企业成长和创新。中心已经帮助了数以千计的企业改善运营、增加盈利、创造或者保持就业，从而建立一个适合长期发展的坚实基础。中心通过“生产在本州”（Made in Your State）计划——这是“美国制造运动”（Make It in America Campaign）的一部分——来为企业提供展示各自产品的机会。

MEP 的基础建立在伙伴关系之上，因此 MEP 的成功也取决于这些合作伙伴和不断建立新的合作伙伴关系。实际上，由于扎根本地，MEP 看上去更擅长于理解并将州、地区和地方政策的目标与国家政策目标对标，从而使每个实体更好地发挥其实力。很显然，这种私营-公共合作伙伴关系的能力是每一个制造商单独所无法获取的。

4.4.2 MEP 是一个学习型组织

为满足日益变化的世界制造业竞争格局，MEP 管理层致力于将 MEP 建设成为一个学习型组织（见图 4-4），在 MEP 网络中树立一种全新思维方式，为扩大共享知识做出贡献，从而不断改进为客户的服务。MEP 还在监事会下建立了“MEP 学习组织”委员会，促进知识的不断扩散。

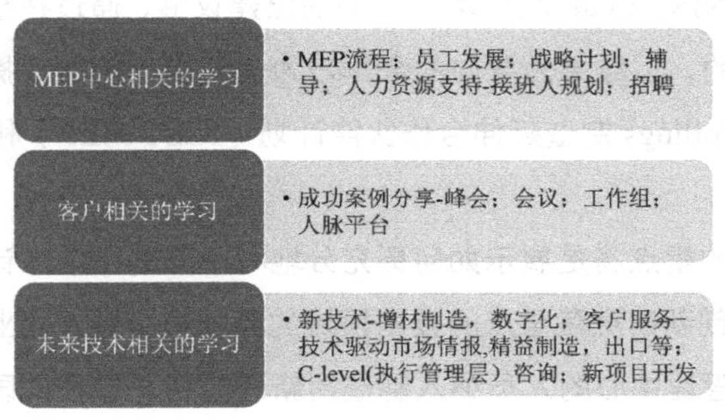

图 4-4 MEP 致力于学习型组织[2]

[2] 来源：final_mep_advisory_board_presentation-march_20171。

4.5 在美国制造创新研究院中嵌入 MEP

MEP 是一个以州为单位相对分散的毛细血管的布局，而 NNMI 则采用产业集群地中心（HUB）的枢纽方式。这是二者非常大的一个不同。当然，二者体现了一个龙头企业创新和中小制造业创新的不同模式。

从 MEP 发展近 30 年的历史可以非常清楚地看到，美国对于知识网络支撑制造业的重视。只有广泛分布的知识服务节点才能更好地为当地的制造业尤其是中小制造业提供急需的、触手可及的制造创新服务。

分布在美国各个州的 MEP 网络，跟 NNMI 的网络有着非常相似的地方。二者都明显的基于"区域知识网络"作为支撑。

国家制造创新网络和制造合作伙伴（MEP）计划，都是以任务为导向，重点关注美国制造商，尤其是中小企业的组织。制造创新研究院必须大规模和中小企业开展合作才能使其影响最大化；同时 MEP 全国性的网络结构每年都在为成千上万个小企业提供支持，专注于加速技术向中小企业发展。MEP 中心作为面向美国中小制造商值得信任的顾问，两者结合显然在很大程度上存在合力，为中小制造商提供更及时到位的专项服务。同时，通过嵌入式项目的方式很有可能同时改变国家制造创新网络和 MEP 支持美国中小制造商的方式。

2016 年 6 月，NIST 邀请现有 MEP 中心提出建议书，通过在全国范围内的中心系统之间建立有意义的，以结果为导向的合作，为美国中小制造商提供必要的技术加速帮助，作为 NIST Hollings 制造延伸合作伙伴计划（NIST MEP）和参与 NNMI 机构的一部分。

这些试点项目的重点将是展示如何更充分地利用国家 MEP 计划的资产和资源，为作为 NNMI 制造创新研究院重点的技术领域的美国中小制造企业提供帮助。这些试点项目将人力资源管理中心的人员纳入制造创新研究院，旨在美国中小制造商、制造创新研究院和 MEP 中心之间的长期合作加以培养，以造福所有这些实体。制造创新研究院将加快美国中小制造商将最新和最引人注目的技术创新转变为国家所需制成品的流程。

MEP对国家制造创新网络而言，显然是一块不可多得的优质“区域网络”资产。这将大大增加中小制造商对美国制造创新研究院关注领域及资源的认识，从而确保参与的力度；而反过来，MEP可以使得美国制造创新研究院研究成果在美国中小制造商中的应用。通过龙头枢纽带动区域性毛细血管的活力，二者相得益彰。

例如，嵌入式试点项目，必须能够根据制造商的技术需求，将技术从美国制造业转移到美国小型制造商——这可以通过目前MEP中心提供的服务。

在美国制造创新研究院相关的技术领域，开发和测试二者可以共同满足中小制造商需求的商业模式，促进创新研究院和MEP中心之间的知识和最佳实践共享。如果能够最终实现一个国家制造创新网络和MEP联手形成的全国伙伴关系网络，那么美国中小制造商将从中受益匪浅。

符合条件的申请人必须是NIST当前合作协议资助的MEP中心。申请人MEP中心必须与目前所指定的国家制造创新网络中一个或更多的创新研究院组成团队，形成合作关系，且这些创新研究院目前还没有嵌入其他MEP中心。

MEP中心嵌入美国制造创新研究院状态如图4-5和表4-3所示。

图4-5 MEP/国家制造创新网络三轮状态

来源：MEP 2017监事会会议

表 4-3　MEP/国家制造创新网络嵌入试点项目——第一、第二轮结果

加州制造技术中心	NextFlex、CESMII
伊利诺伊州制造业卓越中心	DMDII
纽约州经济发展部	AIM Photonics
北卡罗来纳州立大学	Power America
田纳西大学（工业服务中心）	IACMI
马萨诸塞州 MEP	AFFOA
宾夕法尼亚州 MEP	America Makes
密歇根州 MEP	LIFT

来源：MEP 2017 监事会会议

有些 MEP 甚至是某些 IMI（如增材制造创新院）的治理委员会成员，但不是所有 IMI 都有 MEP 作为治理委员会参与。

在 NNMI 的设立中，中小企业也是重要的服务对象。它需要为中小企业解决如下问题：与新技术脱轨、工艺创新不足、设备能力达不到要求、生产场所能力不足、无力实现或者延续自己的创新、参与性动力不足等。而 MEP 正好具有其中的一些类似的设计。因此，NNMI 项目要加强 MEP 的原有职能，并和 MEP 合作共同促进中小企业的服务。

第五章　美国制造创新研究院的会员制和知识产权

5.1　会　员　制

作为公私合作（PPP）创新模式的最新代表，国家制造创新网络中已经成立的制造创新研究院均实行分级会员制，即根据缴纳会费的不同将会员分为若干级别，每个级别分别拥有不同的权利，并承担不同的义务。制造创新研究院的一大特点，就是充分利用分级会员制促进研究院与会员之间及各级会员之间的协作，联合攻克工程化难题、探索商业化途径，鼓励工业界在生产中应用新技术，促进技术规模化、产业化发展，同时培育先进制造技术人才，提高工人技能水平，从而形成良好的制造创新生态系统。

波音、洛克希德·马丁、通用电气几乎加入了所有已成立的制造创新研究院（IMI），并且缴纳高额会费成为高级会员。那么，何为分级会员制？该机制如何吸引这些大型制造商出资？制造创新研究院如何通过该机制保障运行？

分级会员制是每个制造创新研究院运行的基础。具体到每个研究院，会员的等级设置以及各级会员的权利义务都不尽相同，但原则基本相同，那就是会员级别越高，缴纳的会费越多，需向研究院投入的项目资金也越多。但相应地，在研究院管理、项目策划、联合研究、知识产权、设施使用、人员培训等方面享受的权利也越多。为了吸引和照顾广大中小企业与初创技术企业加入各个制造创新研究院，即使是费用低廉的初级会员也会享有比较广泛的权利。同样，为了吸引和鼓励大型制造商持续出资，实现研究院良性运转，高级会员具备很多诱人的专享权利。

以数字制造与设计创新研究院（简称DMDII）为例。DMDII将会员分为四类，分别是工业界、学术机构/非营利组织、州政府和地方政府会员以及联邦政府，前两类会员分别细化有三个和四个等级。除了联邦政府，每类会员都需要遵守一定的承诺，不过也能够享受相应的待遇。在义务方面，工业界会员主要就是缴纳会费；学术机构/非营利组织会员及州政府和地方政府会员主要是进行成本分摊支出，前者还可通过发放奖学金的方式代替。在权利方面，主要是能够进入执行委员会和技术咨询委员会，并获得相应的知识产权权利。这是非常重要的会员权利，能够直接参与研究院的日常运营及项目遴选。DMDII 会员权利与义务见表 5-1。

进入 DMDII 的执行委员会和技术咨询委员会能够以较少的人力、物力和财力付出获取诸多知识产权权利，促进新技术和新产品研发，帮助自身提升产品设计、制造能力，从而创造更多利益。这是大型制造商愿意加入研究院、成为高级会员、持续为研究院出资的关键原因，也是研究院能够实现自主运营的重要保障。

表 5-1　DMDII 会员权利与义务

会员级别	享受的待遇	遵守的承诺	备　注
一级工业界会员	• 执行委员会席位 • 相应的知识产权权利（见表 5-2） • 技术咨询委席位	• 承诺 5 年间每年缴纳 40 万美元会员费 • 5 年间至少为共同利益项目/研究院项目支付 300 万美元	• 300 万美元可以以现金、现金等价物或实质贡献（软硬件、服务等）的形式支付
二级工业界会员	• 执行委员会代表（共 2 个席位） • 相应的知识产权权利（见表 5-2） • 技术咨询委席位	• 承诺 5 年间每年缴纳 20 万美元会员费	—
三级工业界会员	• 执行委员会代表（共 1 个席位） • 依照“项目授予协议”项目参与方相应的知识产权权利（见表 5-2） • 技术咨询委席位（共 2 个席位）	• 承诺 5 年间每年缴纳 5 万美元会员费 • 承诺通过研究院进一步迈向数字制造的目标 • 承诺构建自身的数字化能力，提升数字化水平	—
一级学术机构/非营利组织会员	• 执行委员会席位 • 相应的知识产权权利（见表 5-2） • 技术咨询委席位	• 5 年间至少支出 500 万美元，必须用于成本分摊以满足研究院“合作协议”中的成本分摊义务。其中，在第一年结束时，至少五分之一必须认定为成本分摊；在第二年结束时，有五分之二必须认定为成本分摊。未能满足年度成本分摊义务的将由执行委员会进行审查，可能会给予降级 • 5 年的承诺	• 承诺支出必须 100%用于成本分摊以满足研究院“合作协议”中的成本分摊义务，除非该学术机构因给予学生学习数字制造的奖学金额达标而获得全额豁免，即使这些奖学金可能受联邦规定限制，成本分摊豁免额少于实际支出

续表

会员级别	享受的待遇	遵守的承诺	备 注
二级学术机构/非营利组织会员	• 执行委员会席位（共2个席位） • 相应的知识产权权利（见表5-2） • 技术咨询委席位	• 5年间至少支出200万美元，必须用于成本分摊以满足研究院“合作协议”中的成本分摊义务（其余要求与一级相同） • 5年的承诺	• 承诺支出必须100%用于成本分摊以满足研究院“合作协议”中的成本分摊义务（其余条件与一级相同）
三级学术机构/非营利组织会员	• 执行委员会席位（共1个席位） • 技术咨询委代表（共1个席位）	• 5年间至少支出100万美元，必须用于成本分摊以满足研究院“合作协议”中的成本分摊义务（其余要求与一级相同） • 5年的承诺	• 承诺支出必须100%用于成本分摊以满足研究院“合作协议”中的成本分摊义务（其余条件与一级相同）
四级学术机构/非营利组织会员	• 技术咨询委代表（共1个席位）	• 承诺5年间每年缴纳5万美元会员费 • 承诺构建自身的数字化能力，提升数字化水平	• 四级学术机构禁止竞争技术类的研究院项目，但是可参与劳动力发展、教育和培训相关的项目
美国政府	• 执行委员会代表（政府项目经理1个席位，政府项目经理可再指定最多3个席位） • 技术咨询委代表（最多6个席位）	• 按照研究院“合作协议”	—
州政府与地方政府会员	• 执行委员会席位 • 相应的知识产权权利（见表5-2） • 技术咨询委席位	• 5年间至少支出500万美元，必须用于成本分摊以满足研究院“合作协议”中的成本分摊义务。其中，在第一年结束时，至少五分之一必须认定为成本分摊；在第二年结束时，有五分之二必须认定为成本分摊。未能满足年度成本分摊义务的将由执行委员会进行审查，可能会终止会员资格 • 5年的承诺	• 在研究院项目知识产权权利上等同于一级会员

注：研究院项目分为两种，一种是完全由政府出资的研发项目；另一种是部分由政府出资，部分依照“项目授予协议”由项目参与人出资的研发项目。共同利益（又称为伙伴创新）项目是出资完全来自项目参与人私有资金的研发项目，其知识产权（IP）完全属于或专有地许可给各出资的项目参与人，或者遵照“项目授予协议”而定。

通过国家增材制造创新研究院可以获知更多的启发。该创新研究院将会员分为铂金、金和银三个等级，铂金会员在诸多事项上享受免费待遇；金会员在若干事项上享受优惠待遇；而银会员在许多事项上没有任何待遇。例如，铂金和金会员都享有研究院发起的联合研究项目的所有知识产权的免费、非专有商业开发权，以及所参与的会员自立应用研究项目的知识产权的专有使用权；铂金会员还可免费利用研究院设施以及支持的技术帮助初创成员，并可优先选择年度毕业生实习项目的实习生参与自身项目。同样，加入“美国造”管理委员会，参与制定技术战略和项目指南，以及参与制订技术路线图都是重要的会员权利。“美国造”的部分会员权益见表 5-2。

表 5-2 “美国造”的部分会员权益

会员级别	银级	金级	金级
年费（万美元）	1.5	5	20
能够通过研究院网络和资源获得新的研发资助机会	●	●	●
加入能与工业界和同僚合作的平台	●	●	●
访问只对会员开放的数据	●	●	●
访问研究院的知识产权（依会员级别和项目协议而定）	●	●	●
在研究院项目招标中领导项目团队	●	●	●
参与研究院发起的项目招标	●	●	●
在利用增材制造供应链上享有同等机会	●	●	●
获取《沃勒斯报告》（增材制造领域最权威的年报）	1 份	2 份	4 份
申报政府合同时接受辅助	●	●	●
享受工人培训课程费用折扣	●	●	●
参与研究院组织的技术讲座和研讨会	●	●	●
参与研究院组织的展会	●	●	●
加入将研究成果向社会转化的平台	●	●	●
能够成为研究院的咨询委员会和工作组成员	●	●	●
资助年度毕业生实习项目	●	●	●
研究院技术人员提供对外保密的部署和生产策略咨询	收费	折扣	免费
参与制订技术路线图		●	●
拥有管理委员会席位		●	●
使用研究院设施用于研发（如首检和试制）		●	●
向研究院所属设施派驻雇员		收费	●
可挑选中小企业供应商减免会费成为银会员		折扣	●
孵化器加速服务包（一些优先权和专享特权）			●

在它的分级会员制中，知识产权权利的分配同样成为吸引大型制造商加入并持续出资的亮点。还有一种称为“孵化器加速服务包”的高级会员特权，为了将在研究院中取得的技术成果快速转化，可谓服务到家，也是该研究院为自身的良性运转而探索出的一种创新服务模式。可见，参与研究院管理、项目遴选和管理，拥有广泛的知识

产权权利以及技术研发和成果转化方面的优先权和专享特权，是不同级别会员之间的主要差别，成为高级会员能够获得诸多实实在在的权利和利益，大型制造商以及技术供应商自然愿意持续出资，而这也能刺激中小企业和学术界会员的积极参与，共同探索一条高效、可持续的“创新—商业化—生产”发展途径。

5.2 国家制造创新网络项目中的知识产权问题

2014 年 10 月，美国先进制造国家项目办公室（AMNPO）发布了《国家制造创新网络项目知识产权管理指南》。该《管理指南》由 AMNPO 组织牵头，能源部、国防部、商务部、美国国家航空航天局（NASA）、国家科学基金会（NSF）等组成任务小组共同参与起草。

起草过程首先参考国家制造创新网络的目标和宗旨，知识产权管理原则要配合它的目标和宗旨。简单来说，就是知识产权的管理要保护制造业创新研究院（IMI）各参与方的利益，同时为企业，尤其是中小企业降低知识产权方面的阻碍，使之可以更容易地利用所需知识产权，增进创新动力，更有动力参加研究院成为会员。在美国，制造业中小企业面临的知识产权方面的阻碍主要是，面对繁复的知识产权法律条文，无力判断该如何合法地使用这些知识产权。而加入研究院后，将为中小企业提供一个标准的使用背景知识产权的平台，避免各中小企业自行其是。同时，也可以为成员之间创造和共享知识产权提供平台。

在起草过程中，作为国家制造创新网络初始设计工作的一部分，首先由国家标准与技术研究院（NIST）在联邦公告上公开发布信息征集请求（RFI）；之后，由 AMNPO 在全国范围内组织一系列的工作会，各参会方就国家制造创新网络设计中各种问题发表看法，也包括知识产权管理。AMNPO 组织了知识产权工作组，在工作会的基础上，形成一套原则草案。草案先在联邦公报上发表，征集社会意见。此外，借鉴了前期先导制造创新研究院及几十年前成立的半导体技术联盟（SEMATECH）的成功经验及教训，最终形成《管理指南》。当然，《管理指南》完全符合美国知识产权管理法案（*Bayh–Dole Act*）的规定。

《管理指南》为各研究院推荐了处理知识产权问题的十四条原则，包括以下几个方面：研究院层面的知识产权管理、项目层面的知识产权管理、知识产权归属、研究院出资生成的知识产权权利、非研究院出资生成的知识产权权利、背景知识产权、数据权利与管理、发布权及政府权利。

《管理指南》中的原则并不能代替各会员单位具体的知识产权管理办法，它提供了一个参考原则给各研究院，所以各研究院的具体知识产权管理办法会相互有所不同。但总的来说，最重要的原则是知识产权的管理规定要能够激发企业，尤其是中小企业参与到研究院中的热情和愿望。

5.3 数字制造与设计创新研究院（DMDII）的知识产权管理

1. 清晰界定研究院项目知识产权、共同利益项目知识产权和背景知识产权

研究院项目知识产权。这是在研究院项目中生成的项目知识产权，研究院项目分为两种，一种是完全由政府出资的研发项目；另一种是部分由政府出资，部分依照“项目授予协议”由项目参与人出资的研发项目。

共同利益项目知识产权。这是在共同利益项目（CIP）中生成的项目知识产权，共同利益项目是出资完全来自项目参与人私有资金的研发项目。

共同利益项目的知识产权完全属于或专有地许可给各出资的项目参与人，或遵照“项目授予协议”而定。共同利益项目中的众多知识产权事宜均可由项目参与人自行商定，除非政府也是项目参与人，其知识产权权利将由“项目授予协议”、法律和《会员协议书》确定。

背景知识产权（BIP）则有所不同。这是所有在项目开始之前就获得的知识产权，以及在项目开始之后于项目之外生成的知识产权。项目参与人在履行项目职责或者研究院成员应用项目知识产权时，若涉及背景知识产权必须先取得相关许可。

这里需要特别强调，背景知识产权和第三方背景知识产权的使用原则。背景知识产权的提供方是研究院会员，而第三方背景知识产权的来源则是研究院之外。项目参与人将分别使用合理的手段获取在项目范围内使用第三方背景知识产权的相应许可。如果相应的权利无法取得，项目参与人应讨论项目如何在不使用相关第三方背景知识产权的情况下开展。

对于研究院项目来说，会员可以要求通过许可贡献其背景知识产权，或者将之作为“实质性贡献”充抵会员义务。在“项目授权协议”制订过程中，项目参与人将共同识别背景知识产权，包括对项目实施或未来使用项目知识产权所必需的第三方背景知识产权、以及评估如何取得背景知识产权使用权以用于项目。

2. 阐明研究院对知识产权问题的管理职责

研究院执行主任指定成立“知识产权咨询委员会”，向“管理委员会”报告知识产权相关问题并向其提供支持。对于在研究院内申请的每个项目，研究院都要求申请方必须首先提交一份“项目知识产权管理计划”以接受研究院的评审，并将其作为“项目授予协议”的一部分执行。计划中至少应有关于知识产权生成、所有权和管理方面的内容，以及如下可选内容，如项目知识产权的所有权、项目知识产权的许可权，包括联合所有人或项目参与人的收入分配等众多选择。

严格依会员级别设定研究院项目知识产权的许可授权（见表 5-3）。会员对研究院项目知识产权的使用一般限于内部业务使用和内部研究使用，免特许使用费的内部业务使用许可权只能由一级会员获得。

表 5-3　研究院项目知识产权许可授权原则

会员级别	权　利
一级（包括州政府与地方政府会员）	面向内部业务使用和内部研究使用条件，获得在世界范围内、不可撤销、非专属、不可转让、免特许使用费、永久地制作、使用、复制和创造衍生品的许可权，一级工业界会员可以向其附属企业提供次级许可，但销售会侵犯项目知识产权所有人知识产权权利的产品则无法获得许可。被许可会员的转包商在相应的次级许可协议下可以使用项目知识产权，但仅限于辅助被许可会员进行内部业务使用和内部研究使用。若项目知识产权是由许可条款和条件控制的软件知识产权，则其使用仅由该许可条款和条件控制，任何进一步的使用及其条款和条件都依软件项目知识产权所有人的意见而定
二级	仅面向内部研究使用条件，获得在世界范围内、不可撤销、非专属、不可转让、免使用费、永久地制作、使用、复制和创造衍生品的许可权。被许可会员的转包商在相应的次级许可协议下可以使用项目知识产权，但仅限于辅助被许可会员进行内部研究使用。二级工业界会员及其附属企业，以及二级学术机构/非营利组织会员有权要求项目知识产权所有人经协商授予（所有人参与的项目所生成的研究院项目知识产权的）支付特许使用费的、非专属的许可，基于双方都认可的、商业上合理的条款在其业务中使用（软件知识产权规定同上）
三级、四级	三级工业界会员及其附属企业，以及三级、四级学术机构/非营利组织会员，除在各自“项目授予协议”中协商一致的知识产权权利之外，无法获得任何知识产权权利。他们只能与项目知识产权所有人签订协议而获得额外的知识产权权利

3. 明确规定政府在技术数据和计算机软件方面享有的权利

技术数据特指针对科学或技术特性的以任何形式或方法记录下来的信息。对于研究院项目，每个生成技术数据（包括计算机软件文档）和开发计算机软件的项目知识产权所有人应授予政府或使之获取在世界范围内、不可撤销、非专属、免特许使用费的许可权，权利主要分四类，见表 5-4。

表 5-4 技术数据和计算机软件的方面的权利

权 利	简 介
无限制权利	以任何形式、以任何目的使用、修改、复制、实施、演示、发布或透露完整或部分技术数据，以及授权他人如此行事的权利
政府目的权利	“政府目的”是指美国政府作为当事方的任何活动，包括竞争性采购，但不包括以商业或授权他人以此为目的使用、修改、复制、实施、演示、发布或透露技术数据。该权利包括：在政府内部无限制地使用、修改、复制、实施、演示、发布或透露技术数据和计算机软件；用于“政府目的”，对外发布或透露技术数据和计算机软件，以及授权被发布人或被透露人使用、修改、复制、演示、发布或透露这些技术数据和计算机软件
有限权利	在政府内部使用、修改、复制、实施、演示、发布或透露完整或部分技术数据，这些技术数据在紧急修理或大修目的下可对外转让或透露
受限权利	只适用于非商业计算机软件，政府有权：在一个时间、一台计算机上使用一个程序；在所有备份已销毁或知会许可人的情况下向另一个机构转移；制作副本用于档案或修改目的；修改软件；当执行服务合同以保障“合作协议”（政府与 UI 实验室签订的研究院协议）或相关协议与合同履行时，允许承包商和转包商使用或修改计算机软件；当实施紧急修理或大修时，允许承包商或转包商使用或修改计算机软件

第六章　国家制造创新网络对中国的启发

制造业的创新与竞争，已经跟一个国家的活力紧密地绑定在一起。而先进制造，是每个工业发达国家保持活力的重要战略。

实际上，创新中心正在成为一种时尚。根据 Capgemin（凯捷））咨询公司发布的《创新在世界各地的传播》报告，2016 年 3 月到 10 月短短 8 个月期间，全球新设立的创新中心高达 88 个；而 2015 年 7 月到 2016 年 2 月为 67 个，如图 6-1 所示。

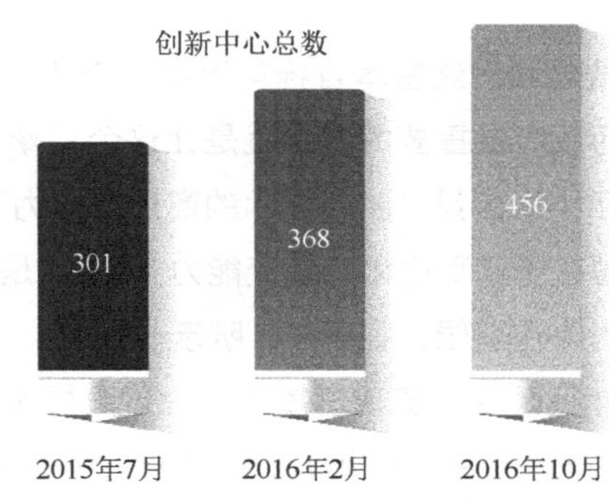

图 6-1　创新中心总数[1]

创新中心的种子早已埋下。2010 年 3 月，英国企业家赫尔曼·豪泽发表《英国技术创新中心当前和未来的责任》报告，建议政府采取措施缩小研究原始创新与后续商业开发间的缺口，对技术创新中心保持长期投资，帮助企业获得最优秀的技术知识、基础设施、技能和设备，使英国研究成果商业化能力实现跃升。这个致力于提升英国科研成果商业化能力的建议，被英国政府官方采纳。2010 年秋，英国政府向英国创新署提供 2 亿多英镑额外资金，用于在 2011—2015 年创建的 7 家技术创新中心。其中，

[1] The Spread of Innovation around the World: How Asia Now Rivals Silicon Valley as New Home to Global Innovation Centers.凯捷咨询报告，2017 年 2 月。

高端制造（High Value Manufacturing）是重点，在它下面分设了 7 个子中心。截至 2017 年 5 月，英国各类弹射创新中心总计达到了 11 个。

美国工业再复兴一开始就致力于保持先进性的竞争力，从而维护全球经济领袖地位。其中，国家制造创新网络已经成为美国先进制造的一面闪亮的旗帜。尽管美国先进制造涉及诸多计划，而且从拨款资助角度来看，国家制造创新网络也并不是占据很大份额的国家制造项目，国家制造创新网络还是从众旌摇旗中脱颖而出。不过，国家制造创新网络只是反映美国引领创新的一个标尺而已。

6.1 边界回归：是技术创新还是商业化

总体而言，国家制造创新网络基本目标可以用三个词来概括：产业竞争力、商业转化力和新型劳动力。而政府最重要的作用就是让这个“摩天轮”要能持续转下去。

与国内高喊创新有所不同的是“创新技术的商业转化力”，也是核心所在。制造业创新网络所要解决的问题在于“商业化的转变能力”，重点是商业转化，而不是技术创新。国家制造创新网络的内在逻辑，如图 6-2 所示。

商业转化能力，显然只是最终实现价值的一个过渡性阶段，但却是最重要最需要呵护的一个阶段。因为它像一个初生的婴儿，需要穿过一段狭长的、无人照顾的峡谷。而美国政府，打算扮演一个“阶段性托管”的角色。

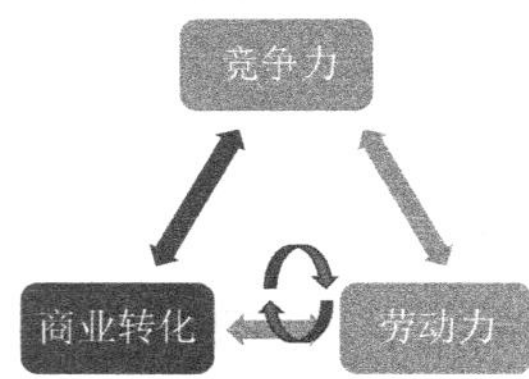

图 6-2　国家制造创新网络的内在逻辑

当然，美国有一个隐含条件是“先进制造”[2]。但这跟中国强调的“新动能”或者“战略新兴产业”还是有很大差别的。既然政府是起到推动循环的作用，但还是要找到

[2] 关于先进制造，按照美国布鲁斯金智库的定义，人均研发投入超过正常制造业的 80%；或者所需要 STEM 知识的比例不低于 21%。

其内生动力。美国总统科技顾问委员（PCAST）为此找出来的配方是，网络是扩散的放大器，协同是扩散的引擎。

换言之，政府的作用是解决牛顿定律无法解释的最早的力量如何而来的问题。从这个意义而言，政府的作用不完全是“扶持”，也就是“扶上马送一程”，更准确的是“扶转”：扶上去、转下去。美国采用的是制造创新研究院（Innovation Manufacturing Institute），而非中心（Center）。实际上，美国制造创新研究院不仅仅包含了创新中心的概念，还担负着制造业劳动人才培养的艰巨任务。

从美国的制造创新网络的建设来看，它服从一个更大的战略，那就是“重塑美国制造竞争力”。因此，可以看到在国家制造创新网络出台之前，至少有《国家创新战略》和《美国竞争力法》这两个意义重大的法案，还有很多报告穿插其中，这些内容都奠定了一个深厚宽广的创新战略框架。

就这个意义而言，创新中心必须是“创新战略”的一部分。对于国家制造创新网络，在各个机构的创新战略中设立一个个的创新研究院只是一个有影响力的节点，但这并不构成创新战略的总和。这只是一个起点，就如一艘刚刚启航的舰艇，它的目的和重点都服从一个更高的战略。

6.2 美国制造创新研究院与传统“产、学、研”平台的区别

6.2.1 采用 PPP 模式，公私合营，由非营利组织牵头

“产、学、研”平台相对宽泛，既有企业主导型，也有大学院所主导型。而对于创新研究院，公司不可以牵头，不允许有营利上的考量——毕竟这定义为一个“前竞争时代”；甚至大学也不允许牵头。美国数字化设计与制造创新研究院（DMDII）的牵头单位是伊利诺伊斯大学 UI 实验室，看上去跟伊利诺伊斯大学关系密切，但 UI 实验室其实是一个独立的非营利组织机构，并不属于大学。

6.2.2 强调连接的强度

“连接的强度”也就是相互交互、交流的强度。因此“网络性”具有非常现实的意义。

为什么称为国家制造创新网络？参与会员的数量，以及会员之间的连接度，是一个制造创新研究院的可持续性的重要指标。就美国制造创新研究院的设计思维而言，缺少投资只是阻碍创新的一个方面——很容易被看到的一个方面；而另外一个则与投资无关，由缺乏合作伙伴、缺乏协同所造成。这就是“网络”字面背后真正的含义，就是基于“协同”的创新。但是在当下，由于移动网和社交媒体的普及，“协同”也在产生新的变化。“社交”自身的含义，开始被强化。基于微信的碎片化时间和大量社交圈的存在，使得我们有理由期望，人与人之间的连接强度是如此之大，以至于它有可能渗透企业和组织之间不同的文化和习惯。这就使得，创新研究院可以用更显活泼的方式，从推动人的连接开始，使得生态平台上的组织上的连接变得更加容易。

6.2.3 培养新工人：人才培养是必需品而非衍生物

在推动先进制造的时候，同时培育新工人，这是美国跟中国非常不同的框架性差异。

先进制造业能够产生 1 800 亿美元的增加值。更重要的是，先进制造一个岗位可以带来其他经济领域大约 16 个岗位，传统制造业只有 4.6 个；而零售服务业，则只有少得可怜的 0.8 个。

美国已经意识到，全新的制造业需要全新的工人。而这不是一蹴而就的。“创造工作塑造人”，培养一个产业，同时培养一个庞大的人群。这就是为什么各个创新研究院不遗余力地进行各种宣传，跟人才教育、劳动力培训建立密切的联系。一边产生劳动力需求，一边产生劳动力供给。这种“双向设计”的机制，是未来占领制造业高点的重要发展思路。

这对于中国是一个非常好的启发。当我们在提倡新动能、战略新兴产业、智能制造的时候，一定不能忽视，这些全新的工业力量会对人才需求有着完全不同的要求，它是必需品，而非伴生物。这些先进制造产生的人才问题，需要系统化地围绕着制造业本身的培养机制而展开。

美国所有的制造创新研究院，都需要承担培训人才、教育大众的角色。改变对制造业的看法，是创新院的一个很重要的使命。因此，社区民众的参与是考察制造创新研究院的一个重要指标。柔性电子印刷 NexFlex 创新院甚至制造了 FabLab TV 系列剧，每周播放一次，受众面达到 200 万人。重要的是，这个节目直接面向的是儿童。正如我们耳熟能详地“从娃娃抓起”一样，美国的先进制造业的价值观也在向儿童灌输。

这就是为什么去研究美国制造创新研究院，就摆脱不了教育的影子，既有非常低龄的儿童科普，也有大学生的兴趣渗透，更有终身职业教育的影子（包括高等学徒教育、企业认证的证书）等。

6.2.4 坚持“美国优先”

国家制造创新网络一开始的设计初衷，就是一个加强美国制造国家竞争力的概念。这就是一个国家俱乐部，因此他们未必热衷于国际交流——这与特朗普的“美国优先”类似。

在信奉技术创新和商业转化的美国，各种院所对研究者的知识产权往往有一级授权、二级授权等不同级别。对于知识产权的转化，许多教授有着天然的需求。商业利益是最大化的，如果没有政府的监管、没有 PPP 的模式，那么教授就会有自己的更加现实意义的考量。然而，总统科技顾问委员会 PCAST 建立国家制造创新网络的目的，就是要把创新和制造业连接起来。但政府显然更加注意知识产权在国内的流动转化，确保创新在本土、制造在本土的“制造业回归”。当然，有些制造创新研究院看上去也有国外的机构参加，例如西门子也参加了 DMDII，但这仍然西门子软件公司。这是西门子在 2006 年收购的美国 UGS 软件公司，而 UGS 的主要业务从来就没有搬离美国。实际上，国家制造创新网络对接纳国外公司作为成员有着非常谨慎的态度。

1985 年，美国为了应对日韩尤其是日本的半导体崛起所带来的威胁，成立了赫赫有名的半导体制造技术（SeMaTech）联盟。这个项目在前 5 年大获全胜，美国半导体行业彻底扭转局面，重归世界霸主地位。但随后的争执也变得白热化起来。其中有一点就是，参与 SeMaTech 联盟的早期 13 家企业也在跟国外竞争对手合作，这就带来一个问题，美国政府资助的费用，是不是也间接地提高了其他国家半导体产业的竞争力？

而现在，同样的问题也抛给制造创新研究院。为此，德勤公司在 2017 年 1 月的报告中就坦率地指出这个问题需要评估。2014 年美国制造业吸引的国外直接总投资为 989 亿美元，其中 73%的投资指向先进制造业。在国外企业如此深入根植在美国先进制造业的情况下，如何能分得清楚哪些是真正用于只鼓励本国的竞争力、提高本国劳动力的发展计划?

德勤认为，这需要更加清晰地保护美国投资的指导，对每一个创新研究院都要逐家评估国外机构的作用(和潜在威胁)，然后才能发展一个广泛的接纳国外会员的计划。

因此，与任何一个国家其他发展战略不同，国家制造创新网络保持了赤裸裸的“美国优先”的目标，它是一个近乎封闭的美国国民俱乐部。换言之，美国先进制造创新网络不欢迎外国人，至少暂时如此。

5. 区域经济群：产业与人才并举

国家制造创新网络非常强调区域产业集群的作用，实际上，它就是为了孵化地方的产业集群。区域经济集群在选择创新网络方面也起到非常重要的作用。它是一种催化剂，催化和壮大既有产业所在地点，而不是去扶持一个全新地点从零开始。换言之，是“创新研究院”而非“新创研究院”。

传统的产业集群只强调产业本身，而忽略了“专业人才”这一个巨大的伴生物。对于美国制造创新研究院所规划的区域产业集群而言，如果没有专门的人才管道，那么这个产业也就无立锥之地。实际上，产业集群除了地理上考虑，还涉及知识共享、人力资源池和公共资源的服务强度问题。

从这个意义而言，中国的“产业集群”，需要加快对大面积配套人才的培养。人才与产业集群的规划，再也无法分开。

6.3 政府的扶持作用

6.3.1 政府投入的机制

政府的钱不会直接进入商业化应用阶段，而是进入“竞争前时代”，它只会根据联邦政府确定的技术领域，同时发展共享资源，如技术路线图。

对于创新研究院的投入，各方配套资金与美国联邦政府资金投资至少为 1∶1，对于个别产业方向，这个数字会更高。截至 2016 年 11 月，8 个创新研究院获得政府承诺资金是 6 亿美元，而各大院所、企业、大学等加起来配套资金是 13 亿美元。但这笔资金并不是一步到位的，而是按照项目逐个配套完成的。

对于创新研究院的财政支持而言，最好不要直接进入成熟化的技术市场，而是要界限分明地制定出“竞争前”技术领域和非商业化市场，这样才能避开大家相互的戒心，不同机构齐心协力地穿越从基础研究到商业应用这个危险的区域。

国家制造创新网络、德国弗劳恩霍夫协会、英国创新中心、法国创新中心的财政投入各有特色。如何发挥政府的财政资金、政策引导以及退出机制，是一个关键性问题。美国联邦政府看上去打算采用“先进后出”，并不会长期介入，但地方州政府可以长期进行扶持。美国政府给出了提供资金扶持的时间表，大概是 7 年一个周期。

也就是说，美国政府的投资是按照投资人的思路，以商业规律要求所有资金有进入规则和退出机制。在 PPP（公私伙伴合营）的模式下，制造创新机构的资金来源方式呈现多样化。而联邦政府的资助在 PPP 模式中有明确的责权和时限，资助水平也会伴随着创新机构自给自足水平的提高而逐渐降低。

在国家制造创新网络 5 ~ 7 年的建设期间，联邦政府资助 0.7 亿 ~ 1.2 亿美元。同时，要求非联邦政府也配套资金，比例不低于 1∶1。2 ~ 3 年后，联邦政府资金投入强度就开始下降，主要由研究机构、企业等私人部门提供；5 ~ 7 年的资助结束后，联邦政府将退出执行委员会，不再介入各制造创新机构的管理决策。

这个模式也是政府关于资本设备密集型的创新机构逐年退出，而创新机构完成成熟进程而独立生存的指导模式。可以看出，政府投入的资金按照用途分成四个部分：启动资金、设备投入、基础资金和竞争性项目资金。制造业是设备投资密集型。因此，设备投入是占有很重要比例的一项。基础资金投入是承诺每年必给的，而启动资金投入是作为制造创新研究院启动期间的鼓励扶植的用途。

竞争性项目资金也是很有特色的一个设置。国家制造创新网络是政府一个为期 7 年的 10 亿美元的投入，这是一个总的资金池，具体到每个制造创新研究院应该拨付多少并没有严格规定，一是每个技术主题的实际情况对于资金的要求不一样，二是促进制造创新研究院之间的相互竞争，表现优秀者可以得到这块蛋糕里更多的份额。如果有好的项目，自然可以得到政府更大的资金支持。前 3 年资金总额基本是逐年增加，后 4 年逐年减少。前 3 年的启动资金部分基本每年平均，基础资金投入每年加大（这两个分类主要是对于资金的用途有所差异），设备投入占有大部分的份额。从第四年开始，设备投入显著减少，第 5 年开始不再有新设备的投入；启动资金从第四年开始不再拨付；基础投入减少，增加了所谓竞争性的项目资金，比例逐年加大。到第七年，竞争性项目资金占有绝大多数，而政府资金从第 8 年开始就全面停止拨付，包括竞争性项目资金，如图 6-3 所示。

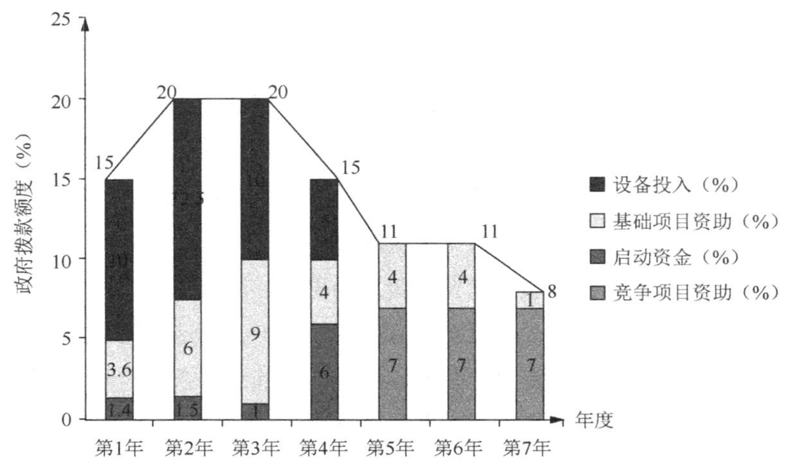

图 6-3　政府投入资金分布的年度分布

当然，根据德勤在 2017 年 1 月的一份评估报告中，对 7 年就断奶这件事情表达了一定的担忧。这意味着后续或许还能有继续的哺养机制。另外，值得担心的是，国家资助结束了怎么办？届时数据分享也会有难度，除非有新的资助项目接着进来。

从这种 7 年为一个大周期的“深入浅出”的方式，我们可以发现一个重要的 PPP 思路：所有创新机构必须要有商业模式必须可持续发展。换言之，这不是项目研究而是面向实战的孵化器。这给每一个参与竞争的机构组织都带来了较大的压力，每个创新机构的组建方案都要求有明确的、可持续的营利模式设计。

每个创新机构必须自寻活路，以灵活的运作形式来获取各种可持续收入，包括会员费、收费服务活动、合同研究或产品试制、来自于联邦政府及其他来源的非国家制造创新网络补助资金、知识产权使用费、捐赠等。

与此相对照的是英国的弹射中心，政府的核心公共资金主要投入基础设施和设备，而投入的比例则与各个弹射中心在建设过程中是否使用已有设施和设备相关。

6.3.2 联邦提供自主性与监管性

美国国家制造创新网络绝不是一个省心的“计划”。它志在“重塑美国制造领导力”的目标过于宏大，牵扯的组织机构为数众多（仅 14 个项目就牵扯到 1 500 家以上的企业），具体技术项目也是方向不一，而且进度各有不同；在同一个时间点上，既有新创新研究院的招标，又有既有创新研究院项目的考核，还有评估指标的完善，还要应对众多的领导“婆婆”。

创新研究院潜在的经济学机制是要打破“散户投资不足下的市场失灵”，这意味着希望可以集中用联邦政府的钱（包括配套的民间资本），实现更有效率的产出。

如何进行运行评估和监管，这是对政府行政效率的高度考验。国家制造创新网络采用的方法是赋予创新研究院可以有最大的自主权。就目标发展而言，整个国家制造创新网络采用了宽松得多的目标，也就是每个制造创新研究院可以自行设定自己的目标。这就是为了给创新研究院以最大的灵活性。只要每个创新研究院都能够有着可持续发展战略（自循环），那么多样化的目标将使得创新研究院百花齐放。

其管理机构的设置也是非常有特色，如先进制造项目管理办公室（AMNPO）是整个国家制造创新网络的管理机构，专门为此而设置。但在实际运行中，与其说它是对下（对创新研究院）的领导层，不如说它是对上（国会）和对国防部、能源部等部委的协调机构。这个管理机构需要协调和识别这些部委的工作重点，同时加强各大创新研究院在技术研发上的分工、避免重合与过度竞争等。

这种管理机制可以概括为“双线工作、双头监管”。对于每一个创新研究院而言，是“双线工作”，其工作目标既包括创新研究院的整体进展，又包括每一个招标项目的具体落地与演化。由于每个创新研究院的整体进展和项目招募往往需要完成所属部委的预期，因此每季度会有一份正式的常规报告，将各种数据汇总汇报给自己的归口部委。

而部委和 AMNPO 则起到了双重监控作用。各监管部委在设定目标之后，会联合 AMNPO 一起制定指南和反馈，提供给所属的创新研究院；同时将收集的数据提供给 AMNPO。而 AMNPO 更多会从项目计划本身去评估创新研究院的得失。

有意思的是，部委和 AMNPO 都将各自向国会提交自己的年度报告，只是 AMNPO 需要更多的篇幅和精力，去评价这些创新研究院是否取得了预期目标，以及是否算得上成功。

AMNPO 并不会强行要求所有的创新研究院都对齐一个标准。它建议的考核标准是，分为三个阶段：在初创期，一个创新研究院需要完成设备购置、招募会员、发出招标文件等，甚至包括建筑物——如数字化设计与制造创新研究院（DMDII）的演示中心就是新盖的建筑物，轻量化创新院（LIFT）在底特律也都是全新的建筑。这个期限一般是一年到三年。而一旦完成某一个项目，或者创新成果可以度量的时候，就进入第二个阶段，也就是研发执行阶段；等到技术能够进入接近提升行业竞争力，预计对区域宏观经济可以有产出的时候，就进入了第三个阶段——“持久阶段”。

与此同时，撇开 ANMPO，单独仔细体会美国国防部和能源部所起到的统率作用，也具有非常重要的参考意义。实际上，国防部在制造业，尤其是所谓的军民融合上，有着统一和超越当下视野的考量，极大地提高了美国制造的前瞻性和效率——毕竟军方以性能优先来考量而非从成本的角度；而能源部则需要对民用市场负责，对清洁能源、能源效率等方面有着更大的关注。

很显然，制造与能源是制造的一体两翼，这是美国科技转化工作非常注重的地方。在德国提出的工业 4.0 的体系中，能源的位置不甚明显；而在美国制造创新网络的相关方向设置上，看似相似的主题方向，则被断然分开管理。例如位于芝加哥的数字化设计与制造创新研究院（DMDII），归属于国防部（DoD）领导；而智能制造创新研究院（后来改名为清洁能源智能制造），则由能源部（DoE）牵头。二者关系紧密，但基本技术方向有很大的差异。

6.3.3 制造创新网络需要长期建设

在奥巴马总统最后任期的两个月内，紧锣密鼓地批准了 5 个创新研究院。而特朗普上台后，似乎一直不见开设新创新研究院的动静。当然，对于美国制造业战略的问题，其实从来不能用这么短的眼光去看，无论是奥巴马在最后岁月的火速催生，还是特朗普执政以来看似的“怠慢”，都并不影响这件事情的本质。美国两党交替，各有纷争，但在制造业复兴这一问题上，两党还是有高度共识的。

美国支持创新的战略从来没有改变过。早在 1988 年，议员 Hollings 就致力于推动制造业中小企业的发展，并催生了美国发展 MEP（制造业拓展伙伴）的立法和拨款支撑。建设制造业的技术支撑网络、建立知识服务中心、就地辐射中小企业，是 MEP 持续 30 年不变的承诺。这一法案直到 2017 年仍然不时有更新。

而制造业自身的创新过程，也是知识以网络状辐射的过程。从某种意义上说，国家制造创新网络是在解决“市场失灵”的问题，也就是由于制造业变得越来越复杂，每个环节上的投入都很大，使得 R&D 的投入不均衡，而且实现知识的变现变得非常困难。

这个问题其实最早是在中小企业中碰到的。这也是 MEP 最早解决的思路。而现在，在更为复杂的工艺、材料连大型企业也吃不消的时候，制造业上不均衡的研发资金投入就开始变得失灵。美国制造创新研究院采取各种方式帮助中小型企业应对挑战：为中小企业提供有关技术发展趋势的信息，并提供能够帮助流程创新和发展的跨领域技术；提供设备，使中小企业获得能够加速产品设计、铸模和测试的专业化设备；对没有专家员工的中小型企业提供技术建议和帮助等。在英国制造业弹射中心 Catapult（创新中心）通过建立的知识服务网络来实现所谓的“知识迁移和扩散”，帮助中小企业发展。

6.4 创新研究院运行机制：一种特殊的产业联盟的主要作用

制造业创新网络并不是简单的产业联盟，而是比产业联盟更加丰富的网络。但这并不影响将其作为一个产业联盟的形态进行分析。

一般而言，创新研究院有几个现象值得关注，一是产业公地（Industry Commons）作为基础支撑，非常强调平台的作用，如清洁能源创新研究院（CESIMI）、数字化设计与制造创新研究院（DMDII）等都在建设支撑软件平台，使得众多成员可以在平台上完成工作；二是知识产权分享与保护；三是清晰的会员分级与权益（跟二相关）；四是非常重视传播机制，非常注重扩大影响力——这个跟培养人才、提高创新研究院的知名度密不可分；五是有成熟的治理委员会，既有技术顾问委员（TAC），又有管理委员；六是沟通机制，美国创新研究院的管理机构（AMNPO）还专门发布指南，对内交流与对外沟通的机制都说得很清楚。

6.4.1 运行体系架构：共生组织、共担项目的机制

美国设计的“成本共担、利益共享”的思路也很常见。中国在建立国家科技文献保障性体系中（国家工程科技图书馆，共八个分馆），也是采用“共建共享”的原则，但实际上共享效果比较一般，建设方相互打通单位之间的“边界墙”的意愿也很低。

在国家制造创新网络的体系中，会员必须付费才能进入创新研究院。这是一个非常强烈的“价值之上”的理念。参与成员需要认真地想清楚自己所要获取的价值。

与此同时，美国的联盟机制一直很顺畅，有一套系统的利益设计（尤其是知识产权问题）、运行机制、钱财管理、技术路线图制定等。

在美国的创新研究院的设计中，非常清楚地看到，“创新选择，规划先行”的影子。可以说，在 2011 年发布的美国制造合作伙伴计划 AMP 1.0 的报告中，直接就决定了随后 6 年如何选择制造业创新网络的方向。AMP 1.0 报告汇集了 5 个工作小组的意见，以其中第 2 个工作小组“共享基础构架及设施”为例，对于国家制造创新网络应该具备哪些属性和功能等进行了详细的分析——这也是后来各个创新研究院非常注重公共设施共享的一个重要原因。另外，在 AMP 1.0 的 16 条建议中，第 2 条建议《增加高端的跨领域技术的研发资助》，非常详细地提到了 11 项先进制造领域的高优先级的交叉技术，包括先进传感、测量及工艺流程控制、先进材料设计、合成和处理、可视化、信息技术和数字制造、可持续制造、纳米制造、柔性电子设备制造、生物制造及生物信息学、增材制造、先进制造及测试设备、工业机器人、先进成形及接合技术等[3]。后来成立的国家创新研究院基本上都是围绕着这些方向的。技术领域分布见表 6-1。

表 6-1 技术领域分布

名 称	技术领域												
制造创新研究院（简写）	材料工艺	材料	电子技术	传感器	数字化技术	轻量化制造	设计	自动化	生物技术	化学工艺	度量技术	建模及仿真	光子与光学技术
ATB	1	1							1				
AFFOA	1	1	1	1									
AIM			1	1									1

[3] AMP 1.0 的 Technology Development 小组的报告。

续表

名 称	技术领域												
制造创新研究院（简写）	材料工艺	材料	电子技术	传感器	数字化技术	轻量化制造	设计	自动化	生物技术	化学工艺	度量技术	建模及仿真	光子与光学技术
AM	1	1				1							
DMDII					1		1	1					
IACMI	1	1				1							
LIFT	1					1	1						
NextFlex			1	1	1								
NIIMBL	1	1							1		1		
PA		1	1										
RAPID	1									1			
Smart				1	1							1	

已创建的创新研究院的重点特色技术领域如图 6-4 所示，可以明显地看出，在所涉及的技术领域中，按被列为创新研究院关键技术的频次计算，与材料及材料工艺相关的超过三分之一。就这些创新研究院所属技术标签而言（一个创新院会有多个标签），

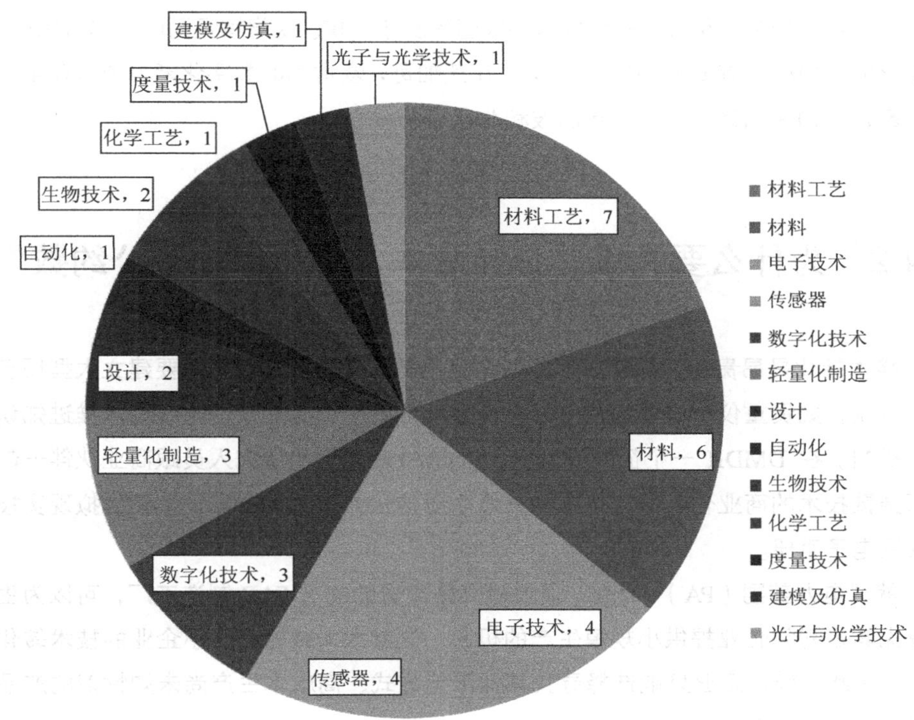

图 6-4 重点特色技术领域分布

有 7 家涉及材料工艺，6 家涉及材料。材料及其工艺的重要性也可以从美国制造业复兴计划旗下的另一全国性倡议行动得到印证（与国家制造创新网络平级的计划）：Materials Genome Initiative（材料基因组计划倡议）。该倡议自 2011 年启动，政府已投资逾 2.5 亿美元，旨在建立庞大全面的材料基础特性数据库，及其特性仿真算法和实验条件，使先进材料特性更具可预测性以促进新材料研发的效率。

这是美国政府机构运营的一个特点。如何利用有限的政府人员，推动建议、战略和法案向着落地的方向发展，以及借助周边的咨询公司、智库和各行业的专家，是一项非常有讲究的系统工程。

各个创新研究院在研究方向和路线图方面，一般也都会借助专业咨询公司的流程支撑，在收集意见和研究问题的时候，非常注重工作坊的设计，都会给出清晰的、共性技术路线图。例如，给美国复材创新研究院（IACMI）、美国电力（PA）提供咨询的是 Nexight 公司，给清洁能源制造创新研究院（CESIMI）提供咨询的是加州制造技术咨询公司（CMTC）。大牌咨询公司则干脆花钱直接成为铂金会员，如大名鼎鼎的麦肯锡进入数字化设计与制造创新研究院（DMDII）、德勤咨询公司进入增材制造创新院，并且成为重要的会员单位，提供技术路线图的发布支撑。麦肯锡还同时与 DMDII 建立数字化能力中心（DCC）。实际上，除了在芝加哥，麦肯锡的数字化能力中心在全球还有四家，分别在柏林、米兰、新加坡和北京清华大学。

6.4.2 为什么要扎堆：分摊成本，建立市场“公约数”

技术转化是昂贵的，即使对大中型企业也是一样的。因此，需要建立大型项目的协同机制，如贵重仪器设备的易得性、分担项目成本、确立技术路线图，推进知识交换的机制。在 DMDII 一个征集项目中，Rochester 学院的研究人员跟商业伙伴一起探讨可穿戴技术的商业化应用，将车间纸质手册转化为通过可穿戴设备和虚拟现实技术的交互电子手册。

就“电力美国（PA）”而言，通过建立国家资助的 X-FAB 制造工厂，可以为生产企业尤其是初创企业提供小规模生产的机会，这就大大减轻了中小企业的技术转化能力——在此之前，企业只能选择寻找其他工艺方式、高成本生产尚未知性能的产品，或者干脆只能放弃。

与此同时，技术路线图必不可少。拿不出技术路线图的创新研究院，就不能被称为一个创新研究院。而且也不限于此，先行一步的“美国造”，就联手美国标准技术研究院开发增材制造标准化协作体（AMSC），直接探讨关于标准的路线图。

这种创新研究院的设立，对院所而言，意味着首次将科学原理、技术发现跟实际应用和产品有效地结合起来。而对于中小企业而言，能够通过这样的机会，与大型企业、院所建立起紧密交流的方式，形成一个开放的新技术走廊，这是一个非常重要的事情。美国复合材料创新制造研究院（IACMI）也开放了其绝对高科技的碳纤维生产线——在美国也只有几家。而现在也开始对中小企业会员开放，这就使得中小企业再也无需承担高昂的研发成本。

6.4.3 连接与扩散

有一些创新研究院为了扩大影响力还建立了自己的子节点（或者称为卫星院），DMDII 就有卫星中心。实际上，这基于国家制造创新网络的一个设计机制：会员数量临界点和会员交互强度。因此，每一个创新研究院，不仅仅是连接源，更是连接的放大器。

不同的创新研究院之间也会再次建立合作。例如，先进功能织物创新研究院（AFFOA）和柔性混合电子创新研究院（NextFlex）就会联合起来共同招标项目，而IACMI 和轻质材料创新研究院（LIFT）则共同投入 5 000 万美元，在底特律 LIFT 的大本营建立项目基地。而 LIFT 和增材制造创新研究院（AM）则把相关项目一劈两半，每家各自分担一半，从而有效驾驭跨界的专业知识。

创新研究院是联盟，而国家制造创新网络可以看成一个国家级的联盟体。实际上，如何评估创新研究院的成果，是否有足够数量的入会成员是一个非常重要的指标，而中小企业的占比也是一个非常重要的指标。

从这个角度而言，中国的创新研究院一定要充分考虑中小企业的加盟和扶持，而且能够真正给予技术上的支撑和知识产权的分享。当然，另外一个收获，或者也是一个考察指标是，会员费也是很重要的收入来源。

6.4.4 知识产权：打破手铐，穿上铠甲

知识产权的转化并不容易。为了更加准确地实现商业转化，需同时采用制造成熟度（MRL 共 10 级，比 TRL 多了一级）。

美国国家制造创新网络的知识产权（IP）利益分配机制，最简单的说法就是“多劳多得”。知识产权的使用有三种形式，一种是成员单位间直接签署商业化知识产权的合作协议；第二种是根据项目共同开发知识产权，按照投资多少按比例享受成果；还有一种是通过激活原有的知识产权，从而获得更大的商业价值。

在知识产权方面，Sematech（半导体制造技术联盟）原来规定研究成果只有在成员公司独占 2 年之后才可以向其他非成员公司转让，现在则在付出一定的转让费或专利使用费后可向所有美国公司开放。Sematech 从不参与某一具体产品的设计与制造，也不为某一具体产品去做专门的工艺研究，而是由各个公司去承担这些研究，让它们去平等竞争。因此，Sematech 本身是一个非营利组织。

但有些知识则可以没有产权，而是使用权。例如数据库的建设，美国国家制造创新网络在建设制造创新研究院过程中都特别强调基础数据资源库的建设，America Makes（美国造）将基础数据资源库建设作为 5 项工作中非常重要的一项工作，即对一系列与行业高度相关及具有高市场潜力的材料或工艺进行协同测试，并将结果数据提供给 America Makes 知识库。

关于人才的流动和知识扩散的强度，也是可以倍加关注的另一个建设性方向。虽然美国通过严格的专利保护，能够有效控制知识产权，但是仍然不能控制人才的流动。人才流动一方面可以促进新知识的转化和扩散，另一方面也会给其他工业化国家吸收这些知识带来机会。因此，如何发现这方面的人才和相关合作者是非常值得关注和跟踪的一条人才战略路线。加大人才定向交流、扩大接触面，从而连接和吸收相关人员，这些都是非常有益和值得尝试的手段。

6.4.5 谁来牵头创新研究院

美国的制造业创新研究院的牵头机构必须由非营利机构来主导，且不能是大学

（但可以是大学的下属独立机构，或者独立实验室）。

大概分为以下四种机构牵头。

第一种是学术界牵头，如伊利诺伊斯大学的 UI 实验室负责数字化设计与制造创新研究院 DMDII，麻省电子实验室负责先进功能织物制造创新研究院（AFFOA），属于学术界往工业界跨。

这其中也有火线上马的机构，也就是"源自大学的创新研究院"，如 ARM 机器人就源自大学。卡内基大学（CMU）负责研究的副校长在 2017 年 ARM 成立大会上曾经回顾说，"当国防部宣布打算创建一个致力于机器人制造的新机构时，凭借 CMU 在该领域的历史实力，我们知道机会来了。我们很幸运地建立了一个团队，从全国各地带来互补的优势"。该校长在 ARM 的设计和建立的工程中发挥重大作用，并通过 American Robotics 这样一个非营利企业来引领 ARM 的领导工作。

同样的情况，包括数字化设计制造创新研究院（DMDII）的领导机构 UI 实验室，它属于伊利诺伊斯大学下面成立的独立非营利机构。美国电力创新研究院（PA）的领导机构源自北卡罗来纳州立大学，也与此类似。

第二种是相对较窄的服务机构，如美国国防加工与制造中心（NCDMM），是陆军建立的。现在负责美国增材制造创新研究院，也是研究院的管理结构层。NCDMM 类似一种中介类服务机构，原来只服务于国防部，不属于学术、工业、政府机构，而是非政府组织（NGO），其中科技委有一半多是政府里的制造专家，负责审批政府出资。

第三种是比较宽泛的服务机构，如美国爱迪生研究所（EWI）（独立的，有点类似英国的 TWI 摩擦焊协会）等，它通过收取会费提供技术服务，专门解决技术难题。目前 EWI 负责轻型材料创新研究院（LIFT）。非常有意思的是，EWI 同时也有一个增材制造联盟，如何使得增材制造创新研究院（AM）能够提供不同于既有增材制造联盟的独特价值，也有一个考验既得利益集团的问题。

第四种是行业形成的产业联盟，如柔性电子制造创新研究院（NextFlex），就是由柔性电子产业联盟牵头的。

6.4.6 面临的困难

国家制造创新网络被期待着在美国创新研发与先进制造间起到积极的桥梁作用。通过覆盖全美的制造创新网络，科研机构的创新技术可以通过企业转化为先进制造产品。而通过联邦政府资金的协助，参与到国家制造创新网络的企业也可以在相对较低的风险下生产先进制造产品。这让企业可以最大限度地与各类创新机构形成密切合作，了解未来制造业的发展方向，以及获得产品开发、市场拓展和出口等方面的协助。

然而，实现国家制造创新网络的目标仍存有一些困难。虽然其运行模式借鉴了德国弗劳恩霍夫应用研究促进协会，但二者也有十分不同的地方。例如国家制造创新网络和其设立的创新研究院中，许多相关负责人是兼职。而德国弗劳恩霍夫应用研究促进协会，作为欧洲最大的应用技术研究协会，致力于为企业开发先进的技术、产品和工艺的科研机构，协会和其旗下的 67 所研究所均是以实体形式和正式编制存在的。此外，和弗劳恩霍夫协会专注于解决技术问题不同，国家制造创新网络还涉及国防安全、劳动力培训、出口、产品开发、重塑制造业声望等内容，这导致该组织机构臃肿庞大。而各个制造创新研究院委员会人数众多且背景各异，也可能会存在低效交流的可能性。因此，国家制造创新网络这种管理、运营模式的发展效率还有待观察。

除了管理，整个首批国家制造创新网络计划中，来自联邦政府的资助仅为 10 亿美元（不包括地方政府配套资金和企业投资等），在 5～7 年内完成投资。在此之后，各制造创新研究院应自负盈亏，实现可持续发展。实际上 10 亿美元相比起美国其他的创新计划，投资不能算多。例如，国家纳米材料计划自 2001 年成立起共获 240 亿美元投资，2016 年仍然获得 14 亿美元投资。先进制造产业作为高投入高门槛的行业，而国会对制造业的投资缺口巨大，因此制造创新研究院欲实现可持续发展，也颇有难度。

虽然美国的研究机构有大量的创新成果，但是在产业化上亦存有困难。麻省理工学院机械系主任陈刚教授在接受笔者访谈时指出，联邦政府的科研基金偏重于理论化和理想化的创新项目，对创新项目的实现难度往往不加以更多考虑。目前来看已成立的 14 所制造创新研究院中，有为数不少的创新技术仍处在基础研究阶段，何时实现产业化尚不够明朗。

另外，就是劳动力大军培养和就业问题。一方面美国工人收入水平在美国社会中属于偏低收入人群，例如，多数一线工人工资周薪约为 850 美元，而白领劳动者的平均周薪约为 1 560 美元。另一方面，低收入导致一部分从业者远离制造业一线，从而影响了国家制造创新网络加速培养先进制造业劳动力的目标。而且，国家制造创新网络战略报告中提出的“学徒制度”等，对制造业技能人才培养缺乏明晰、周密的计划安排及相关薪酬政策。此外，美国制造业创新机构的一个典型特征是面向未来的制造，一般都是面向高技能人才。它对于普通蓝领的劳动力吸收能力并不大，这也是国家制造创新网络需要面临的一个现实问题。

美国国家创新制造网络是牵动美国“再工业化”战略的重要发展计划，其呈现的各种动态、发展趋势和技术进展，值得长期关注。

下　篇

第七章　国家增材制造创新研究院——美国造（AM）

7.1　第一个创新研究院上路了

7.1.1　先上马再找资金的国家级“试点”创新研究院

2012 年 3 月，在时任美国总统奥巴马宣布国家制造创新网络计划的同时，还宣布要通过竞标先建设一家试点性质的创新研究院（IMI），以验证 IMI 的概念。随后，增材制造被选为 IMI 的第一个技术领域。2012 年 8 月，奥巴马亲自宣布，国家国防制造与加工中心（NCDMM）团队脱颖而出成为新研究院的领导者，俄亥俄州小城扬斯敦成为首个 IMI 的总部所在地。

这个进入大众视线的新研究院被命名为国家增材制造创新研究院（National Additive Manufacturing Innovation Institute,NAMII），名称就体现出了它的“国家级机构”定位。但是，它还没有找到资金。

由于没有单独的联邦预算支持，这个试点的资金只能从国家先进制造项目办公室（AMNPO）的各个成员东拼西凑。为此，联邦政府特别从国防部、能源部、商务部和国家科学基金（NSF）等部门的经费中划拨 5 500 万美元，用于 NAMII 的建设，这使得它成为初始资金最少的创新研究院。2012 年 9 月 27 日，NAMII 正式启用位于扬斯敦的办公室。

作为美国首个国家级增材制造产业化机构，NAMII 致力于进行制造技术的应用研究——这被定义为技术成熟度/制造成熟度等级 4 ~ 7。它需要解决制造技术转向工程应用过程中存在的困难，推动新技术的规模化、产业化发展。二期试点主要围绕以下四项任务进行：

（1）解决先进制造技术的工程化难题，降低商业化风险和成本。

（2）探索一条高效、可持续的“创新—商业化—生产”发展途径。

（3）鼓励中小企业在制造上实施创新，并且鼓励它们在生产中应用新技术。

（4）培育先进制造技术人才，提高工人技能水平。

7.1.2 “美国造，美国行”

奥巴马宣布 NAMII 成立后的 3 个月内，研究院领导层和会员紧锣密鼓地筹划新研究院的各项建设，同时也不忘向社会宣传自己。2012 年 11 月，该研究院迅速启动首批项目招标，并且开始接收新会员的申请，标志着试点工作顺利进行。

随后，NAMII 开启了它的荣耀之旅。同年 12 月 4 日，NAMII 被布鲁金斯学会大都会政策项目和洛克菲勒基金会评为十大美国最创新的经济发展计划之一。2013 年 2 月 12 日，奥巴马在年度国情咨文中提到了 NAMII 取得的成功。2013 年 3 月 20 日，参议员 Sherrod Brown 参观了 NAMII 并且要求国会正式建立国家制造创新网络（NNMI）。

为了扩大知名度，2013 年 12 月，NAMII 更名为“美国造”（America Makes），向美国全社会传达一个更清晰的信号——振兴美国制造业。“美国造”不仅是一个名称，也将作为行动口号，使增材制造迈出工业界高墙进入普通人家庭，挑战人们对传统制造业的观念，即制造业不是“脏活累活”而是“很酷的职业”，从而形成一场意义深远的运动。“美国造，美国行”（When America Makes, America Works）为研究院赋予了崭新的形象。

作为具有试点性质的首家创新研究院，“美国造”在短短几年内取得了瞩目的成绩，凝聚了国内增材制造领域主要的学术界和工业界力量，提出了技术路线图，支持了 40 多项成员间广泛合作的技术开发项目。更加重要的是，该研究院已经构建了一个可持续的端到端创新生态系统，能够产生足够多的效益，刺激已有会员持续投资，并不断吸引新会员参与到这个生态系统中来，实现研究院的可持续发展，验证“创新—商业化—生产”这条良性发展途径。

7.1.3 从区域队走向国家队

建立伊始，“美国造”的会员集中在美国79号和80号高速公路交汇区域的“扬斯敦—匹兹堡”州际技术带附近。经过几年的发展，“美国造”从规模和作用上已经远远超出区域性创新中枢的范畴。随着影响力和代表性不断上升，2015年以来，“美国造”开始支撑影响范围更大、意义更深远的开源平台建设、标准化和战略发展路线图制订等工作。

2015年3月，在“美国造”的支持下，劳伦斯·利弗莫尔国家实验室（LLNL）联合通用电气（GE）公司启动了开源增材制造软件开发项目，针对高成形质量、高成品性能的金属选区激光熔化（SLM）工艺，开发能够在不同增材制造设备上运行的标准化软件，降低业界应用该工艺的门槛。

2016年3月14日，“美国造”与美国国家标准研究院（ANSI）宣布启动“增材制造标准化合作”（AMSC）计划，协同并加速工业增材制造标准与规范的开发，加速增材制造产业发展。在2017年2月，“美国造”隆重发布了《增材制造标准化路线图（1.0）版》，针对工业增材制造市场（特别是航空航天与防务、医疗）提出了5个领域共89项差距及相应建议。

“美国造”权威性的与日俱增，使得国防部都直接将其增材制造路线图的制订工作交由它来牵头完成。“美国造”与德勤公司组织了由陆海空三军和国防后勤局专家全程参与的团队，根据研究院2015年9月发布的反映工业界广泛需求的增材制造技术路线图，制订了符合美国未来军事需求的国防部版本路线图，并于2016年11月30日发布。一民一军两份路线图，为未来美国军方和业界提升增材制造成熟度提供了清晰路径。

通过牵引国防部和能源部国家实验室会员面向一般工业应用开展研究、支撑国家标准和国防部路线图制订等举措，“美国造”已经无可争辩地成为一个事实上的国家级机构。

7.2 组织结构的形态

7.2.1 领导机构与管理组织

“美国造”由国家国防制造与加工中心（NCDMM）领导，作为美国国防部牵头建设的具有试点性质的 IMI，让 NCDMM 领导“美国造”是有其深刻考虑的，对于“美国造”的成功具有重要意义。

NCDMM 总部位于匹兹堡，是陆军于 2003 年创办的非营利的研究机构，主要是通过创新研究，提供最优化的制造解决方案，提升生产率并控制成本。NCDMM 通过招纳长期从事国防制造技术开发的尖端人才，为美国国防部及其供应商解决成形和加工中的技术问题，增强武器装备的质量、经济可承受性、可维修性和快速部署能力。NCDMM 能够提供项目管理、制造工程、设计工程、评估和供应链管理方面的技术服务，尤其关注增材制造（通过“美国造”）、自动化、常规加工、检测、测试与质量保证以及可持续制造和能量等领域。

NCDMM 与政府、工业界和学术界组织合作，并且拥有许多联盟伙伴，通过这些伙伴提供专门的制造能力来承接项目，支持中心业务开展。这些项目的研究资金绝大部分由国家提供支持，研究成果非常适合工程化应用，并推广到相关武器装备生产中，使得制造创新的效果可以达到最佳。联盟伙伴包括研究型大学、政府实验室，也包括设计、软件、机床、工装夹具、刀具提供商，以及制造技术、过程优化、诊断/检测、原材料供应商等。

NCDMM 未必非常精通增材制造，但它更精通于组织解决工程化的问题，提供包括技术方法和培训在内的一整套解决方案，推动最佳实践在关键利益方的实施。这是它能够被选中领导“美国造”的主要原因，而位于宾夕法尼亚州匹兹堡的优越地理位置是另一个重要原因。领导“美国造”5 年来，NCDMM 已经将这种成功、可自我持续的模式应用到了这一国家制造创新网络的首家创新研究院，取得了举世瞩目的成效。

7.2.2 管理结构与领导层

“美国造”的领导层包括主任、运营主任、负责技术发展的副主任、负责劳动力和教育拓展的副主任及会员总监等，其中现任主任由国家国防制造加工中心副总裁担任。国防部长办公室（OSD）负责制造与工业基础政策 ManTech（国防部制造技术计划）的相关官员以及空军研究实验室（AFRL）的政府联合项目经理直接监督研究院主任的工作。该研究院下设执行委员会、管理委员会和技术咨询委员会，研究院主任同时向这三个委员会负责。

（1）执行委员会——由政府、工业界、学术界、非营利组织等代表组成，政府代表占三成，负责提出愿景，制定政策以及长期战略和规划。

（2）管理委员会——由铂金会员和金会员代表以及州政府代表组成，负责制定技术战略和项目指南。

（3）技术咨询委员会——由政府技术官员组成，来自国防部（陆海空三军、国防后勤局、国防预先研究计划局）、能源部、国家航空航天局、国家科学基金、商务部国家标准与技术研究院、教育部，在技术路线、战略愿景、项目选择和评审、教育与人才开发等方面提供建议。

“美国造”的现任领导层以 NCDMM 原来的领导，以及国防和增材制造领域资深人士为主，他们在各自任职的领域均拥有丰富的经验。NCDMM 总裁、NCDMM 副总裁分别担任研究院创始主任和研究院主任。“美国造”管理结构如图 7-1 所示。

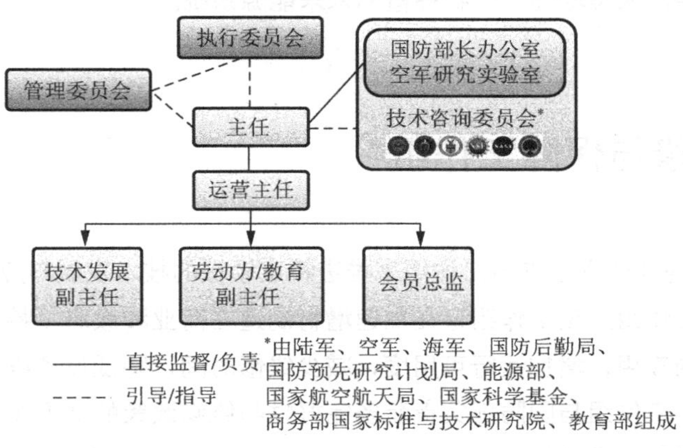

图 7-1 “美国造”管理结构

2012 年，Ralph Resnick 作为国家国防制造与加工中心的总裁和执行主任，带领 NCDMM 赢得“美国造”的竞标并担任研究院执行主任，直到 2013 年研究院新主任上任。他是拥有多项专利的增材制造技术专家，曾担任 ExOne 公司首席技术官，具备丰富的技术转移实践经验。他还曾担任美国国家制造科学中心（NCMS）主席和海军光电中心（EOC）董事会成员，现在仍在多个权威机构和协会担任董事会或技术委员会成员，包括美国制造技术协会（AMT）、海军金属加工中心（NMC）、国防部联合国防制造技术委员会（JDMTP）、国防工业协会（NDIA）制造分会等。

7.2.3　卫星中心

“美国造”将通过卫星中心模式扩展在地域、行业和技术上的覆盖范围，通过增强合作进一步发挥卫星中心的能力，在其形成网络后为美国国内增材制造供应链带来巨大价值。2015 年 8 月，“美国造”在其铂金会员德克萨斯大学阿尔帕索分校（UTEP）的 W.M.Keck 3D 创新中心设立卫星中心，这是该研究院在美国设立卫星中心网络的第一步。

UTEP 的 3D 创新中心在 2001 年由 W.M.Keck 基金会设立，在德克萨斯新兴技术基金、德克萨斯大学系统和洛克希德・马丁（Lockeed Martin）的资助下得到了扩建，是一个独特的多学科研究设施。3D 创新中心专注于增材制造技术的使用和发展，拥有超过 50 台增材制造机床，与美国内外进行过诸多成功的合作，包括 3D 打印电子器件、飞机和卫星组件、人类增强、生物移植和未来能源系统。

7.2.4　维修与保障工作组

“美国造”内部成立了许多工作组来推进特定领域的技术发展与应用，比如增材制造维修与保障工作组。该工作组旨在加速增材制造在商业和政府（特别是国防）设备维修与保障上的应用，增加运行可用度，减少维修时间，降低设备维修与保障的重复和非重复成本。工作组与国防部负责装备完好性与维修政策的助理副部长办公室以及新成立的国防部面向维修作业的增材制造（AMMO）工作组联系密切，并且每个月召开电话会议，分享问题和寻求解决方案。

7.3 会员制度与核心会员

7.3.1 会员制度

会员制度是创新研究院的关键，“美国造”作为试点 IMI，制定出了较为成功的会员制度，并且对会员权益不断进行调整更新，让每类会员都可以受益，以助力研究院的可持续发展。对于所有会员来说，都可以访问研究院的增材制造资源库，都有机会利用研究资金并获得成本分摊，都可以获取综合的增材知识基础，同时还可以利用扬斯敦总部设施的各项条件参与会员专享的活动。

此外，对于大型企业来说，可以洞察行业创新的前沿，可以接触到潜在的收购对象并了解供应链；对于中小企业来说，可以与来自大型企业的高层决策者交流，能够在复杂的政府客户市场中获得帮助，可以采用知识产权并监测市场成熟度；对于学术界来说，可以利用网络寻求开展合作与提供资金的机遇；能够把研究和知识产权在相关渠道中展现；对于经济发展组织来说，可以为客户赢得领先的机遇，能够促进合作配对，可以接触到“万事俱备、只欠东风”的经济发展机遇；对于政府来说，可以推动特定项目实施，能够为计划管理和合同订立提供基础条件。

“美国造”将会员分为铂金、金和银三个等级，年费分别是 20 万美元、5 万美元和 1.5 万美元。铂金会员在诸多事项上享受免费待遇；金会员在若干事项上享受优惠待遇；而银会员在许多事项上没有任何特殊待遇。例如，对于研究院发起的联合研究项目的知识产权，所有会员用于研发活动时都可免费获取，但只有金和铂金会员可以在商业开发中使用，且铂金会员使用可以免专利费；铂金会员还可免费利用研究院设施以及支持的技术帮助初创企业成员，并可优先选择年度毕业生实习项目的实习生参与自身项目。

加入“美国造”管理委员会，从而参与制订技术战略和项目指南，以及参与制订技术路线图都是中高级会员的重要权益。知识产权权益的分配也成为吸引大型制造商成为中高级会员并持续出资的亮点。在权益中还能看到一种称为“孵化器加速服务包”的铂金会员特权，为了将在研究院中取得的技术成果快速转化，这可谓是服务到家，也是“美国造”为自身的良性运转而探索出的一种创新服务模式。

7.3.2 铂金会员的增材制造之路

“美国造”拥有超过 170 家会员，包括“财富”1000 强制造商、中小企业、学术研究所、非营利组织和政府机构，其中铂金会员高达 26 家——每年会费是 20 万美金。而美国引以为傲的国家级大型基础研究机构——国家实验室的扎堆加入是一大亮点，它们包括阿贡国家实验室、劳伦斯·利弗摩尔国家实验室、NASA 喷气推进实验室、洛斯·阿拉莫斯国家实验室、MIT 林肯实验室、国家能源技术实验室（NETL）、橡树岭国家实验室、桑迪亚国家实验室，这些响当当的国家实验室，都是研究院的黄金会员。

铂金会员包含大型制造企业、增材制造设备制造商和服务商、原材料供应商和软硬件方案提供商、咨询公司，其中也不乏志向宏远的大学。从终端用户的会员情况来看，参与的大型制造企业绝大部分都是航空航天制造商和医药企业，反映出航空航天和医药行业对于高端增材制造技术的极大需求；而软硬件服务商方面包含众多传统 CAX 厂商，体现了它们对增材制造市场的高度重视。铂金会员一览见表 7-1。

表 7-1 铂金会员一览

类别	铂金会员名称
大型制造企业	波音，强生全球供应链公司，洛克希德·马丁，梅吉特飞行器刹车系统公司，诺斯罗普·格鲁门，雷神，联合技术公司
增材制造设备制造商及增材制造服务商	3D 系统公司，EOS 北美公司，Stratasys 公司，Optomec 公司，欧瑞康·美科公司
原材料供应商	牛津性能材料公司
软硬件方案提供商	阿尔法星公司，ANSYS，欧特克，ITI 公司，西门子，Stratonics 公司
咨询公司	德勤咨询，沃勒斯联合公司
院校	艾奥瓦州立科技大学，北卡罗来纳州立大学，代顿研究院大学，北艾奥瓦大学，德克萨斯大学阿尔帕索分校

作为世界最大的航空航天与防务企业，以及第二大军火制造商，波音（Boeing）公司在 X-45 和 X-50 无人机、F-18 和 F-22 战斗机等项目中应用了立体印刷成型、选区激光烧结、电子束熔化、熔融沉积成形等多种增材制造技术，应用范围包括快速研制保障、辅助工具支持、实体零件生产三个方面。公司还拥有一套为增材制造项目量身

定做的技术成熟度等级（TRL）指南，指导增材制造技术的开发工作。2017 年 4 月，波音宣布将使用增材制造技术生产 787 客机的钛结构组件。

而世界最大的军火制造商洛克希德·马丁（Lockheed Martin），近年来越发重视先进制造技术，将先进制造作为与先进航空、纳米技术、机器人、科学发现、量子并列的 6 大新兴技术领域之一，并重点加强了在增材制造、先进材料、数字制造与先进电子这 4 个领域的开发。在增材制造领域，洛克希德·马丁主要关注：大尺寸钛和聚合物制造、小型聚合物和金属零件制造、生产鉴定与认证，以及在样机与原型、工装与夹具、批产零件中的应用，特别是将工业 3D 打印用于快速原型、工装以及完成鉴定的产品，以增强设计创新和经济可承受性。

诺斯罗普·格鲁门（Northrop Grumman）作为世界第六大军火制造商，积极参与“美国造”研究院建设，牵头多个项目研究。公司对复合材料增材制造格外重视，在 F-35 战斗机中引入了先进的复合材料增材制造零件，为降低设计和制造风险，仅其中一个零件就制作了 1 754 个增材制造样件。

雷神（Raytheon）是世界第四大军火制造商，一直在探索增材制造技术的应用，特别是导弹和复杂电子系统，公司曾用 3D 打印技术制造了下一代制导导弹的几乎所有部件，包括火箭发动机、尾翼以及制导与控制系统部件等。2016 年 3 月，雷神表示或将采用 3D 打印技术研制高超声速武器，如一些复杂形状结构的部件。

联合技术公司（United Technologies Corporation）是多元工业集团和世界三大航空发动机制造商之一，更是增材制造的先行者。据 NASA 称，该公司在 1982 年获得了世界上首个金属增材制造技术的专利。旗下普惠公司表示将在业界首次采用增材制造技术来生产发动机的压气机静子，2015 年在 PW1500G 发动机部件试验中，相比传统制造工艺，实现了高达 15 个月的时间提前量，而单个部件减重高达 50%。

而软件领域欧特克（Autodesk）、西门子 PLM 事业部，都非常重视增材制造领域，在软件驱动和综合解决方案上，都对增材制造厚爱有加。当然，西门子制造部门本身也是增材制造的用户，特别是燃气轮机领域，2016 年 7 月首款 3D 打印部件投入商业运行，2017 年 2 月 3D 打印涡轮叶片完成首次满负荷核心机试验，实现重大技术突破。

作为世界最大的管理咨询公司之一的德勤咨询，近年来，受托参与众多与“制造业美国”和增材制造相关的咨询工作，其中最重要的成果包括以下几项：2016 年 10 月发布的《美国国防部增材制造路线图》，2017 年 1 月发布的《“制造业美国”——项目设计与进展第三方评估》，以及系列增材制造研究报告，如《3D 机遇和数字线》《3D 机遇与赛博风险管理》等。

沃勒斯联合公司（Wohlers）是一家专注于快速产品开发和增材制造领域新发展和趋势的独立咨询公司。公司向来自25个国家超过250个客户组织服务，并且向170家企业提供投资建议，包括美国白宫科技政策办公室、国防部、能源部、NASA、NIST、空军研究实验室等。公司拳头产品是年度《沃勒斯报告》，总结3D打印和增材制造行业状态，并且是“美国造”的一项会员权益。

而世界主要的增材制造机床、材料和服务提供商之一的3D系统（3D Systems）、Stratasys，以及增材制造机床制造商Optomec，都是“美国造”的铂金成员。

7.4 技术领域与技术路线图

7.4.1 涉及的技术领域

“美国造”重点关注5个影响最显著的技术领域，这些领域是在研究院举办的技术投资战略会议上由与会成员和技术咨询委员会共同确定的。这5个技术领域分别是设计、材料、工艺、价值链、增材制造基因组。

1. 设计

当前的产品设计方法是为常规制造工艺（如加工、铸造、模塑、复合材料铺层、电子表面安装等）而优化的，无法充分实现增材制造下的设计自由度，体现不出其优势。因此，需要为增材制造零件寻找新的设计方法，全面探索这种技术的优势。研究院将开发新的产品和工艺通用设计方法，让大中小企业都能采纳增材制造技术，并且得以高效利用，实现跨供应链的快速创新。

2. 材料

当前的增材制造工艺和产品零件性能是以一种特定的方式表征的，导致相关数据集不一致、不完整，性能大范围波动、变化不定。因此，需要将相关规范标准化，减少原材料的性能波动；同时，建立更严格的工艺方法和操作指南，更好地实现对增材制造工艺的物理学控制，以完全实现设计的微结构，减少成品材料性能的波动。研究院将开发开源的原材料规范，适应各种机床；开发标准化的后处理指南，如金属零件的热处理和热等静压，以减少性能波动。

3. 工艺

当前的增材制造工艺能力存在局限，让很多零件没法在满足经济性的条件下实现批量生产，而且经常需要进行二次后处理，才能达到常规生产方法下的零件特征。因此，需要在许多“机床级”技术方面进行提升，让增材制造从主要用于制作快速原型的技术变为生产型技术。研究院将开发一系列技术，加速并优化材料的沉积、熔化/烧结/挤压和凝固过程，并且对这些过程进行物理学控制，以提升工艺能力。

4. 价值链

当前的增材制造技术开发工作面向的是价值链上和产品寿命周期中的单个元素，而且开发采用分段的方式，没有使用一种整体的、系统集成的方法来降低成本、缩短周期。因此，需要开发一系列使能技术，更好地将增材制造价值链和产品寿命周期所有元素集成到一起。而且，要认识到随着更复杂的三维梯度材料和多种材料部件的开发，设计和检测将会成为新的瓶颈。研究院将面向整个寿命周期和价值链，开发和集成经济可承受的增材制造技术，降低增材制造零件的总成本，缩短上市时间。

5. 增材制造基因组

当前的材料开发、表征与合格鉴定方法大都是基于经验的和按属性连续进行的，这样就造成开发和鉴定新增材制造材料与工艺需要一定的成本、时间和风险，阻碍了大规模的技术推广与植入。因此，需要开发新的基于计算的范本，以基因组移动染色体的方式进行产品和工艺的并行开发，从根本上促进新材料发现、开发和合格鉴定，降低成本并且缩短周期。研究院将复制美国早前推出的“国家材料基因组计划”，让新增材制造材料开发和鉴定的时间和成本都减少一半。

7.4.2 技术领域路线图

2015 年 9 月 14 日，“美国造”发布了公开版的技术路线图（见图 7-2），针对研究院的设计、材料、工艺、价值链和增材制造基因组 5 个技术领域，勾勒了未来 5 年该研究院乃至美国增材制造工业技术发展的路径。

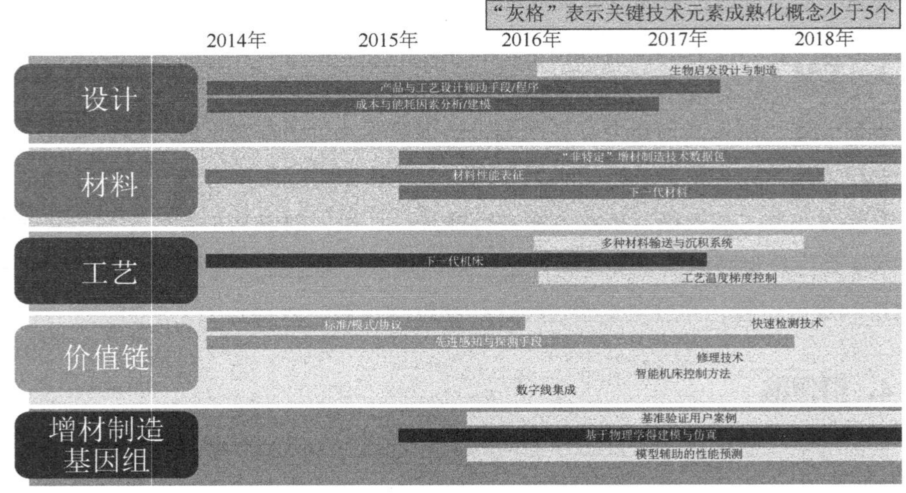

图 7-2 “美国造”发布的 5 个领域的技术路线图

1. 设计

包含 3 个子方向：生物启发设计与制造，产品与工艺设计辅助手段/程序，成本与能耗因素分析/建模。旨在开发可共享的设计方法与工具，变革设计理念，使增材制造零件设计打破固有流程。设计领域要提出填补差距的解决方案，避免受到当前 CAD/CAM/CAE/PLM 工具和设计思维的约束，它们是为常规制造工艺开发的，因此从根本上存在局限。领域关注点和相关影响分析指标包括复杂度开发、3D 功能梯度材料、多材料集成、基于模型的检测、产品个性化与定制化。

2. 材料

包含 3 个子方向：“非特定”增材制造技术数据包、材料性能表征、下一代材料。旨在围绕增材制造性能表征基准，构建知识体系，消除成品材料性能的波动。材料领域要构建一个范本，在微尺度层面上对增材制造工艺的物理学控制，代替工艺参数和成品微结构控制，完全按照设计实现一致的、可重复的产品微结构和性能。领域关注点和相关影响分析指标包括：标准化的原材料、基准材料性能数据、“工艺—性能—结构”关系、工艺窗口边界定义、后处理指南与规范。

3. 工艺

包含 3 个子方向：多材料输送与沉积系统、下一代机床、工艺温度梯度控制。旨在提升增材制造机床的速度、精度和细节分辨率，并且适应大批量生产，提高成品零件质量。工艺领域要开发“机床级”工艺性能提升所需的关键技术和相关子系统，类似于柔性制造系统。领域关注点和相关影响分析指标包括：制造速度、精度、细节制造能力、表面质量、最大零件尺寸。

4. 价值链

包含 6 个子方向：先进感知与探测手段、数字线集成、智能机床控制方法、快速检测技术、修理技术、标准/模式/协议。旨在逐渐降低端到端价值链成本，缩短增材制造产品的上市时间。价值链领域要开发快速合格鉴定/认证方法，以及从全盘角度，在整个产品寿命周期中集成相关技术，包括材料和产品可回收性。这一领域已经在国防部制造技术计划先进制造复杂组织体（AME）投资科目中被确认为构建单一集成数字线的首要关注点，可以帮助确认所需的工人技能和使能手段，以及凸显面向快速设计与检测的新技术需求，如提高生产率的设计辅助手段和计算机程序。领域关注点和相关影响分析指标包括工艺成本、原材料成本、质量控制成本、工人生产率成本和能量效率成本。

5. 增材制造基因组

包含 3 个子方向：基准验证用户案例、模型辅助的性能预测、基于物理学的建模与仿真。旨在逐渐减少增材制造新材料设计、开发与合格鉴定所需的成本和时间。基因组领域要开发新的计算方法，如基于物理学的和模型辅助的材料性能预测工具；开发验证计算预测方法所需的基准数据集；针对增材制造的每个新材料-工艺组合，开发材料性能表征的新概念，打破设计容许值的传统开发路线。领域关注点和相关影响分析指标与美国国家材料基因组计划相似，包括计算机辅助材料开发、模块化开放式仿真架构、访问透明化的材料性能数据、多尺度数据管理和共享、高效的材料性能表征方法。

7.4.3 劳动力、教育和拓展路线图

2016 年 3 月 4 日，为满足项目招标的劳动力、教育和拓展（WEO）要求，“美国造”在启动新一轮项目招标的同时发布了 WEO 路线图。路线图包含 5 个方向：知识与认知、实操学习、实习项目、人才管道及工业基因组，研究院要求提交的建议书中须直接匹配一个或多个 WEO 领域。

1. 知识与认知——“e 学习”课程

该领域目标是提升增材制造和 3D 打印工业基础的学识，以通过“e 学习”课程的建立而更广泛地采用该技术。包括帮助教育学生、教员、大公司、中小制造商、初创企业以及州立和地方经济发展机构的解决方案。该领域聚焦的是，在特定利益方的多种兴趣主题领域内，包括技术能力、可用材料和工艺，以及充分利用该技术提供的设计自由度来设计产品的技术等方面，帮助提升技术认知的深度和广度。

2. 实操学习

教员领导的实验室。该领域目标是提升工业基础使用增材制造和 3D 打印技术的熟练度，即通过开发实操活动，如发展有组织的、教员领导的实验室以使技能成熟（而不是依赖理论知识），将这些技术作为一种问题解决工具。包括开发可扩展的 WEO 培训方案，利用该技术作为一个学习工具并实现“设计—制造—试验”方法，涉及机床操作员、技术员、公众和各年龄段学生等。挑战不在于学习概念本身，而是经深思熟虑的、有意义的以及能够扩展并跨增材制造生态系统部署的相关活动、训练和项目。

3. 实习项目

定制的与固定的培训。该领域的目标是通过项目开发构建工业经验，即使用增材制造技术解决许多工业界在职环境中的真实问题，发展实用的专业技术和能力。包括开发正式的项目标准、模式、协议、证明、标记及其他资格，通过将这些在职培训经验正式化，推动项目结果的一致性。在跨产品寿命周期的许多应用中使用该技术时，一个高技能增材制造劳动力的可用性对生态系统成功采用并扩展该技术至关重要。

4. 人才管道

研发项目指导。该领域目标是构建“工业-教育-政府”伙伴关系，吸纳所有利益方来建立一个强大的高质量人才管道，具备足够就绪度以满足当前和未来的工业劳动力需求/要求。这包括开发更好地在“美国造”的研究项目中吸纳工业界中小企业和学术界作为学生和雇员的顾问和导师的方法，以更好地提升他们的工业就绪度，并理解如何使用和实施提出的技术。构建一个人才管道对增材制造和 3D 打印技术为工业基础成功应用至关重要。关键人才元素的设计突出了 WEO 路线图投资领域，针对将区域资源转化为一个流入生态系统的牢靠的人才管道，创造所需的社会资本。

5. 工业基因组

经济价值提案。该领域目标是通过网络增强知识转移和扩散，帮助驱动增材制造和 3D 打印技术的大规模采用。这包括面向新产品开发、成本缩减、能效和供应链效率而使用增材制造和 3D 打印技术。它还包括构建区域技术集群和/或供应链能力，使增材制造和 3D 打印制造在提升区域竞争力和经济增长上填补关键空白。该领域还应该驱动知识和基础结构的开发，使 WEO 培训解决方案可让寻求采用增材制造和 3D 打印技术并培养其劳动力的工业企业访问。

7.4.4 国防部增材制造路线图

2016 年 11 月 30 日，美国国防部发布增材制造路线图，路线图由“美国造”和德勤公司负责制定，陆海空三军和国防后勤局全程参与。路线图面向维修与保障、部署与远征、新部件/系统的采办这 3 类应用范围，从设计、材料、工艺和价值链 4 个技术领域出发，针对系统、高效地提升增材制造技术/制造成熟度的活动，为国防部实施合作与协调投资提供了基础和框架。

国防部路线图包含设计、材料、工艺、价值链 4 个技术领域，这与“美国造”2015 年发布的反映工业界广泛需求的研究院路线图保持一致，包括雷神和罗尔斯·罗伊斯（Rolls Royce）在内的诸多国防制造商已将其内部研发投资按照研究院路线图进行了重组。国防部路线图完整考虑了国防部各军种/相关部门的需求，利用它能够更好地协调投资，并就国防部内外的当前需求和相关技术发展规划进行有效交流，促进增材制造技术/制造成熟度的提升。

7.5 项目机制与重点项目

7.5.1 项目机制

“美国造”的项目机制可以总结如下：识别挑战，由挑战创造战略投资，由投资驱动项目模式，项目形成解决方案。通过周密的规划和调查，“美国造”面向会员和工业界的挑战，公布、推动并资助一系列项目。首先，利用识别工业界需求的最佳实践，即会员和政府的线上线下研讨会和活动，识别重大挑战；然后，扩大对问题空间的探索，针对解决方案的识别、聚焦和加速形成，驱动旨在快速上市的研究工作；最后，为激励会员和政府参与研究，研究院提供不同的项目模式，一些外部参与者可能带来解决问题的新方法。

“美国造”提供 6 种项目模式：研究院发起的项目招标、政府部门设置的项目、会员自立的项目、客户驱动的项目、竞争性授予的项目、众包的项目。研究院发起的项目作为最重要的项目模式，体现了“美国造”的公私合作特征，对于每个项目的每一笔联邦资金，项目团队都需要匹配相应的成本分摊资金。

7.5.2 重点项目

截至 2016 年 12 月，“美国造”完成了 4 次研究院发起的项目招标，授予 38 个项目，公私资金达 5 950 万美元。平均每个项目团队拥有 7 个成员，涵盖供应链的多个层级，包含一条内建的技术转移路径。同时，美国空军、DARPA、NIST 和 NASA 也授予该研究院 18 个政府部门设置的项目，公私资金超过 4 700 万美元。在短短的 4 年间，通过“美国造”，一个涉及 56 个项目、价值 1 亿美元的项目群已经形成，将产生大量的知识产权，服务整个美国制造业。

38 个研究院招标项目中，按技术领域分类，设计领域有 9 项，材料领域有 9 项，工艺领域有 13 项，价值链领域有 7 项；按牵头方分类，院校牵头的 19 项，国防制造企业牵头的 9 项，其他增材制造厂商以及非营利机构牵头的 10 项。下面对这些项目进行简要介绍，详情见表 7-2～表 7-7。

表 7-2 设计领域项目

项目名称	牵头方	项目研究内容
用于复合材料制造和液压成形的熔融沉积成形快速简洁工装	密苏里科技大学	利用简洁工装，减少复合材料工艺中的材料使用需求，快速且经济地生产复合材料制造工装
开发能够实现增材制造蜂窝结构高效设计的拓扑优化工具	匹兹堡大学	开发基于蜂窝结构的增材制造结构设计与优化软件，创新地在有限元分析中利用微观力学模型记录蜂窝结构的有效行为
金属粉末床增材制造的变形预测和补偿方法开发	通用电气	面向金属粉末床增材制造，为基于物理学的热变形预测与应对工具建立基准并且进行验证，以减少开发时间。项目将建立一套标准的增材制造设计规则和变形应对实践，以及对整个增材制造供应基础的相关培训
金属增材制造零件自动精整所需的公差与表面粗糙度	北卡罗来纳州立大学	开发一个增材制造和减法加工混合制造系统，能够按最终几何规范生产机械产品，使机械零件能够“数字制造”以满足必要的最终几何精度
金属合金给料功能支撑结构的参数化设计	匹兹堡大学	为金属合金给料的功能支撑结构开发参数化设计方法，特别针对直接金属激光烧结工艺中使用的支撑结构，要形成设计规则
用于增材制造无缝化设计、分析、建造和重新设计工作流的多学科设计分析	雷神	面向增材制造设计、分析、建造和重新设计的无缝化工作流，进行多学科设计分析，以优化设计过程，让工程和技术人员更方便地开发适合增材制造的、大规模定制化的工程解决方案
面向高潜力增材制造应用的集成设计工具开发	匹兹堡大学	开发集成设计成套工具，包括面向多种增材制造可制造性要求的设计辅助功能，以及面向高潜力增材制造应用的拓扑优化新能力
增材制造的设计指导系统	佐治亚理工学院	开发增材制造设计指导系统，填补设计到打印工作流程的不足
面向高性能航空器生产的复杂型芯结构的优化设计和增材制造	卡内基·梅隆大学	面向航空工业中 3D 型芯结构（如工装）的优化设计和增材制造，开发一个计算系统以及教育材料

表 7-3　材料领域项目

项目名称	牵头方	项目研究内容
熔融沉积成形组件制造的成熟化	快速原型制造公司	研究高温聚合物 ULTEM 9085 的性能与应用，关键成果包括设计指南，关键材料和工艺数据，机床、材料、零件和工艺认证
高温选区激光烧结技术和基础设施成熟化	诺斯罗普·格鲁门	为低成本高温热塑性塑料开发制造工艺，并且探索材料可回收性与再利用
粉末床直接金属增材制造工艺的快速合格鉴定方法	西部保留地大学	通过激光烧结和电子束熔化粉末床工艺研究，提升对微结构和力学性能的控制能力；建立基于工艺的、生产量可变的成本模型
Ti-6Al-4V 和 IN718 合金的沉积参数知识库开发	Optomec	为金属增材制造工艺参数确定提供高效和可重用的解决方案，使其实现无缺陷沉积。知识库由工艺参数许用值组合的矩阵组成，尽可能减少工艺开发中的试错过程
用于直接金属增材制造的粉末性能与工艺产出的关联数据库	卡内基·梅隆大学	首次建立关联数据库，关联不同供应商的粉末性能（如平均颗粒直径、颗粒直径分布、颗粒形态、流动性指标）与工艺产出（如粉末铺展性、粉末烧结能力、熔池尺寸、微结构、几何精度、材料硬度）
用于医疗的生物可吸收金属合金制生物医学装置的增材制造	匹兹堡大学	开发增材制造方法，将镁基和铁基合金转变为生物医学装置，如骨板和支架，并进行生物兼容性、生物吸收和力学试验
电子束熔化 Ti-6Al-4V 增材制造演示验证和设计许用值开发	诺斯罗普·格鲁门	演示 Ti-6Al-4V 钛合金组件的全尺寸电子束增材制造，开发一整套材料设计许用值，在全尺寸电子束增材制造验证组件上验证无损检测方法；评估向航空航天结构以及推进装置组件生产转移的成熟度
通过增材制造粉末再利用实现下一代整形外科材料的经济生产	圣母玛利亚大学	通过增材制造中的粉末再利用，实现下一代整形外科材料的经济生产，项目将特别针对 Ti-6Al-4V、不锈钢和尼龙材料进行研究
一个面向增材制造晶格结构的非经验性预测模型	凤凰分析与设计技术公司	专注晶格结构设计和制造（这是当前最有前途的增材制造领域），通过开发耐久、经验证的材料模型，精确描述它们的行为，以便用更少的材料评估这些复杂结构的性能

表 7-4　工艺领域项目

项目名称	牵头方	项目研究内容
复杂复合材料工装的熔融沉积成形	诺斯罗普·格鲁门	利用 ULTEM 9085 材料等高温聚合物，快速且经济地生产复合材料制造工装
低成本“近净成形引擎装置”开发（即 Optomec 公司简介中的项目）	Optomec	为金属激光沉积开发一款模块化、经济的，可安装在任何现代机床中的“近净成形引擎装置”。项目将在模块化设计中嵌入最新的控制、路径生成和质量监测功能，作为机床系统的一部分，易于升级和维护
用于快速原型和生产的金属合金和新型极低成本 3D 打印平台	密歇根理工大学	进行极低成本 3D 金属打印机的商业化及新型 3D 打印合金的开发，材料开发将关注铝合金，最终目标是从回收废品中开发出来

续表

项目名称	牵头方	项目研究内容
3D 打印多功能性:航空航天应用的增材制造	德克萨斯大学埃尔帕索分校	开发一套综合制造方案，与基础增材制造工艺集成，包括多种耐用热塑性塑料/金属的模压成形、微加工、激光烧蚀、在热塑性塑料中嵌入丝线和细距网络、机器人组件放置
使用激光热丝线工艺的高产出功能材料沉积	西部保留地大学	面向不同的高产出功能材料沉积应用，评估一个激光辅助的、基于丝线的增材制造工艺，针对激光/粉末增材制造工艺建立基准
用于工业级增材制造的并行固结方法优化	斯通尼·克里克实验室	开发增材制造新方法，即对一个零件上的许多点同时进行粉末固结，相关材料和工业数据将记录在数据库中，格式与研究院的国家级存储框架一致
形成健全的、用于金属粉末床熔融增材制造系统第三方生态系统所需的柔性自适应开放式架构	通用电气	开发并验证粉末床烧结增材制造（PBFAM）的开放式架构控制系统。一个柔性、易适应的 PBFAM 工艺的开放式架构将助力“功能应用生态系统”，让辅助工艺所用的第三方硬件更容易集成到 PBFAM 机床中，加速增材制造的进步
定制踝足矫形器的赛博物理设计与增材制造	密歇根大学	优化面向增材制造设计的数字工作流，包括基于优化软件包开发增材制造专用的功能、生成独特的填充图案并对性能进行数字化验证，同时在产量和材料输送上实现关键提升，使用熔融沉积成形技术生产定制化的踝足矫形器
用于三维电子学制造的低成本工业级多元三维（Multi 3D）系统	德克萨斯大学阿尔帕索分校	将下一代增材制造技术融入一个低成本工业多元 3D 系统，用于 3D 电子打印。项目将开发一个固结系统，包括一个集成进现有数控龙门机床的柔性工装台
多功能大幅面增材制造（BAAM）：多用途嵌线的 BAAM	德克萨斯大学阿尔帕索分校	探索将大规模增材制造能力与嵌线相结合，软件可将 3D 线束图案转换为五轴运动加工路径，直接由 BAAM 加嵌线机床执行，还可向 BAAM 机床中集成嵌线技术
MULTI：源/给料/米级尺度的金属增材制造机床	狼机器人公司/林肯电气公司	利用可扩展、多轴（九轴及以上）机器人系统的低成本和高柔性，开发一个多材料、多工艺、米级机器人 3D 打印系统
面向金属铸造（AM4MC）的增材制造	扬斯敦商业孵化器	项目将通过开发下一代沙料打印机，实现打印型芯和模具的高速生产，让美国中小企业经济地生产并将其集成到全部生产线上
电子器件和结构的多材料 3D 打印	雷神	项目寻求将增材制造从 2D 约束的设计提升为保形和嵌入的解决方案，实现集成 3D 电子器件和非平面结构的多材料打印

表 7-5 价值链领域项目

项目名称	牵头方	项目研究内容
用于工装重置和翻新的增材制造工艺和工序的合格鉴定	西部保留地大学	开发、评估和鉴定工装与模具的修理和重置方法，延长工装使用寿命，减少能耗、成本和准备时间
用于增材制造过程监测和控制的热成像	宾夕法尼亚大学	面向电子束直接制造和激光近净成形工艺的过程监测和控制，拓展热成像的应用，实现全局温度场的 3D 可视化以及对电子束或激光粉末工艺的基于热成像表征的实时控制

续表

项目名称	牵头方	项目研究内容
在美国铸造行业加速应用增材制造技术	扬斯敦商业孵化器	支持黏合剂喷射增材制造向小型铸造企业的转移，允许其使用黏合剂喷射设备，并开发设计指南与工艺规范
航空航天组件激光粉末床生产的过程中质量保证（IPQA）	通用航空	为航空航天增材制造组件的大批量生产开发商业可用、独立平台的质量保证技术，在开发中利用多种增材制造机床和超合金，对这种 IPQA 技术方案进行成熟化
增材制造材料微结构优化以提升无损检测能力	爱迪生焊接协会	高性能航空航天钛合金组件在电子束定向能沉积及后续热处理过程中形成复杂微结构，通过修改沉积工艺参数和改进超声检测技术，提升对组件的超声检测能力
增材制造的数字线实施	波音	开发集成的工艺和工具，通过减少材料沉积、组件精整工艺以及在工序间应用自动化，减少制造成本和周期；通过结合创新的原位工艺监测能力，将加工数据与整条数字线连接，为增材制造工艺提供更优质信息，验证对加工成本、材料寿命周期成本、质量控制成本、人工成本和能耗降低的影响；通过比较无损检测结果与设计和工艺信息，增材制造工艺中获得的数据还将用于实施进一步改进

7.5.3 成功项目案例

1. 粉末床直接金属增材制造工艺的快速合格鉴定方法

项目 1（见表 7-6）针对 DMLS 和 EBM 工艺，通过功率/速度（P/V）工艺波动和粉末尺寸分布分析，将熔池外形和微结构建立映射，完成了快速的工艺合格鉴定。项目提升了对两种工艺力学和微结构性能的理解与控制，新的工艺参数能够实现在更少能量使用下的合格零件快速生产，从而增强行业对采用增材制造的信心。

表 7-6 项目 1 概况

技术领域	材料（属于研究院发起的项目）
工艺分类	直接能量沉积，粉末床熔融
使用设备	直接金属激光烧结（DMLS），电子束熔化（EBM）
使用材料	Ti-6Al-4V，马氏体时效钢
项目预算	220 万美元，2016 年 8 月完成
项目团队	西部保留地大学，卡内基·梅隆大学，怀特州立大学，北卡罗来纳州立大学，路易斯维尔大学，普·惠，拜耳，肯纳金属，洛克希德·马丁，GE 航空，NIST，橡树岭国家实验室

2. 开发能够实现增材制造蜂窝结构高效设计的拓扑优化工具

项目 2（见表 7-7）利用微力学模型，实现了高效的可变密度晶格结构优化手段。项目针对一个 Ti-6Al-4V 制作枕式托架应用基于均匀化拓扑优化手段，减重达 50%，同时提升了力学性能。

表 7-7 项目 2 概况

技术领域	设计（属于研究院发起的项目）
工艺分类	黏结剂喷射，直接能量沉积，材料喷射，粉末床熔融
使用设备	EOS M290，ExOne M-Flex，Optomec LENS，Stratasys Objet
使用材料	ABS，光敏树脂，Ti-6Al-4V，Inconel 718，SS420
项目预算	108 万美元，2016 年 1 月完成
项目团队	匹兹堡大学，ANSYS，联合技术公司研究中心，ExOne 公司，GE，美铝公司，材料科学公司，陆军航空导弹研发工程中心（AMRDEC），ACUTEC 精密加工公司

3. 金属粉末床增材制造的变形预测和补偿方法开发

项目 3（见表 7-8）开发了一个可靠的变形预测和补偿软件工具，使用精确和可靠的软件预测由热增材工艺导致的变形，减少了 75%的产品研制时间。

表 7-8 项目 3 概况

技术领域	设计（属于研究院发起的项目）
工艺分类	粉末床熔融
使用材料	Inconel 合金（625，718，718+）
项目预算	220 万美元，2017 年 3 月完成
项目团队	GE 全球研究中心，联合技术公司，霍尼韦尔，宾夕法尼亚州立大学，路易斯维尔大学，CDI 公司，Pan 计算公司，欧特克，3DSIM

4. 粉末床增材制造的开放、分层协议开发与演示验证

项目 4（见表 7-9）创建了一个高速协议，演示验证了实时、高速读取和输出扫描器位置和激光时间的能力，并且使用标准试样演示验证了建造计划和高速测量数据之间的直接比较。项目增强了路径规划、工艺参数和工艺感知之间的数据连接，实现了增材制造机床中的工艺控制，使业界提升了鉴定与认证能力。

表 7-9　项目 4 概况

技术领域	价值链（属于美国空军设置的项目）
工艺分类	粉末床熔融
使用设备	3D 系统 ProX-200
使用材料	Inconel 718（演示验证）
项目预算	74.3 万美元，2017 年 2 月完成
项目团队	宾夕法尼亚州立大学应用研究实验室（ARL），霍尼韦尔，诺斯罗普·格鲁门，3D 系统公司

5．用于增材制造无缝化设计、分析、建造和重新设计工作流的多学科设计分析

项目 5（见表 7-10）面向增材制造的最优化建立了一个准则和改进的软件技术。项目将一个包含局部优化和手工设计操作的串行过程，转为一个无缝集成的、基于规则的环境，能够实现先进的设计特征，从而将增材制造从设计到建造的周期缩短 50%。

表 7-10　项目 5 概况

技术领域	设计（属于研究院发起的项目）
工艺分类	粉末床熔融
使用设备	多种
使用材料	Inconel 钛，铝
项目预算	240 万美元，2017 年 4 月完成
项目团队	雷神，GE 全球研究中心，欧特克，Altair，ANSYS，威斯康星大学麦迪逊分校，雷神-麻省大学罗威尔校区研究所（RURI）

7.6　教育与影响力传播

培育先进制造技术人才、提高工人技能水平是“美国造”的建设宗旨之一，也是研究院在技术开发与成果转化之外最重要的事情，毕竟一个专职副主任的头衔不是凭空设立的。研究院在建立之日起就致力于向大众宣传增材制造，面向 12 年制教育推广增材制造，为劳动力发展培训增材再制造。

“美国造”与许多现有计划合作来提升大众和学生对增材制造的感性和理性认识，如赞助全球知名的 FIRST（启发和认识科技）机器人竞赛，与 AST2（应用系统与技术

转移）小企业团体合作举办 3D 打印发展史展览，参与 ASM（美国材料学会）国际教师夏令营、3D 打印夏令营、NSF（国家科学基金）爱因斯坦研究员培训等。研究院还支持 Stratasys 子公司 MakerBot 发起的“3D 打印机进校园”活动，并且举办各种社区开放日，从娃娃抓起，向全民宣传增材制造。

“美国造”还利用其设施开展会员劳动力培训计划，资助各类增材制造挑战赛，并且在大学开设增材制造课程，进一步壮大增材制造的人才队伍，提升劳动力水平。例如，在 DARPA 开放制造计划的支持下，研究院与宾夕法尼亚州立大学 CIMP-3D（通过直接数字沉积的创新金属加工中心）联合赞助了增材制造建模挑战赛；在 NASA 的支持下，赞助了 3D 打印居住舱挑战赛。还联合另一家创新研究院“轻量化制造创新研究院”（LIFT），与辛辛那提州立技术和社区学院（CSTCC）开发了一个开源课程，为在职工人和新学生提供先进轻量化增材制造的知识和实操培训。

7.7 案例分析——“美国造”如何影响美国铸造行业

铸造业是美国历史最悠久的工业之一，面对增材制造技术发展对传统冶金业带来的挑战，铸造业寻求转型，但速度远远落后于国际竞争环境，无法将这一技术快速集成到美国工业基础中。面对金属铸造基础的资产重组，“美国造”开发了一个框架（技术访问、教育、市场、供应链支持），以建立一个区域性的增材制造网络，并可推广至全国。其结果是加速了产品上市时间，建立了灵活的供应链，小企业参与度增加，并且能够实现零件的最优化以提升平台性能。

“美国造”成立了一个联盟推动增材制造，并与美国铸造学会（AFS）的金属增材制造（AM4MC）委员会紧密联系。在这一框架下，研究院创造终端平台用户拉动的需求，利用院校和小企业来提供分析能力，使铸造业从原型制造扩展到有限生产，并且让区域性的模式能够驱动全国范围的创新。“美国造”提供了有价值的劳动力与教育输出，如同时面向会员和非会员，提供诸如“3D 砂型模具打印设计与优化”的课程，积极参与 AFS 铸造展与金属铸造大会等。

在这一过程中，“美国造”与工业界的互动极为重要。例如，与艾默生过程管理公司高层共事，演示验证并教导他们 AM4MC 的好处，结果是公司购买了设备并继续要求技术和工程支持；为卡特彼勒公司（世界上最大的土方工程机械、建筑机械和矿用设备的生产商）提供技术和工程支持，同时提供研发活动，结果能确保公司平滑地应用该技术；为尼玛克公司（全球最大的发动机缸盖生产商之一）提供研发活动以支持其设备购买的经济合理性，结果是公司持续要求在新材料上提供技术支持；为 GE 公司购买机床的合理性提供评价材料和工程辅助，结果是公司在新材料和工艺技术上继续要求提供技术辅助。

第八章　轻量化制造创新研究院（LIFT）

8.1　为了明天的轻量化而创新

8.1.1　从轻量化金属到轻量化材料

2014 年 2 月 25 日，在 DMDII 成立的同一天，奥巴马宣布成立“轻量化与现代金属制造创新研究院”（LM3I），该研究院由位于底特律的美国轻量化材料制造创新研究所（ALMMII）牵头设立。LM3I 旨在增强美国的金属制造业，加速创新的轻量化金属生产和组件制造技术的开发与应用，使交通运输业、航空航天与防务市场受益，联邦在前 5 年对该项目初始投入 7 000 万美元。成立伊始，该研究院就吸引了 80 家世界领先的铝、钛、镁和高强钢制造商，投入 5 年所需的资金 7 800 万美元。

与增材制造、数字制造与设计和下一代电力电子等领域相比，金属显得有些传统、过时，似乎已接近夕阳产业，但是 LM3I 的成立则宣告了轻量化与现代金属将可以成为美国重塑传统行业、增加就业、提升制造业竞争力的一个重要领域。值得注意的是，ALMMII 使用了轻量化材料的字眼，轻量化材料不同于轻质材料，它能够在实现产品、组件或系统在减重的同时，增强性能、使用保障性、生存力和经济可承受性。这一变化反映了 LM3I 的涉猎对象将不会局限于金属，而是要扩大到金属基复合材料、纳米复合材料等更加前沿的领域。该研究院的名称后来也更名为“明日轻量化创新”（Lightweight for Tomorrow, LIFT），这一名称非常形象，因为 LIFT 本身也有“提起、抬高”之意，既形容材料轻也寓意产业升级。

8.1.2 与五个州通力合作

2008 年金融危机发生后，密歇根州底特律市的衰败景象传遍大小媒体，2013 年，这座美国汽车城的政府提交了破产申请。底特律位于美国五大湖“锈带”的核心区，随着再复兴的启动，LIFT 的建设和运行也被期望为一个重要的带动因素，从而拉动美国 75 号公路带沿线的密歇根、俄亥俄、印第安纳、肯塔基和田纳西五个州的就业。

根据 2011 年美国人口普查结果，美国金属冲压、金属加工和铸造行业就业人数达到 40 万人，其中半数以上金属加工岗位都位于密歇根、俄亥俄和印第安纳州；而在金属冲压行业，密歇根等五个州的就业人数更是占全美的 73%。基于汽车行业对采用热冲压超高强钢的预测，仅先进热模压成形技术就可以创造 7 000 个就业岗位。LIFT 与五个州成立了州际的劳动力与教育工作组，包括 98 位来自教育、劳动力、经济、商界、工业界的社会人士和政府官员，为各州设计劳动力发展方案。目前，LIFT 已经在五个州启动了 20 多个劳动力项目，从增加科学、技术、工程和数学（STEM）教育到高技能手艺的额外培训，并且支持了一个国家级文凭计划。每个季度，这五个州都要通过 LIFT 发布季度劳动力报告，LIFT 正在稳步提高（LIFT）这些州的就业水平。.

8.1.3 寻求各种跨界

既然轻量化材料要突破传统金属的局限，那么跨界是必然的，复合材料就是首选。LIFT 和先进复合材料制造创新研究院（IACMI）于 2016 年 10 月宣布联合投入 5 000 万美元在底特律库克镇建立了一个制造设施。双方希望合作，联合带来一个整体性的轻量化材料解决方案，解决诸如连接金属和复合材料这样的难题，加速汽车、航空航天这些行业的轻量化创新。该设施既是一个先进的数字化、自动化工艺研究中心，也是一个面向学生和技术工人的先进培训中心。2017 年 2 月，两家研究院启动了 LIFT-IACMI 在线学习中枢，这是首个由国家制造创新网络创新研究院开发和设计的开源在线图书馆，让美国教育者和学生能够访问制造工具和各类资料。

2017 年 3 月，LIFT 与另外一个创新研究院“美国造”（America Makes，AM），

以及辛辛那提州立技术和社区学院（CSTCC）一起开发了一个开源课程，为在职工人和新学生提供先进轻量化增材制造的知识和实操培训。随着轻量化增材制造的使用在美国不断增长，劳动力技能缺口也同时增大，可用的课程和劳动力教育已经跟不上技术的发展，教学工具也只对研究生学历的人员开放。CSTCC 将开发两类课程：利用增材制造设备和技术生产更广泛领域的精密物体，利用数字工具阵列以允许学生成为增材制造设计师、建模师和仿真师。两家创新研究院在轻量化和增材制造上的强力合作，将驱动教育和工业界先进技术之间的连接，确保美国劳动力拥有正确的技能和能力以填补技能空白，这对于美国维持在制造业中的领导地位是一个关键。

8.2 组织结构与领导层

8.2.1 组织结构

领导机构 ALMMII 本身是公-私合作（PPP）模式，是由位于俄亥俄州的非营利组织爱迪生焊接协会（EWI）、密歇根大学和俄亥俄州立大学为竞标 LIFT 而联合成立的，它们三家也成为 LIFT 的创始会员。ALMMII 旨在为防务和商业应用开发和部署先进的轻量化材料制造技术，并且实施教育和培训计划以向轻量化创新岗位输送先进制造人才。ALMMII 的使命是在先进轻量化新材料和创新的制造技术与实践方面，为基础研究和最终产品商业化搭建桥梁，为防务、航空航天、汽车、海洋、轨道和长途运输卡车工业开发经济的轻量化组件，服务美国制造业。ALMMII 将面向整个运输供应链，从概念到设计、开发和生产上培育创新。

爱迪生焊接协会（Edison Welding Institute，EWI）是北美领先的创新技术解决方案开发者，主要技术领域包括材料连接、成形和试验。EWI 为航空航天、汽车、消费品、电子、医疗、能源和化工、政府以及重工业提供应用研究、制造支持和战略服务，针对制造商需求，在产品设计和生产方面创造有效的解决方案。EWI 的技术实力、成功实践以及成熟的会员制度将是 LIFT 成功的一大保障。

密歇根大学拥有 13 亿美元的年度研究经费，参与超过 100 个政府和工业界资助的制造研究与教育计划。学校拥有集成计算材料工程中心、国家自然基金会可重构制造系统工程研究中心、吴贤铭制造研究中心、通用汽车制造协同实验室、美国陆军资助的从事材料研究的汽车研究中心、海军工程教育中心以及海军结构和航海工程部。俄亥俄州立大学拥有超过 9 亿美元的年度研究经费，两家大学将为两个州提供高水平的轻量化创新人才，特别是在集成计算材料工程方面。

8.2.2 领导层的设置

LIFT 领导层包括执行主任、首席技术官、首席创新/转化官（CITO）、首席财务官以及教育/劳动力主任。其中，现任执行主任由 ALMMII 执行主任担任。它们分工如下。

（1）执行主任负责与海军研究办公室（ONR、代表国防部向 LIFT 提供联邦资金）和海军沟通、研究院运营与管理、财务与项目管理、创新业务流程、会员事务、合作伙伴发展、设施建设计划、安全与安防程序、与国家制造创新网络沟通等方面。

（2）首席技术官负责项目形成与执行、项目/技术集成、召开技术研讨会/论坛、按需启动新计划等方面。

（3）首席创新/转化官负责商业化计划、商业发展、技术转化、技术鉴定/认证、知识产权许可和孵化器等方面。

（4）首席财务官负责会计、维护财务流程和程序、监督拨款及发布财报等。这是在 2016 年新设置的职位。

（5）教育/劳动力主任负责中小企业拓展/联系、劳动力教育与培训、STEM 和专业教育、课程开发和实习等。

LIFT 下设董事会、工业项目控制委员会（IPCB）和政府集成项目团队（IPT），研究院执行主任同时向这三个委员会负责。

董事会类似于“美国造”创新研究院的执行委员会，由政府、工业界等代表组成，负责监督研究院事务、可持续发展、制订商业计划、批准成员加入等。

工业项目控制委员会与“美国造”的管理委员会一致，在政府 IPT 的参与下，负责确定关键技术需求，批准技术和劳动力发展项目。

政府集成项目团队与“美国造”技术咨询委员会的职能类似。

为了更好地辐射和服务，LIFT 还在位于密歇根、俄亥俄等 7 个州建立了或正在建设工业团体核心站点，这些核心站点的面积超过 77 万平方英尺，设备价值近 2 亿美元。

LIFT 现任领导层以 ALMMII 领导和运输、政府领域资深人士为主，他们在金属加工、连接领域，以及劳工和财务方面拥有丰富经验。研究院创始执行主任、ALMMII执行主任 Lawrence E. Brown，在航空航天和海洋的材料连接领域拥有超过 30 年的经验，特别是轻量化和高温合金、超合金的各种连接工艺。在担任现职之前，他曾担任爱迪生焊接协会政府技术计划主任，并且是美国国防部制造技术优异中心之一的海军连接中心主任，规划和控制技术发展项目以支撑海军研究办公室的制造技术计划。这一经历使其可以很好地胜任 LIFT 执行主任的重要任务，与海军代表进行有效沟通。

另外值得一提的是，LIFT 的教育与劳动力主任 Emily，曾创立专注于教育、劳动力和经济发展的咨询公司并担任 CEO。她曾任美国制造研究院主席，在教育改革和劳动力发展、创新保障和服务上启动并执行了全国性的战略行动，并且制定和部署了一个工业界认可的制造技能认证系统，影响了 36 个州的教育改革。她还曾担任小布什政府的劳工部助理部长，掌管着 100 亿美元的国家劳动力投资，在 39 个地区创立和实施了地区经济发展计划，参与过众多政府委员会。

可以看到，美国创新研究院在领导岗位的设置上，非常注意吸收业界名流，对外有效沟通，更加有效地推动社会影响力的发展。

8.3 会员制度与核心会员

8.3.1 会员制度

LIFT 将会员分为若干类，包括联邦/州和地方政府、工业界金牌会员、工业界银牌会员、中小制造商、初创公司、现金等价物提供商（如软件供应商 Altair 和 ESI），学术界和研究机构、专业组织（如 ASM 国际——世界最大的金属材料工程师和科学家协会）和 LIFT 附属机构。

这些会员的权利包括以下几项：参与项目评审，获取所有技术信息和报告，可得到大学资助项目的毕业生，享受技术查询服务，访问研究院成员中心网站，参加虚拟设计评审会议。研究院的知识产权信息将基于会员等级进行共享，受许可和其他协议限制。针对中小企业和初创公司会员，LIFT 特地开设了技术帮助请求服务，鼓励它们将其轻量化金属制造问题拿到研究院中来解决。

8.3.2 核心会员

LIFT 拥有 90 多家会员合作伙伴，组建了一个轻量化创新的创新生态系统。其中，工业界金牌会员 10 家，包括美铝公司、美国车桥公司、波音公司、柯马公司、DNV-GL 公司、伊顿公司、通用电气、GKN 公司、洛克希德·马丁公司、联合技术公司研究中心，有 8 家为航空领域的制造商，而且不少是外国企业。以下介绍其中的 4 个核心会员。

1. 美铝（Alcoa）

美铝公司是世界上最大的铝材生产商之一，并为全球航空航天、汽车、商业运输、油气、防务等领域提供铝、钛和镍等轻量化金属，2016 财年收入达 217 亿美元。美铝公司近年来加速布局航空钛合金及 3D 打印市场，2015 年 7 月，美铝公司在不到 9 个月的时间内，斥资超过 43.5 亿美元接连完成对英国福瑞盛、德国 TITAL 和美国 RTI 国际金属公司的收购。2016 年 11 月，美铝完成分拆，向下游金属服务和加工企业转型，更好地应对来自复合材料和增材制造等领域的竞争。新拆分出的公司称为 Arconic，涵盖了铝锂合金、高温合金等高附加值业务线，包括全球轧制产品、工程产品和解决方案以及运输和建筑解决方案部门，其中就有专注航空航天和汽车工业的熔模铸造和锻造业务。

2. 波音（Boeing）

波音公司是世界最大的航空航天与防务企业及第二大军火制造商，其 2016 财年收入超过 945 亿美元。波音一直在同时关注轻量化金属、复合材料和增材制造技术，以及它们的跨界业务，如联合瑞典山德维克刀具公司和英国谢菲尔德大学先进制造研究中心研究碳纤维复合材料与钛合金板材的钻孔连接，与挪威 Norsk 公司合作开发 3D 打印钛结构组件。波音与通用汽车共同拥有的休斯研究实验室开发出了世界上最轻的金属材料，一种微晶格镍磷合金，它具有壁厚仅为 100nm 的中空管结构，比碳纤维还轻 10 倍，但非常坚硬，且压缩 50%之后也能完全恢复，具有超高的吸能能力。

3. 柯马

柯马隶属于菲亚特-克莱斯勒（FCA）集团，是工业自动化领域的综合企业，服务于汽车、航空航天、重型机械、公共交通、防务、能源等领域。柯马提供机体连接与装配、动力总成系统和工业机器人产品，能力覆盖从金属切割到完全机器人化的制造系统。2017 年 3 月，公司在其位于密歇根州绍斯菲尔德的柯马创新中心开设了一个 LIFT 实验室，作为 LIFT-IACMI 库克镇研究中心的扩展基地，利用公司的设备和资源执行轻量化研究，柯马将提供一个设备齐全的冶金实验室、先进激光焊接实验室和一个加工车间。

4. GKN 公司

GKN 公司是英国汽车与航空航天组件供应商，2016 财年收入超过 88 亿英镑。GKN 同时提供轻量化金属结构件、碳纤维复合材料结构件并且正在发展增材制造能力，可以说是轻量化创新领域一个全面的终端产品制造商。

8.4 技术领域与技术路线图

8.4.1 技术领域

研究院主要的技术领域有 6 个：连接与装配、热机械加工、粉末加工、熔化加工、新型/敏捷加工、涂层。此外，研究院还关注 8 个交叉学科主题：工具和手段方面有 6 个——集成计算材料工程（ICME）、确认/认证、设计、成本建模、供应链、寿命周期分析，性能方面两个——腐蚀、弹道/爆炸。具体的技术领域和交叉学科主题分别如表 8-1 和表 8-2 所示。

表 8-1　技术领域

技术领域	描述
连接与装配	轻量化金属制造的关键技术——实现轻量化金属与其他轻量化金属、传统钢合金或者非金属材料的连接与装配。连接与装配是将不同材料设计到一起的关键，可以为设计增加灵活性，创新轻量化金属的使用，并且控制壁板的变形，减少腐蚀
热机械加工（TMP）	TMP 是利用热和变形的先进技术金属加工，可应用于成形操作，包括诸如锻造、轧制和拉挤。TMP 在降低材料和组件的生产成本的同时增进性能，结合 ICME 还可将实验室开发的工艺快速投入批产，并且预测和优化单个组件的性能
粉末加工	在粉末加工中，金属粉末被挤压、烧结和/或喷涂以成形零件、钣金或平板，允许对最终产品的最终组成、性能和产品率进行深度控制。粉末加工可以精确混合金属以产生特定性能，减少生产步骤和废料，降低复杂组件的加工和材料成本
熔化加工	熔化加工是将金属熔化的制造工艺，铸造就是一个例子，正在得到重新审视，并为新技术和轻量化金属而转变。熔化加工可以减少铸件的重量，提升抗腐蚀性和设计灵活性，同时在高温下增加性能，减少生产成本，能量消耗也更少
新型/敏捷加工	过去，开发新型轻金属组件的进度和成本是由所需的工具和模具决定的，而诸如增量成形这样的新技术可以完全取消模具使用，新工具制作手段和先进加工技术可以减少成本和上市时间。LIFT 承诺开发这些先进技术
涂层	涂层不仅仅是涂料，新兴涂层工艺正改变金属表面，以令人激动的新方式增强它们的性能。涂层可以提升性能和耐久性，减少生产和维护成本，减少昂贵且有毒化学品的使用

表 8-2　交叉学科主题

交叉学科主题	描述
集成计算材料工程（ICME）	ICME 可以创造计算机“超级模型”，相比之前组合更广泛的材料信息阵列，使用这些新的计算机模型将加速制造创新。ICME 可以以更低成本完成更多的制造设计迭代，减少生产用于试验的昂贵实物原型，加快将新设计转入生产的速度，优化组件的减重，提升瞄准有丰厚回报投资的能力
确认/认证	通过文件记录、与现有最佳实践保持一致，以及量化计算的不确定性以支撑提升预测精度的工作，为建立 ICME 模型和工具的置信水平提供权威指导
设计	为开发新的和/或升级当前的设计流程和手段提供权威指导和支撑，确保它们与改进的 ICME 和确认/认证工具精确集成，并且综合来自这些工具的成果，以更好地优化组件设计
成本建模	在技术开发与工程和制造研制（EMD）任务中提供权威指导和分析学支撑，以实时捕获技术决策的成本影响，帮助集成的和优化的最终产品或工艺提升成功概率
供应链	为评估项目实施/商业化的经济性提供权威指导和支撑，包括目标应用、销售模式以及相应的供应网络能力
寿命周期分析	为 LIFT 的工业伙伴的系统工程流程提供权威指导和支撑，以确定轻量化对系统级成本和寿命周期性能指标的影响
腐蚀	LIFT 没有给出进一步描述
弹道/爆炸	提供仿真技术，用于确定新材料和制造工艺对军用系统爆炸价值和弹道性能的影响；通过实验确认预期性能

8.4.2 技术路线图

从公开版的技术路线图来看，LIFT 为新型/敏捷加工之外的 5 个技术领域设置了 2016—2018 年的技术项目规划，应用领域非常广泛。

（1）连接与装配领域（见表 8-3）。

表 8-3 连接与装配领域

主　题	项　目	时间跨度	应用领域
异种材料装配	钛与钢的连接	2016—2017 年	ABE
	与增材制造组件的连接	2017—2018 年	ABE
	异种和复杂铝的搅拌摩擦焊	2017—2018 年	ABE
	金属与复合材料的胶接	2017—2018 年	AB
结构装配的集成	基于知识的装配	2017—2018 年	ABCDFG
	复杂结构的线性摩擦焊	2017—2018 年	ABCDFG
	钣金结构的回填式搅拌摩擦点焊	2017—2018 年	ABCDFG
	复杂结构的搅拌摩擦焊	2017—2018 年	ABCDFG
	先进的定量无损检测	2017—2018 年	ABCDFG
	激光焊的原位诊断	2017—2018 年	ABCDFG
尺寸控制	面向轻量化金属结构构建的可靠变形控制手段	2016—2017 年	AF

注：A 代表航空航天，B 代表汽车，C 代表商用重型车辆，D 代表军用车辆，E 代表轨道，F 代表船舶，G 代表近海平台（以下同）。

（2）热机械加工（TMP）领域（见表 8-4）。

表 8-4 热机械加工领域

主　题	项　目	时间跨度	应用领域
增强大块材料的性能	面向确保大型钛结构性能，将 ICME 与传统和新型 TMP 集成	2016—2018 年	AD
	面向确保铝锂锻件性能的加工，开发、应用并确认基于物理特性的局部粘塑性模型	2016—2018 年	AD
	铁-锰-铝钢	2016—2018 年	ACDF
增强后续的制造响应	面向增强热处理组件抗疲劳特性的 TMP 开发	2016—2018 年	ABCDF
	高通量激光辅助冲压工艺	2016—2018 年	ABCD
	面向增强抗疲劳特性的深轧制	2016—2018 年	ABCDF
TMP 与新技术叠加	搅拌摩擦拉挤	2016—2017 年	ABCDF
	增强高强度钢向轻量化结构成形的局部温度控制	2016—2017 年	ABCDF
新型预型件 TMP	N/A		

（3）粉末加工领域（见表 8-5）。

表 8-5　粉末加工领域

主　题	项　目	时间跨度	应用领域
粉末固结手段	面向制造轻量化复合材料，优化纳晶体铁基材料	2017—2018 年	ABDG
	低成本近净成形组件的高效、经济可承受的热等静压罐装工艺	2016—2018 年	ABDG
金属基复合材料（MMC）的粉末冶金	面向亚微米增强铝 MMC 的低成本、先进机械合金炼制和粉末固结工艺开发	2016—2017 年	ABDG
粉末利用	老化可硬化合金的粉末冶金（P/M）	2018—	ABD
	钛粉末的模压和烧结	2018—	ABD

（4）熔化加工领域（见表 8-6）。

表 8-6　熔化加工领域

主　题	项　目	时间跨度	应用领域
高完整性铸造	可控的扩散凝固	2017	ABEF
	纳微粒增强铝 MMC 的原位制造	2017—2018 年	CDG
	流化的水力凝固	2017—2018 年	CDG
	集成的先进熔模铸造	2018—	ABDEF
多种材料铸造	溢流浇注：多种材料制造	2018—	ABCD
薄壁铸造	面向高产量的薄壁球墨铸铁开发与部署	2016—2017 年	B
	薄壁铝的模铸开发	2016—2017 年	AB
	薄壁铸造高强度钢	2018—	ABF

（5）涂层领域（见表 8-7）。

表 8-7　涂层领域

主　题	项　目	时间跨度	应用领域
防腐微结构设计	面向防腐微结构设计的综合数据库和计算模型	2016—2018 年	ABDF
冶金表面工程与改性	使用离子液体的金属电化学沉积	2017—2018 年	ABCDG
无机涂层	面向防腐和附着的表面转化	2018—	ABD
有机涂层与黏结剂	有机涂层与黏结剂	2018—	ABDF

8.5 项目机制与重点项目

8.5.1 项目机制

LIFT 的项目形成机制包括五个方面：工业界/政府成员针对每个技术方向形成高优先级需求，形成项目策划指南；召开研讨会，各方按方向形成项目策划；项目策划精炼与打包；项目策划组合按优先级排序；形成招标书，工业项目控制委员会和政府集成项目团队先后评审建议书。

LIFT 制定了一些管理项目选择和执行的原则，包括以下几方面：

（1）在轻量化材料制造的领域应用 LIFT 伙伴的各种能力以及广泛的国家能力。

（2）制定一个公共议程，通过综合工业界和政府机构的输入来设定优先技术领域。

（3）认可并充分利用会员的能力和成本分摊承诺，有针对性地让会员提交建议书，征求额外的想法和能力。

（4）制定一个优化流程以快速响应工业界需求，同时确保符合联邦合同标准、识别优先领域中的最佳项目、高效使用工业伙伴会面时间。

（5）所有项目必须有企业预先识别的应用，并且需要技术转化计划，以确保工业界接受。

（6）项目选择时使用四个关键准则：项目影响、技术途径、项目群平衡、项目团队。

此外，LIFT 还设置了一个“快速锻造”技术快速创新项目，特别针对帮助中小企业和初创公司更好地与 LIFT 的金银会员合作以采用新技术。“快速锻造”项目旨在加速轻量化金属技术开发，从制造成熟度等级（MRL）4 级快速提升到 7 级，在 6～8 个月内就可以准备好进入市场。这类项目分 A 级和 B 级两种，A 级是由金银会员需求驱动，中小企业可以提交解决方案，金银会员评审建议书并且选择项目团队；B 级则选择高潜力的中小企业轻量化项目。

8.5.2 重点项目

LIFT 的项目招标与合同授予相对较少，目前，依六个技术领域设置的项目有十个，如表 8-8 所示。项目需求来自所有成员，其中大学提交的占 70%，而且授出项目的 50% 也是大学提交的，但是每个项目都由工业界领导，并指定一所大学辅助。这些项目一般持续 1～2 年，投资为 100 万～400 万美元，绝大多数项目同时面向航空航天、汽车和军用车辆，以及商用重型车辆、船舶和近海平台。

表 8-8 LIFT 重点项目

项目名称	牵头方	项目研究内容
面向轻量化金属结构构建的可靠变形控制手段和实施	亨廷顿英戈尔斯工业公司	开发集成计算材料工程（ICME）工具，针对典型结构形式如复杂焊接结构、加筋壁板等，精确预测与其生产过程相关的变形。包括开发变形预测模型并确认变形缓解策略，以提高轻量化钢制造过程的最终质量
面向确保大型钛结构性能，将 ICME 与传统和新型热机械加工（TMP）集成	通用电气	聚焦 ICME 建模的开发和确认，以减少钛组件设计和试验的成本与开发时间。主要是相似或相异材料的固态连接和粉末冶金工艺（如近净成形热等静压），实现坯体的机械加工和锻造生产
面向确保铝锂锻件性能的加工，开发、应用并确认基于物理特性的局部黏塑性模型	联合技术公司研究中心	开发、实施并确认一个基于局部物理特性的黏塑性有限元模型，以预测锻造铝锂合金的机械变形响应、损伤演进机制和疲劳性能
面向亚微米增强铝金属基复合材料（MMC）的低成本、先进机械合金炼制和粉末固结工艺开发	Materion	聚焦由新兴机械合金化粉末衍生的铝-碳化硅 MMC。考虑因素包括工艺优化、技术成本建模和新型固结方法评价。包括热等静压替代工艺以在挤压成形（如选区等离子烧结）之前固结坯体，以及直接粉末挤压成形或近净成形锻造
面向高产量的薄壁球墨铸铁开发与部署	Grede	聚焦大批量生产薄壁、垂直湿砂型铸造球墨铸铁铸件所需的制造工艺开发。这需要集成几项近期开发的技术：高精度铸模机，利用珠光体和高硅铁氧体球墨铸铁合金减少碳的形成，流内和模内培养实践以控制微结构，轻触落砂和精整操作
薄壁铝的模铸开发	波音	聚焦生产高质量薄壁铝模铸组件的铝合金高压模铸（HPDC）技术。面向 300 系列（基于 AlSiMnCu）模铸合金，集成关键工艺技术（超真空模铸和短时热处理）和 ICME 工具，减少质量波动，提升力学性能
确保性能的钣金组件敏捷制造	波音	面向不使用匹配模制造钣金零件，开发可以确定最佳成形路线的工具，满足性能设计许用值和尺寸规范。开发现有工艺的已确认工艺链及相关的设计方法，从而在估算成本内以精度可控的尺寸和确信的性能生产组件

续表

项目名称	牵头方	项目研究内容
面向防腐微结构设计的综合数据库和计算模型	联合技术公司研究中心	开发一个综合的材料性能数据库和计算模型，基于合金组成、热机械加工、热处理和服役条件的规范评价局部腐蚀敏感性。开发 ICME 框架和试验案例，以评价高强铝合金组件的腐蚀性能，识别进一步开发和评价铝合金改性所需的工具
使用离子液体的金属电化学沉积	联合技术公司研究中心	探寻以选择的离子液体增强铬和铝金属层电镀，用于耐摩擦（如硬铬替代）或防腐层（镀铝），并且通过评价制造成熟度（MRL）的提升确认这一涂层的性能
搅拌摩擦拉挤	洛克希德·马丁	研究使用新型搅拌摩擦拉挤加工技术制造汽车框架，演示验证搅拌摩擦拉挤的管结构拥有提升的防腐性能，可以用于生产

8.5.3 集成计算材料工程（ICME）项目

美国“材料基因组计划”出台以来，集成计算材料工程（ICME）已经成为美国工业界，尤其是航空制造业中炙手可热的一个技术领域，“美国造”研究院的五大技术领域之一“增材制造基因组”就是依托综合材料计算工程 ICME，而 LIFT 目前的 10 个项目中有 5 个都涉及 ICME，这说明它已经成为主流技术。

1. 面向轻量化金属结构构建的可靠变形控制手段和实施

项目主要工业参与方为亨廷顿英戈尔斯工业公司、柯马、ESI、EWI，计划于 2017 年 12 月完成。对轻量化结构组件的建造来说，实施更好的变形控制预测和流程，将极大减少返工并提升生产率。项目效益预计包括改进的车间操作规程、用于面向生产优化设计的简化的变形估算方程，以及进行工程设计和制造分析的基于有限元的变形分析程序。

2. 面向确保大型钛结构性能，将 ICME 与传统和新型热机械加工集成

项目主要工业参与方为通用电气、波音、科学成形技术公司，计划于 2018 年 3 月完成。成果将降低钛合金组件的成本并提升其性能：基于计算的工具可将材料开发和组件设计的时间和成本减少 50%，这些工具还允许制造出的组件拥有增强的局部性能，并且在某些条件下更加轻质。

3. 面向确保铝锂锻件性能的加工，开发、应用并确认基于物理特性的局部黏塑性模型

项目主要工业参与方为联合技术公司研究中心、洛克希德·马丁，计划于 2017 年 12 月完成。成果工具集指导铸造铝锂合金组件的工艺优化，将减少一代飞机发动机开发所需研制硬件和加工试验的数量。通过优化工艺和设计，组件将拥有改进的性能和更轻的质量。

4. 薄壁铝的模铸开发

项目主要工业参与方为波音、美铝、柯马、伊顿，计划于 2017 年 6 月完成。项目效益包括以下几方面：减少零件的最小壁厚以降低质量；使用高压模铸替换组合的薄铝板组装件，降低制造成本；建立一个力学性能试验数据库和设计/ICME 手段，在模铸供应基础内是可复制的，从而增加美国本土铝产品制造的竞争力。

5. 面向防腐微结构设计的综合数据库和计算模型

项目主要工业参与方为联合技术公司研究中心、洛克希德·马丁、DNV GL 公司，计划于 2018 年 1 月完成。成果完全部署后，腐蚀设计和力学性能设计模型可一并使用，为制造商在设计阶段制定合金规范时提供支撑，减少超越规范出现大腐蚀裕度的风险，以及加工导致非期望敏感性从而未达到规范的风险。

8.6 教育与影响力传播

8.6.1 教育与培训

LIFT 成立了劳动力与教育工作组，通过教育与培训投资计划设置了诸多劳动力项目，以扩大教育规模、吸引额外人才、增强课程设置、连接不同计划，并且利用所有这些资源建立一个人才管道，使他们能够接受已开发的技术并应用在现代金属制造中，

从而减小当前的技能缺口。

工作组包括与 LIFT 建立伙伴关系的五个州的代表——教育、经济发展和劳动力发展的跨行业专家，此外还有来自专业组织、工业协会、联邦计划、STEM 教育、劳工、智库和企业基金会的国家级专家代表。

工作组提出了 11 个战略聚焦领域（见图 8-1），主要包括以下几方面：将更多年轻人吸引到先进制造业的职业道路上；确保更多学生得到必要的 STEM 基础技能，从而可以在先进制造业顺利就业；部署从 K-12 到社区学院，再到大学四年学位项目的通道，从而保证有更多渠道提供合格人才；增强大学中的工程课程，创造新的课程单元，以确保学生获得使用轻量化技术的设计能力；扩展工作和学习机会，让更多学生接触先进制造业岗位，以“基于工作的学习方式”来增强教育；重新连接已断开的职业教育通道，使青年和成年人进入制造业岗位；重视退伍人员的技能发展培训；为工业界伙伴提供在职培训，帮助他们训练在职工人，以便拥有轻量化新技术和工艺的相关技能；连接并充分利用 LIFT 合作州和团体中的已有的各种资源和相关项目。

图 8-1 LIFT 的教育和劳动力战略聚焦领域

为了完成教育与劳动力的战略，LIFT 设立了教育与培训投资计划，利用研究院的技术创新，在各教育层级上创造一个更综合和实验性的轻量化与现代金属制造学习环境。目标包括：广泛处理所有相关制造行业的培训与教育；连接并利用现有活动，以最好地实施并扩大这些活动；将研究院的教育与劳动力活动，与针对军民用供应链中原始设备制造商和中小企业的服务相结合，以获得最广泛的影响。

目前，LIFT 已经在 5 个州启动了 20 多个劳动力培养项目（见表 8-9），覆盖教育通道上的各层级，包括 K-12（A）、“现在正合适的技能”（RSN）快捷认证培训（B）、学徒（C）、就业培训合作伙伴（D）、社区与技术学院（E）、大学（F）、毕业项目（G），以及特别的 H 回归的军事人员和退伍人员。

表 8-9　主要劳动力培养项目

名　称	教育层级
LIFT 学习中枢	ABCDEFGH
工业技术维护标准/资格证书/讲师培训	DEH
国家级“ASM 国际-LIFT”材料科学教师训练营	EH
“学习刀锋”：LIFT 任务交互式基于网络的课程	A
虚拟现实轻量化车辆制造系统：教授轻量化原则的虚拟现实技术	ABCDEFGH
工业技术维护资格证书：国家金属加工技能研究所新资格证书项目	CEH
高中 evGrandPrix：让高中学生参与制造 STEM 教育（HsevGP）	ADG
制造技术：高中职业通道	ADEF
田纳西州“ASM 国际”教师训练营	EH
田纳西州学生参与战略/视频竞赛	AEH
肯塔基州“先进制造教育联合会”（FAME）2.0 计划	DEH
肯塔基州的校外实习	AEH
肯塔基州的工作和学习：蓝草社区和技术学院的计算机机床培训	EFG
成年人教育：肯塔基州中的制造职业通道	DEFG
印第安纳州温森斯大学 RSN：退伍人员机械师培训	BH
印第安纳州的工作和学习：轻量化金属制造中的职业探索	CDEF
俄亥俄州制造就业委员会：鼓励未来制造人才的工业界领导委员会	ABCDEFGH
增加高技能制造劳动力：俄亥俄州中基于工作的学习	ACDEF
制造就业的基础：俄亥俄州中的工人就绪度	ADE
俄亥俄州方法实习与合作 2.5 项目	EFG
底特律的职业通道：连接已断开的教育通道，让青年与成年人到制造业就业	ADEF

8.6.2　劳动力发展路线图

目前 LIFT 所在区域的劳动力发展现状还是比较乐观的。2015 年，在 LIFT 区域（5 个伙伴州）一共有 265 万人从事轻量化相关的职业，比 2014 年增加了 13.7%，占美国相关职业人口的 17.8%。LIFT 所在区域的轻量化相关岗位的就业集中度是美国其他地区的 1.64 倍，是 2014 年的 1.44 倍。自 2014 年 9 月到 2015 年 8 月，LIFT 区域的雇主发布了约 34 万个轻量化相关的招工岗位。然而，在 2014 年，仅有 10 万多人完成了轻量化相关的教育项目，并且 21.3%的轻量化相关工人将在 10 年内退休，未来这方面的就业缺口相当可观。这就使得 LIFT 的教育培训工作大有潜力可挖。

为此，LIFT 在 2016 教育与劳动力发展路线图的主计划中，提出了六个关键挑战，它们分别如下：

（1）梳理 LIFT 的教育品牌。

（2）以便获得就业的通用基础技能来培训工人。

（3）有意识地从中学开始接受 STEM 教育。

（4）重新塑造拥有高技能的技术工人群体。

（5）把工作和学习有机结合起来。

（6）作为一个高技能待就业工人所需的能力。

LIFT 根据这 6 个挑战设想了 14 个劳动力项目。与此同时，路线图内容还包括一些重要的内容，那就是将教育与劳动力战略集成到 LIFT 的技术项目群中，从而让 LIFT 成为一个学习的中枢。

第九章　数字设计与制造创新研究院（DMDII）

9.1　专注“数字技术”的机构

9.1.1　工业界发力数字转型成就 DMDII

自波音 777 客机在 20 世纪 90 年代首次实现全数字化设计制造以来，基于模型的“数字制造与设计”已经成为各国制造业创新和提升竞争力的重要手段。

2014 年 2 月数字设计与制造创新研究院（Digital Manufacturing and Design Innovation Institute, DMDII）正式成立，负责领导该研究院的是位于芝加哥的 UI 实验室。

DMDII 聚焦数字线（集成软件、传递数据、基于模型的全寿命周期分析框架）在复杂组织体层级的利用，主要研究数字化数据在产品全寿命周期中的交换及在供应链网络间的流动，推动高度集成的复杂产品设计制造，减少成本和新产品上市时间。

DMDII 的成立有着宏大的工程背景与时代渊源，该研究院的十二个工业界创始会员都是美国大型企业，如波音、洛克希德·马丁、通用电气、罗尔斯·罗伊斯（美国）、西门子（美国）、卡特彼勒、迪尔和公司、伊利诺伊工具制造公司（ITW）、陶氏化学、宝洁、微软、施乐·帕克，都是航空航天与防务、机械、化工和 IT 等领域的巨头。

而数字化设计与制造与全球的制造业数字化潮流非常吻合，可以说，这是德国工业 4.0、中国智能制造的语境下，最为接轨、最容易为广大制造业所熟悉的一个技术方向。新一轮产业革命和技术革命，数字化已经给制造业打上深深的烙印。

自 2007 年基于模型的系统工程（MBSE）概念提出以来，全球工业巨头在数字转型中持续发力，特别是美国制造商，通过采用数字制造技术保持最优竞争力。这正符合 DMDII 的愿景。从 DMDII 成立之初的成员承诺匹配资金也可以看出，联邦在 5 年初期投入 7 000 万美元，而 5 年的匹配资金高达 2.48 亿美元，两者之比超过 3∶1。

有了强大的资金支持，DMDII 的领导机构 UI 实验室在 2015 年 5 月完成了其在芝加哥核心区的创新中心建设，作为 DMDII 的总部所在地。UI 实验室创新中心占地 9.4 万平方英尺，包括 2.4 万平方英尺的制造实验室、2.2 万平方英尺的合作空间、2 万平方英尺的办公区及 2.8 万平方英尺的未来扩展区。这是少有的全新投资创建新办公场所的创新中心。自建成之日起，每月接待超过 1 000 名访客，并举办了包括 DMDII“黑客松”在内的诸多会议和活动，成为美国工业界数字转型的重要展示和宣讲阵地。

9.1.2 打造开放的“数字制造社区”

数字化技术是共性基础技术，DMDII 的目标除了合作投资竞争前研发、向工业基础转移数字制造技术以及发展数字劳动力，最重要的是建立一个公共支撑的数字化平台。为此，DMDII 在一个可靠、中立和知识产权安全的环境上，为制造商建立了一个作为市场使用的在线社区——数字制造社区（DMC）。在 DMC 中，制造商学习数字制造知识，交换产品设计的详细信息，访问最新的创新数字能力，合作从事设计研发。

DMDII 的纲领之一就是对工业界中的所有人保持中立。DMC 由 DMDII 与 GE 联合开发，基于 GE 之前与 DARPA 和 MIT 一起验证的平台进行构建，通过数字制造创新数据流的“民主化”，为制造商节省大量资金。DMC 将像一个“应用商店”那样运行，制造商使用工具或 App 来解决问题或工作得更高效：他们可以给机床编程、设计装配线或发现一个刀具或材料的性能；当一个制造商解决了一个技术挑战后，他还可以进行协作并共享这个解决方案给其他用户。

DMDII 正在以公开的数据和软件快速发展 DMC 在线社区及用例，展示真实世界的问题是如何解决的。为收集数据，DMDII 正实验一些快速内容生成策略。例如，在 UI 实验室主持了一个黑客松（IT 业界流动的编程马拉松活动），使用了来自真实加工车间的一个大数据集。参加者接入机床数据，使用 DMC 软件开发工具包（SDK）制作预测性分析工具并将其打包。DMDII 正在对 SDK 的可用性进行全方位测试，并为 DMC 用户测试快速生成新的开源应用程序。

DMC 在 2016 年 11 月启动了 alpha 版本，2017 年 1 月启动了 beta 版本，而在 2017 年将完成全面的商业化启动。可以说迭代速度非常快。目前，在 DMC 用户中，工业界用户占 47%，学术界用户占 22%，政府及其他实体用户占 31%。在研究院已经投标入选的项目中，已经有 12 个项目主动集成到了 DMC 中，这些项目的资金超过 1 600 万美元。

9.1.3 数字制造还是智能制造

在工业 4.0、工业互联网、智能制造概念大行其道的时代，在国内很多地方似乎数字化已经成了明日黄花，许多企业也将原有的数字化项目重新包装以智能制造的面目去申请示范。然而，美国政府和洛克希德·马丁、GE 这样的大企业仍然坚定地将“数字制造”作为核心方向，DMDII 的使命任务就是“使美国制造业数字化”，特别是广大中小企业。其三大技术领域之一就是先进制造复杂组织体（Advanced Mfg Enterprise,AME），也就是基于模型的设计、基于模型的制造、基于模型的保障/后勤、基于模型的系统工程。DMDII 将通过合作创新，以长期/有远见的、基于技术的、复杂组织体层级的解决方案，填补政府在基于模型的能力方面的空白。

在 DMDII 成立两年多以后，2016 年 6 月清洁能源智能制造创新研究院（CESMII）正式成立。中国对数字化制造（DM）和智能制造（Smart M）之间的关系向来非常感兴趣，甚至有时候认为它是一种递进的关系。但 DMDII 和 CESMII 的分工及各自关注的研究领域揭示了美国政府和业界对于数字制造和智能制造的一致看法。DMDII 在整个供应链中利用增强的、可互操作的信息技术系统，全面改进产品的设计和制造过程；CESMII 从实时能量管理、能源生产率和过程能量效率的角度，降低制造成本。DMDII 和 CESMII 的对比见表 9-1。

表 9-1 DMDII 和 CESMII 对比

对　比	DMDII	CESMII
牵头部门	美国国防部	美国能源部
研究院目标：产品设计和制造工艺的实时控制	构建跨供应链、可互操作的信息技术系统	互联数据驱动的工艺平台——使用创新的建模与仿真手段和先进的传感与控制技术强调能量密集型工艺的优化
关键受益点	降低成本；更快的产品上市周期	降低成本； 高能效和能量循环利用
降低成本的关注领域	更加精确的设计、建造、自动验证和修正过程	优化能量使用，生产成本减少 10%～20%
适用的行业	所有制造业	能源密集型制造部门，如化工生产、太阳能电池制造、钢铁
核心技术和工艺领域	集成 IT 系统的智能机床；机-机通信；计算机仿真，三维模型，基于模型的复杂组织体（MBE），可互操作的系统；先进材料和工艺的设计；分析学	基于先进硬件和软件平台的先进传感、仪器、监测、控制和工艺优化技术；建模与仿真技术

续表

对　比	DMDII	CESMII
牵头部门	美国国防部	美国能源部
研究成果的详细描述	将信息技术和数字制造与设计概念从实验室环境或原型转化为标准的商业实践；建立"数字线"标准，允许所有制造商在供应链中向上下游传递设计和工艺信息	高温高压环境的耐用传感器控制和性能优化算法；高能效制造工艺的高逼真度建模与仿真；跨工厂和复杂组织体的生产率、能量和成本实时控制
赛博安全的关注重点	系统	设备

9.2 组织结构与领导层

9.2.1 组织结构

1. 领导机构——UI 实验室

数字设计与制造创新研究院（DMDII）由伊利诺伊大学发起的"大学+工业"（UI）实验室领导。UI 实验室最早是在 2013 年 3 月成立的一个独立的非营利研究、培训与商业化中心。

伊利诺伊大学在过往与工业界发展伙伴关系上成就显著，建设了伊利诺伊大学研究园区、BP 能源生物科学研究所、伊利诺伊大学芝加哥分校创新中心、雅培营养中心等创新平台，对实体经济产生了积极效果。

UI 实验室意图借鉴贝尔实验室、斯坦福研究院和施乐・帕克的模式，力争成为"21 世纪的贝尔实验室"。UI 实验室正在发展一系列应用研究和商业化创新平台，为合作伙伴获取投资回报，提升本地、区域和国家竞争力，并且使整个工业转型。

2013 年 5 月份奥巴马宣布开启 DMDII 竞标后，UI 实验室于 7 月决定参与竞标，并于 8 月被选为 5 个竞标团队之一，10 月正式提交了建议书。可以说，UI 实验室一成立就全身心投入赢得国家制造创新网络的 IMI 竞标中努力中。

UI 实验室集合大学、工业界以及初创企业和政府，通过合作加速新兴技术的部署，其董事会成员来自 GE、陶氏化学、微软等知名企业、大学及资产管理公司高管，能够有力支撑这一目标。由于本身就是瞄准对工业领域的深耕细作，UI 实验室对 DMDII 的竞标可以说是志在必得。

这种“工业界+大学界”相互连接的定位，太符合美国制造业创新网络的口味了。UI 实验室顺利地中标 DMDII，后者成为 UI 的首个创新平台，两者业务融为一体。而在 2015 年 3 月，UI 实验室又启动了第二个创新平台——城市数字化，聚焦应用技术创造智能和可持续的城市基础设施。

2. 管理结构

DMDII 是一个非法人团体，UI 实验室在自身的发展过程中，逐步将两者的业务和管理进行融合。目前，DMDII 的领导层主要包括执行主任和首席技术官（CTO）。其中，现任执行主任由 UI 实验室首席计划官担任。

（1）执行主任。负责研究院日常管理，实施执行委员会制定的战略战术和政策，主要包括以下几方面：制订、协调和管理年度运行预算，协调和管理技术发展、转化和推广以及教育拓展和劳动力发展任务，监督其他执行官，招募新成员，制定并实施执行委员会批准的总体战略和政策等。

（2）首席技术官。负责确保研究院的技术方向与技术路线图和战略投资计划一致，主要包括：知识产权管理，技术发展、转化和推广任务的监督和管理，向执行委员会报告研究与开发进展，执掌技术咨询委员会并协调其活动，制定并协调总体研发战略，管理研究合作伙伴等。

DMDII 下设执行委员会、战略咨询委员会和技术咨询委员会，研究院执行主任同时向这三个委员会负责。

（1）执行委员会。由 UI 实验室代表、政府项目经理及其指定代表、执行主任、工业会员和学术界/非营利组织会员代表（后者数量不超过三分之一）、地方政府代表组成，负责依据运营原则管理研究院各项事务。

（2）战略咨询委员会（SAC）。由执行委员会选举产生，政府项目经理或其指定代表将有一个固定名额，该委员会评估应用研究项目及其开发与部署的绩效和集成工作，在国防部（技术对国防系统的潜在影响）、研究院研发（科技评估标准以及活动的创新程度，技术对非国防应用的潜在影响）和创新转化（将创新转化到制造业，先进技术的真正商业化）这三个焦点领域提供建议。

（3）技术咨询委员会（TAC）。由执行委员会选举产生，包括至多六个联邦政府专家的固定名额，主要关注机构三大技术方向内的应用研究和技术，确认并减少商业化的障碍，该委员会将发起项目招标、评估建议书、推荐候选项目。

3. 数字能力中心与分部

数字能力中心（DCC）芝加哥位于UI实验室创新中心，是由DMDII与麦肯锡在2017年6月1日合作开设的实验式学习设施，属于麦肯锡DCC网络（全球共有五个，其余四个分别在北京、米兰、柏林和新加坡）。DCC芝加哥提供实操式、无风险的学习环境，为构成数字能力的整个价值链提供培训，探索“工业4.0”的机遇并为其数字转型做好准备。DCC芝加哥中的模拟生产线是数字驱动的，包括先进分析学、增强现实和操作员数字辅助，未来还将包括协作机器人和人工智能。DCC芝加哥将麦肯锡在数字制造、自动化和商业转型上的专业能力带到整个北美地区，不仅帮助美国顶尖制造商采用新技术，还帮助中小企业创新，同时培育初创企业。

在本书前面章节中提到，创新研究院的重点是网络效应和连接机制，因此许多创新研究院会着眼于扩大在各地的辐射效应。

2015年11月，DMDII在伊利诺伊州罗克福德和阔德城开设了两家分部，分别由北伊利诺伊大学和阔德城制造实验室领导。罗克福德分部合作伙伴还包括罗克福德区域经济发展委员会、罗克福德区域航空航天网络和罗克福德商会制造商委员会，该地区拥有700家制造商，特别是强大的航空航天制造业以及与国防制造的紧密联系，使其成为DMDII分部的首选。阔德城分部合作伙伴还包括阔德城商会、江森·迪尔、东爱荷华社区学院、西伊利诺伊大学，该地区拥有罗克艾兰兵工厂的强大制造业劳动力，非常适合成为DMDII分部。

9.2.2 领导层

DMDII的现任领导层以UI实验室领导、国防、IT和咨询领域资深人士为主，他们在数字化、软件或管理领域拥有丰富的经验，特别是战略与业务管理方面。主要领导包括研究院创始执行主任、通用动力公司前副总裁 Dean Bartles、研究院主任、UI实验室首席计划官 Tom McDermott、首席技术官 Brench Boden、战略计划与伙伴关系高级主任 Colette Buscemi 和数字制造社区主任 Jim Barkley。

Dean Bartles 于2014年4月被UI实验室聘任为首席制造官兼DMDII执行主任直到2016年8月，带领DMDII走出了成功的第一步。他在美国五大国防承包商之一的通用动力公司任职超过30年，曾任公司市场和业务发展副总裁、战略规划副总裁兼战略业务单元总经理，在业务发展和战略规划上具有显著成就，也因此成为 DMDII 创始执行主任的不二人选。2015 年 6 月，他和德国智能工厂技术计划主席、“工业 4.0”先锋 Detlef Zühlke 一同成为制造领导力委员会的理事会成员（还包括福特、洛克希德·马丁、思科、戴尔、MIT 等）。他还担任了美国制造工程师协会（SME）2016 年主席，为 DMDII 发展会员和劳动力提供重要通道。

Tom McDermott 于 2016 年 5 月被 UI 实验室聘任为首席计划官并随后成为 DMDII 执行主任。他曾在美国海军和世界知名咨询公司麦肯锡从事战略和运营管理与咨询工作，这些经验非常适合其领导 DMDII 继续发展壮大。

Brench Boden 同时任职于 DMDII 和美国空军研究实验室（AFRL），是空军制造技术（ManTech）计划先进制造复杂组织体（AME）技术领域的负责人。他的职责包括战略规划、技术路线图制订和多个技术领域的计划发展，包括信息集成工具和标准、建模与仿真、工程自动化、设计分析工具以及供应链管理。他同时还是空军装备司令部工程副主任的特别技术顾问，推动空军的数字线和敏捷制造实践，这些实践已经成为 DMDII 探索的前沿应用领域。

Colette Buscemi 负责三个领域：战略、计划设计和业务发展，与美国联邦政府部门对接，寻求建立伙伴关系、激励创新和发展业务的机遇。她历任 DMDII 会员对接经理和计划主任，还曾任英国贸易与投资部美国西北地区负责人以及伊利诺伊制造业联盟运营副总裁，在推动战略合作、商业发展等领域经验丰富。

Jim Barkley 是一位资深软件系统工程师，曾任职于通用动力公司和 MITRE 公司，曾是 DARPA “运载器自适应制造”（AVM）计划 VehicleFORGE 开放设计平台项目的技术负责人，该平台可以说是数字制造社区的前身。

9.3 核心会员

DMDII 拥有超过 250 家会员，其中一级会员 18 家，二级会员 21 家，会员中的中小企业超过 150 家。DMDII 有 12 个工业界创始会员，大都是一级或二级会员，而国防部及其顶级工业界合作伙伴对 DMDII 的支持力度巨大。

DMDII 的一级和二级会员主要由大型制造企业和大学组成。其中，大型制造企业都是航空航天与防务、机械、化工和 IT 等领域的巨头。有意思的是，部分企业每年缴纳高额会费，但是还未参与任何项目，如陶氏化学、弗吉亚、ITW、强生、史丹利·百得等，也许获得会员权益才是他们更看重的。

学术界的一二级会员数量超过工业界，表明数字制造基础技术的主要研究力量在于大学，众多成果有待于转化到工业界，研究院为此提供了绝佳的试验平台，一二级会员一览如表 9-2 所示。

表 9-2　一二级会员一览

类　别	一级会员名称	二级会员名称
工业界	陶氏化学，通用电气，洛克希德・马丁，麦肯锡，罗尔斯・罗伊斯，西门子 PLM 软件公司	欧特克，波音，卡特彼勒，迪尔和公司，弗吉亚，ITW，强生，微软，诺斯罗普・格鲁门，史丹利・百得
学术界、非营利组织	爱荷华州立大学，西北大学，罗彻斯特技术学院，纽约州立大学布法罗分校，辛辛那提大学，伊利诺伊大学芝加哥分校和香槟分校，密歇根大学，内布拉斯加大学林肯分校，德克萨斯大学奥斯丁分校	奥本大学，西部保留地大学，佐治亚理工学院，密苏里科技大学，俄勒冈州立大学，普渡大学，科罗拉多大学博尔德分校，爱荷华大学，北卡罗来纳大学夏洛特分校，威斯康星大学麦迪逊分校，韦恩州立大学
政府	国防部，肯塔基州经济发展署	

DMDII 严格依会员级别设定研究院项目知识产权（IP）的许可授权（见表 9-3）。会员对研究院项目 IP 的使用一般限于内部业务使用和内部研究使用，免专利许可费的内部业务使用许可权只能由一级会员获得。具体如下：

表 9-3　研究院项目 IP 的许可授权原则

会员级别	权　利
一级（包括州政府与地方政府会员）	面向内部业务使用和内部研究使用条件，获得在世界范围内、不可撤销、非专属、不可转让、免专利许可费、永久地制作、使用、复制和创造衍生品的许可权，一级工业界会员可以向其附属企业提供次级许可，但销售会侵犯项目 IP 所有人 IP 权利的产品则无法获得许可。被许可会员的转包商在相应的次级许可协议下可以使用项目 IP，但仅限于辅助被许可会员进行内部业务使用和内部研究使用。如果项目 IP 是由许可条款和条件控制的软件 IP，那么其使用仅由该许可条款和条件控制，任何进一步的使用及其条款和条件都依软件项目 IP 所有人的意见而定
二级	仅面向内部研究使用条件，获得在世界范围内、不可撤销、非专属、不可转让、免专利许可费、永久地制作、使用、复制和创造衍生品的许可权。被许可会员的转包商在相应的次级许可协议下可以使用项目 IP，但仅限于辅助被许可会员进行内部研究使用。二级工业界会员及其附属企业，以及二级学术机构/非营利组织会员有权要求项目 IP 所有人经协商授予（所有人参与的项目所生成的研究院项目 IP 的）付专利许可费的、非专属的许可，基于双方都认可的、商业上合理的条款在其业务中使用（软件 IP 规定同上）
三级、四级	三级工业界会员及其附属企业，以及三级、四级学术机构/非营利组织会员，除在各自“项目授予协议”中协商一致的 IP 权利之外，无法获得任何 IP 权利。他们只能与项目 IP 所有人签订协议而获得额外的 IP 权利

内部业务使用——在企业（包括附属企业）或组织内，使用相应 IP 以任何方式改进其内部业务流程和实践（包括制造工艺）的权利。包括在准备销售给第三方的产品的设计和生产过程中使用 IP 的权利，但这类使用受到一定限制。

内部研究使用——在企业（包括附属企业）或组织内，于其内部研究以及非生产的研发项目中使用相应 IP 的权利。不包括使用 IP 制造产品以及在生产环境中改进内部业务流程或实践的权利，但是包括以下权利：作为实施内部研发项目的必需，针对受限的且非商业化的生产制造工艺，使用与之相关的 IP。

此外，对于研究院项目来说，项目 IP 所有人将授予州政府与地方政府会员以及研究院管理者 UI 实验室在世界范围内、不可撤销、非专属、不可转让、免专利许可费、永久地，用于教育目的向第三方演示验证研究院项目 IP 的许可权；授予州政府与地方政府会员以及 UI 实验室在世界范围内、不可撤销、非专属、不可转让、免专利许可费、永久地对第三方进行培训的许可权，条件是第三方依照《会员协议书》等拥有研究院项目 IP 的许可。这些许可首先要求 UI 实验室/州政府与地方政府会员与第三方签订保密条款，并规定项目 IP 所有人在第三方违反保密协议对其造成影响时有权向第三方受益者索赔。任何第三方都不能因此获得利用研究院项目 IP 制作、使用、复制和创造衍生品的任何权利。

9.4 技术领域

9.4.1 第一轮技术领域

在数字设计与制造创新研究院发展的过程中，其技术领域是不断发展变化的，反映了技术发展的趋势及研究院识别的行业需求。2014 年 9 月，DMDII 通过技术咨询委员会（TAC）提出了该研究院关注的第一轮技术领域：先进制造复杂组织体、智能机床、先进分析学，并根据它制定了研究院的技术路线图。

2015 年 1 月，DMDII 发布了基于技术路线图制定的首份年度战略投资计划（SIP），在三大技术领域下列出了十三个研究主题，并据此开启了首批项目招标。此后，技术领域陆续增加了开源平台（数字制造社区）和赛博物理安全这两个特别主题。

1. 先进制造复杂组织体（AME）

AME 包括极大减少复杂系统和零件生产时间和成本的敏捷与可靠的制造策略以及综合的能力。从广义上说，AME 技术和手段从一个集成的全寿命角度，支持产品、工艺和系统的设计和实现，通过创新和保证高质量，降低成本、缩短上市时间并增加价值。实现 AME 需要：在整个产品寿命周期的信息系统集成，在设计与制造之间的数字连接，智能的工厂和供应链管理。

AME 领域近期关注的重点是基于模型的复杂组织体（MBE）数据与基础结构。目标是建立基于最新的基于模型的定义（MBD）和技术数据包（TDP）标准，开发全标注的三维模型；利用诸如基于协同技术的云计算等创新的解决方案，演示并验证这些三维模型在供应商之间的可靠转换，并且将 MBE 要求与车间能力进行连接，演示并验证供应链的集成。

2. 智能机床（IM）

IM 由高度集成的功能软件和/或硬件实体组成，例如：机床的物理实体；通信功能和数据库功能；诊断和维修功能；任务执行功能和推理功能。IM 需要开发一个开放式架构、即插即用和用户友好的软硬件平台以及相关功能组件技术，允许 IM 功能无缝集成到下一代数字制造系统中（机床、企业/复杂复制体或供应链层级）。实现 IM 需要：集成智能传感器和控制，使设备自动感知和理解当前生产环境，以执行“自感知制造”。

IM 领域近期关注的重点是用于外形自适应加工的即插即用工具集。目标是开发“即插即用”的软硬件工具集，让新旧生产机床和机器人设备在一个外形自适应加工的模式下操作，也就是具备实时原位状态感知、自适应刀具路径修改以及加工结果虚拟测量的能力。值得注意的是，IM 关注的技术不仅包括新一代 IM，还不包括将现有/老旧机床提升至下一代 IM 的标准。

3. 先进分析学（AA）

AA 包括与功能描述、性能分析、预测性建模与仿真以及在环境中与系统交互的方法、工具、技术和算法。AA 的核心是在实现之前预测一个工艺、设计或已建造零件的结果。AA 需要设计数据、实时工艺数据，还包括多物理和/或数据驱动的计算模型，以及包括不确定性量化、计算平台、数学手段、优化手段、算法、测量手段、数据收集和网络信息流的仿真手段。实现 AA 需要：利用高性能计算来建模材料、产品和工艺，以实现“心里有制造的设计”。

AA 领域当前关注的重点是集成测量的设计与制造综合模型。目标是通过先进计算模型、预测和测量工具的使用，对制造工艺和零件性能进行预先评估，降低产品成本并加速推向市场。这些模型和工具将融入更大的产品全寿命周期与全价值链的“数字线”，实现更快、更精确的设计与生产决策。

DMDII 的 2015 年度战略投资计划包含的研究主题见表 9-4。

表 9-4　DMDII 的 2015 年度战略投资计划包含的研究主题

技术领域	研究主题
先进制造企业/复杂组织体（AME）	AME1：使用数字线的系统设计
	AME2：智能工厂能见度和实时优化
	AME3：端到端的供应链综合
	AME4：数字制造的全系统集成
	AME5：完整化的基于模型的定义
	AME6：填补中小企业在数字制造参与上的空白
智能机床（IM）	IM1：智能机床通信标准
	IM2：智能机床的赛博安全
	IM3：面向赛博物理制造的运行系统
	IM4：智能机床工具集
先进分析学（AA）	AA1：面向生产波动补偿的敏捷制造
	AA2：工厂增强现实和可穿戴计算
	AA3：虚拟指导下的认证

9.4.2　第二轮技术领域

2016 年下半年，经过重新分类和评价，DMDII 决定将第一轮的三大技术领域变更为四大领域，并在此基础上形成 2017 年度战略投资计划。第二轮技术领域包括设计/产品开发和系统工程、未来工厂、敏捷/弹性供应链、制造中的赛博安全。此外，原本提出的数字线也作为一大技术领域，最后将其分解到各个技术领域中去作为相关的子方向。

1. 设计/产品开发和系统工程

这一领域主要覆盖第一轮技术领域中 AME 和 AA 的部分内容，旨在创造改进的设计工具和流程，在制造寿命周期集成数据，开发自动化的制造规划手段。包括五个子方向：可视化和描述产品/工艺设计系统；用于快速上市产品设计的大数据和先进分析学；面向 XX 性的设计，如经济可承受性、可生产性、保障性；在设计中纵向以及在寿命周期中横向集成和反馈，包括给予数据背景环境/数据架构；自动制造规划。

2. 未来工厂

这一领域主要覆盖第一轮技术领域中 IM 的部分内容，旨在于制造环境中实现数字集成和控制，实施在生产周期中增强柔性的工具。包括五个子方向：互操作性（纵向）、数字线（横向）、即插即用、敏捷、运行能见度。

3. 敏捷/弹性供应链

这一领域主要覆盖第一轮技术领域中 AME 和 AA 的部分内容，旨在推动数字信息访问、供应链能见度和设计协同。包括三个子方向：供应链能见度和采购支持、企业/复杂组织体集成、面向弹性管理的业务智能。

4. 制造中的赛博安全

这一领域主要覆盖第一轮技术领域中 AME、IM 和 AA 的部分内容，旨在设计并部署评价工具，建立一个协同的最佳实践共享网络。包括四个子方向：用于车间现场的赛博技术、评价工具和手段、供应链、协同。

9.5 DMDII 的项目运行机制与重点项目

DMDII 将工业界、政府和学术界集合到一起，确认当前最紧迫的制造难题，然后合作解决它们。这一公私合作模式（PPP）下的典型项目机制将产生“研究院项目”，这类项目分为两种，一种是完全由政府出资的研发项目；另一种是部分由政府出资，部分依照“项目授予协议”由项目参与者出资的研发项目。整个过程大致分为三个阶段：制定路线图与战略投资计划，项目招标与评估，项目审批与启动，如图 9-1 所示。

图 9-1　DMDII 项目形成过程（DMDII）

9.5.1　项目如何运行

1. 制定路线图与战略投资计划

DMDII 技术咨询委员会（TAC）识别广泛的制造行业难题以及需要数字化解决方案的商业问题，制定技术路线图。这些问题之后进一步归纳为需要解决的商业难题，形成年度战略投资计划（SIP）。具体形成过程包括以下四个部分。

（1）SIP 研讨会。召开虚拟 SIP 研讨会（通过数字制造社区），召开一、二级工业会员的 SIP 研讨会，识别战略层面的非项目活动并包含在 SIP 中，收集反馈。

（2）DMDII 综合。与领域专家对接以建立影响力广泛的项目招标语言，综合研讨会的讨论和 TAC 的反馈，优化项目招标语言。

（3）向 TAC 报告。在 TAC 会议上向 TAC 报告进展，基于反馈修订 SIP。

（4）执行委员会评审。向执行委员会提交 SIP 方案，开展评审。

下面以 2016 年度 DMDII 项目招标为例介绍：2016 年度 SIP 包括四大领域：先进制造企业、智能机床、先进分析、数字制造社区，如图 9-2 所示。

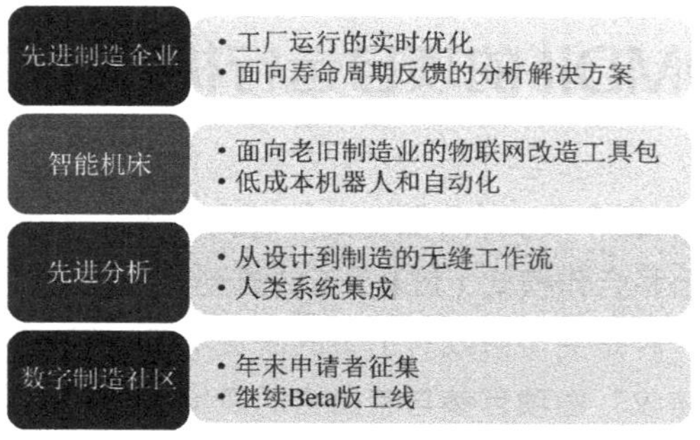

图 9-2　2016 年度战略投资计划包含的研究主题（DMDII）

2. 项目招标与评估

（1）开启项目招标。DMDIITAC 依据年度 SIP 中各大领域下的研究主题/子方向发布项目招标书，征求超越当前技术水平的、可跨多个行业实施的解决方案，它们可能为各类美国企业创造数百万美元的价值。其中包含项目规划文档（PPD），分主题列出项目要求和背景等；建议书准备包（PPK），列出招标流程、白皮书与成本建议书编制说明等，以及需要一并准备的附件清单表格。TAC 之后将组织项目白皮书的评估工作并制定项目的遴选规则（投票程序）。

（2）召开研讨会。DMDII 将工业界、政府和学术界合作伙伴集合到一起，召开密集的现场会议以更好地理解各个难题。参与者彼此联络、合作并形成一些工作组以编制将解决这些难题的白皮书。

（3）编制白皮书。工作组成立项目组并编制一份白皮书来概述其解决方案。白皮书主要内容包括技术途径、管理计划与资源以及成本要素这三部分，其中要包括对知识产权的描述和一个成本估算。

（4）评估委员会评审。由工业界、政府和学术界代表组成的研究院评估委员会评审白皮书，遴选出处理各个难题的项目组。流程是：领域专家提供技术评价，评估人员执行单独评价并提交结果与评论，统计结果、开会讨论、形成一致意见，提出立项建议（包括澄清请求）。白皮书主要内容及评估所占分值如表 9-5 所示。

表 9-5　白皮书主要内容及评估所占分值

内容	详细内容/评估项	分值
技术途径	难题叙述以及与制造创新研究院的关系，如背景、差距/不足等	15
	方法，如技术细节、详细途径、开发计划、技术基线等	25
	创新，如技术的未来状态、关键技术提升、解决的商业难题等	10
管理计划与资源	项目管理计划，如工作分解结构、进度、关键风险分析等	15
	技术转化及其对工业基础的影响，如转化方式、效益如何等	10
	劳动力发展和教育，如教育项目的内容、对象、劳动力效益等	5
	团队资质，如首席/关键人员、关键设施设备、参与团队等	10
成本要素	成本要素，初步的成本数据，用于对照工作判断是否可行	10

3. 项目审批与启动

（1）提交成本建议书。遴选出的团队提交一份详细地列出研究院拨款和成本分摊的成本建议书，明细包括牵头方和合作方的工资费、额外补助、咨询费、材料/设备费、差旅费、其他直接成本以及间接成本、资金成本，附件中要包括一份工作叙述（SOW）和知识产权管理计划。

（2）项目审批。联邦政府项目经理（来自国防部）提出建议接受的技术项目，在成功完成成本分析后，批准待授出的项目。研究院执行委员会核准这些项目，项目参与者必须首先签署研究院《会员协议书》。

（3）项目授出。研究院在签署研究院项目授予协议（EAA）后授出项目。

（4）项目启动。项目团队针对工业界最大的难题合作开发创新的解决方案，项目预计持续 12～18 个月。根据 2016 年度的 SIP，目前研究院已经开启了两轮 6 个项目的招标工作，其中项目 16-03 到项目 16-06 从招标启动到项目启动预计将花费 11 个月的时间。一般来说，每个研究主题/子方向都可能授出若干项目。

DMDII 的 2016 年度第二轮项目招标流程如图 9-3 所示。

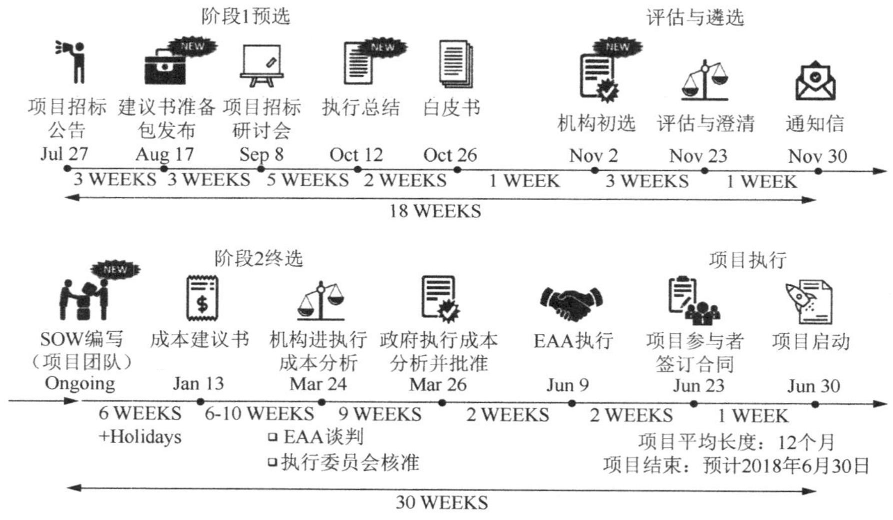

图 9-3　DMDII 的 2016 年度第二轮项目招标流程

由图 9-3 可以看出，在面向工业界需求的“研究院项目”产生过程中，TAC 和执行委员会的重要性不言而喻。因此，成为一级会员（同时获得两者的席位）将可以在很大程度上影响研究院的战略投资方向和项目遴选规则。

“研究院项目”需要国防部项目经理审批，该研究院的另一种项目机制“共同利益（也称为伙伴创新）项目”则不需要，因其出资完全来自项目参与者私有资金，研究院在其中担任中间人的角色，同时也将提供必要的研发资源。

9.5.2 重点项目

DMDII 属于比较活跃的创新研究院，频频发起各种活动的投标项目。截至 2016 年 12 月，DMDII 发起了 6 次项目招标，中标入选了至少 18 个项目，通过公私资金募集价值为 3 400 万美元，涉及 60 个组织；另有 27 个处于中标前的不同阶段。

在这 45 个项目中，按第二轮技术领域分类，设计、产品开发和系统工程领域 21 项，未来工厂领域 18 项，敏捷、弹性供应链领域 3 项，制造中的赛博安全领域 3 项。其中，有 7 个项目旨在将 DARPA “运载器自适应制造”（AVM）计划[1]的前沿技术成果转化到国防和民用工业。此外，有 12 个项目主动集成到了 DMC 中，其成果将在 DMC 平台上向 DMDII 会员开放。表 9-6 ~ 表 9-9 分别对这些项目进行简要介绍。

表 9-6　设计、产品开发和系统工程领域项目

项目名称	牵头方	项目研究内容
结构复合材料——叶片多学科设计与分析（AVM）	绿色动力公司	使用通用的（特别针对风机行业的）直观用户界面集成一套分析工具。成功实施该软件将降低小型复合材料开发商的门槛，减少开发周期，并提供综合的成本和制造模型以防止超支超期
可制造性自动分析软件“ANA”（AVM）	爱荷华州立大学	创建一个可以在任何平台上运行的可制造性分析工具包，提供针对关键制造问题的实时反馈。分析软件将使概念设计人员在制造过程早期就收到其设计的即时反馈，缩减通常很费时的组件概念设计阶段
用工程服务填补 CAD 和 CNC 之间的空白（AVM）	STEP 工具公司	开发并交付云服务以使计算机数控（CNC）加工达到最优化，并对其进行监测。新的服务将基于 3D 数字模型，使其比传统基于代码的模型更容易共享和修改
自动装配规划——从 CAD 模型到虚拟装配工艺（AVM）	俄勒冈州立大学	开发一个计算工具，将 CAD 装配自动转化为一组装配指令。一个装配计划的快速预测将向设计和工业工程人员提供反馈，使他们看到其决策对装配时间和成本的影响
利用 STEP AP203 进行机械装配的自动公差分配（AVM）	亚利桑那州立大学设计自动化实验室	研究自动进行机械装配公差分配的算法，减少公差分配中的试验和差错。内容包括第一级几何尺寸与公差分配（GD & T），这将仅基于几何可装配性；部分支持第二级公差分配，这将基于设计意图或装配件功能，包括配合类型和紧固件
基于弹性云的制造（AVM）	GE 全球研究中心	推动中小企业采用信息技术，尤其是先进的建模、仿真和分析（MS & A）工具

[1] 作者注：AVM 是美国国防部 DAPAR 在 2010 年启动的数字化设计与制造项目。

续表

项目名称	牵头方	项目研究内容
基于弹性云的制造：供应链配置用例（AVM）	STEP 工具公司	进一步演示验证额外 AVM 工具在整个供应链的商业化路径上的作用，从中小供应商到大型制造商。这些商业化路径将通过面向新产品和再制品的供应链配置来演示验证
先进波动分析与制造	罗尔斯·罗伊斯	利用高性能计算，演示从一台机床出来的数据如何与机床所造零件相关联。它将指出数据中存在的异常是否会与零件的性能异常和/或设计规格的不符相关联。这些分析将形成一个关于生产异常之数据库的基础，可通过数字制造社区访问

表 9-7　未来工厂领域项目

项目名称	牵头方	项目研究内容
O3——操作、编排和启动	STEP 工具公司	开发一个网络环境，将实现用户在平板或智能手机上编排加工和测量过程。O3 将允许用户远程检查加工程序的一致性，避免加工程序生成了与客户设计要求不一致的零件
制造波动集成管理	卡特彼勒	生成一个系统，制造商利用它以自动化方式补偿机床工作空间内由零件、夹具、工装或机床错误引起的错误。这能在交付到加工操作时，大幅减少新零件、新夹具，或者在简陋条件下存在大幅波动的零件的安装时间，同时使人的干扰最少
面向铸造的智能自适应加工夹具	产品开发与分析公司	开发一组方法和一个称为 IAMFixR 的使能软件，减少大型铸件加工的安装时间，消除这些高价值零件的废料。项目将在一个 3D 模型中融入铸造行业标准，使用数字技术记录特征尺寸的变化，这些特征对于每个零件的加工来说都至关重要
事实板：实时数据驱动的车间现场可视化决策支持系统	爱荷华州立大学	开发事实板——个车间现场决策支持系统，将来自物流和生产系统的海量数据输入转化为一个可视化仪表板的集合——所有这些都是实时的。仪表板将由移动式支持显示器组成，可被从工厂经理到车间班长等众多用户访问
SPEC-OPS：面向实现最优生产和自我意识的企业通信的基于标准的平台	帕罗奥图研究中心（PARC/帕克）	提供一个首创的平台，即紧密集成机床和整个制造过程中涉及的多个系统，如 MES、ERP、动态规划和调度以及过程分析。最终的平台将为制造商减少规划、调度、执行和维修时间
在可穿戴和移动设备上使用增强现实（AR）的制造作业指导书	罗彻斯特技术学院	将车间现场的作业指导书无纸化，转变为交互的、好用的可穿戴技术。使用 AR 技术，用户将能够实时看到如何完成一项任务，虚拟地指导并向他们展示要做什么和不要做什么。同时，系统将采集宝贵的实时车间现场数据，利用它们改进未来的制造工艺
通过专家演示验证授权增强现实作业指导书	爱荷华州立大学	演示 Ti-6Al-4V 钛合金组件的全尺寸电子束增材制造，开发一整套材料设计许用值，在全尺寸电子束增材制造验证组件上验证无损检测方法；评估向航空航天结构以及推进装置组件生产转移的成熟度

表 9-8 敏捷、弹性供应链领域项目

项目名称	牵头方	项目研究内容
供应链“基于模型的复杂组织体”（MBE）/“技术数据包”（TDP）实施	罗尔斯·罗伊斯	寻求推动 MBE 技术，将使用 MBE 技术来优化制造工艺的设计阶段。设计阶段使用 MBE 将公差、产品寿命和其他产品规格相关的数据与 3D 模型联系到一起，允许这些数据用于设计过程的所有阶段，消除图纸不清楚或不准确的问题。TDP 即 3D 模型和伴随信息的结合

表 9-9 制造中的赛博安全领域项目

项目名称	牵头方	项目研究内容
评估、补足和增强工厂基础结构中的 DFARS 赛博安全一致性	Imprimis 公司	寻求为DMDII 创建、试验并实施一个统一的赛博安全标准，目标是提升整个制造行业的赛博安全和供应链安全。项目将审查国防部面向承包商的赛博安全标准，评估制造商满足它们所需的成本、能力和培训，之后执行案例研究以辅助制造商满足这些标准

9.5.3 值得关注的项目群

18 个项目中有 3 个项目非常值得关注，它们包括 DARPA AVM 项目群、赛博物理安全项目群以及增强现实（AR）项目群。

1. DARPA AVM 项目群

2010 年，美国国防高级研究计划局（DARPA）在开放式制造系列计划下启动了 AVM 计划，旨在通过开发赛博物理建模语言和先进仿真分析工具集成平台，掌握全新的基于模型的设计、验证和制造技术，从根本上变革复杂系统的现有研制方法，实现系统设计“一次生成且保证无误”、由设计数据驱动的自适应制造以及“网络民主化”协同创新设计，达到缩短研制周期 80%的目标。2014 年 2 月，DARPA 宣布通过新成立的 DMDII 来把 AVM 项目的成果转化到国防和民用工业，DMDII 将与美国国防部著名的“制造技术计划”（ManTech）[2]密切合作。

2014 年 6 月，DMDII 启动“AVM 工具集成”和“AVM 技术开发”两个研究主题

[2] 国防部的一个常设计划组。

的项目招标，推动 AVM 项目中相关技术的迅速成熟和工业应用。“AVM 工具集成”主题旨在将 AVM 项目中开发的一项或几项技术集成到成熟的商业化 PLM、CAE 或 MBE 软件中，并在一款产品上应用这项新能力，这些商业化软件的改进将同时使国防部和民用工业基础获得收益。“AVM 技术开发”主题旨在将 AVM 项目中开发的一项或几项技术面向应用进行进一步开发，达到向生产转移的水平，使工业界能够将之集成到商业化软件解决方案中用于实际生产。这些先进的技术工具都将进入开放的数字制造社区，使加入 DMDII 的美国工业界得以共享，将对其他各国制造业造成巨大的杀伤力。

2. 赛博物理安全项目群

“评估、补足和增强工厂基础结构中的 DFARS（国防部联邦采办条例补充文件）赛博安全一致性”是 DMDII 首个特别关注赛博安全的项目，它反映了 DMDII 中大型制造商成员（如波音、洛克希德·马丁、GE、罗尔斯·罗伊斯等）对于提升供应链管理安全的需求。通过该项目，更多制造商将能够遵照国防部的赛博安全标准，向国防部和其他制造行业渠道增加更多潜在的承包商。尽管这只是涉及了解决中小企业赛博安全的表层需求，但这对于增强美国供应链的赛博安全是重要的第一步。

赛博安全以往在制造过程中提得比较少，但是之前国防部已经透露了 2016 年国家制造创新网络将考虑“面向制造的赛博安全”这一技术领域，说明美国政府已经认识到了这一问题的严重性和紧迫性。其实，美国国防部和国防工业协会（NDIA）很早就开始关注数字制造中的赛博空间的安全，工厂中的赛博空间同样能够成为敌人攻击的对象，从而在武器装备还未生产出来时，就可能输掉战争！以往只是强调网络安全管理的工厂，已经成为美国塑造国家安全体系中的又一个赛博空间战场，赛博物理安全是 DMDII 的两大特别主题之一，因此该研究院当仁不让地承接起了这个课题。一方面，美国在研发突破高墙的赛博空间武器，另一方面，美国更是在修建一堵固若金汤的赛博安全墙，尤其是对于传统上保护相对薄弱的产品制造工厂来说，美国的工作不能不引起其他国家的注意。

3. 增强现实（AR）项目群

AR 通过投影、可穿戴组件或手持设备在个人制造环境中嵌入可视化指导书，能够在制造过程的多个阶段减少培训时间和操作错误。AR 还允许公司将专家重新部署到其他任务，而不是费时的培训环节。“在可穿戴和移动设备上使用增强现实的制造作业指导书”项目以及“通过专家演示验证授权增强现实作业指导书”项目首次获得 DMDII

资金支持，反映出 AR 相关技术从消费领域转移到工业部门的丰富潜力。这两个项目让具有多个制造学科背景的团队聚集在一起，包括跨国集团和中小企业、政府实体以及大学研究者。

由爱荷华州立大学牵头的 AR 项目，还包括波音、迪尔和公司和 Daqri 等公司。爱荷华州立大学期待通过工业合作伙伴提供的视角，将大学的成功研究转变为面向制造的真实应用。“增强现实”（Augmented Reality, AR）一词是波音公司在 1990 年研制波音 777 客机时创造的，波音 2015 年的研究显示，使用 AR 技术的实习生团队，在首次尝试电线安装时就比其他使用传统技术的团队快了 30%，且精准度要高 90%。迪尔和公司指出驱动制造业竞争力的一个关键元素在于为其高技能劳动者的高复杂度操作提供作业指导书，基于 AR 工具的数字化指导书将提升操作中的生产率和质量标准。Daqri 是英特尔旗下 AR 头盔开发商，由于空客已与微软就采用 Hololens AR 头盔签订战略协议，此次波音与 Daqri 的合作耐人寻味。

9.6 教育与影响力传播

9.6.1 培训与影响力提升活动

UI 实验室 2.4 万平方英尺的制造实验室和 2.2 万平方英尺的合作空间给 DMDII 从事培训和影响力提升活动带来了巨大的方便，可以说，UI 实验室一半是金工实习车间，另一半是培训教室。其中，制造实验室包含 8 个制造单元，以及宝洁机器人自动生产线、陶氏化学自动工艺线和集成数字制造培训设施等。UI 实验室还拥有一个知识剧场、一个学术风格的演讲大厅用于工业界培训。在这些设施的支持下，DMDII 及其会员主持了诸多活动、会议和培训，包括“黑客松”、中学生“数字日”STEM（科学、技术、工程与数学）教育，以及国家制造创新网络各研究院代表的最佳实践交流会。

2017 年 1 月，DMDII 在世界最大的大型开放式在线课程（MOOC/慕课）平台 Cousera 启动了“数字 101”系列课程，该课程由 DMDII 和布法罗大学工业效能中心（TCIE）联合开发，团队还包括西门子 PLM、美国制造工程师协会、制造技术协会、穆格公司及布法罗制造工厂。这个慕课面向学生和工人，课程包括 10 个模块、共计

40 小时的指导、评价、网络互动以及结业项目。例如，一个模块讲解如何升级老旧机床以使其捕获生产和性能的信息；另一个关于赛博物理安全的模块讲解如何确保这些网络互连的设备受到保护不会被黑。

DMDII 还频繁出现在美国重要的数字化和制造业会议上，在推动美国工业界数字转型的进程中提升研究院的影响力。例如，2015 年 10 月 2 日，DMDII 与世界商务芝加哥组织联合出席了美国“国家制造日”，这一活动由国家制造者协会、制造研究院以及 NIST 制造业扩展伙伴关系（MEP）资助，旨在提升制造就业者的见识并鼓励学生积极认识制造业。在 2016 年和 2017 年举办的 NIST 基于模型的复杂组织体（MBE）峰会上，DMDII 组团进行了多场主题报告。2017 年 6 月在 UI 实验室召开的 CIMdata（世界领先的 PLM 战略管理咨询与研究公司）“数字设计与仿真驱动的产品与制造创新：商业成功战略与最佳实践”研讨会中，DMDII 的 CTO 做了题为《数字线革命：从数字制品到以模型为中心的工程以及未来》的重要报告，提出了连接数字线达到运行和商业收益的近期路线图。

9.6.2 劳动力发展战略路线图

DMDII 劳动力发展的使命和愿景是，利用合作伙伴网络和跨工业界、教育、政府和非政府组织的现有基础条件，为数字制造与设计劳动力的有效发展而推动建设或提供所需的基础。为此，DMDII 识别了短期和长期的关注重点，在此基础上提出了 6 个计划，前两个是定义与分配，后四个与教育有关。

（1）数字制造岗位分类法。基于技术用例，区分新的数字岗位及相关描述；定义执行已定义岗位分类所需的技能和培训。

（2）思想领导力和用例定义。聚合劳动力趋势上的可用内容，定义空白；定义数字制造技术和用户；通过出版物、会员网络、会议等扩散数字专业技术能力；建立奖项以鼓励新主题上的信息共享。

（3）内容聚合者。发布现有数字制造培训材料和计划的清单。

（4）内容创造推动者。“数字 101”在线课程；开发并发布数字案例研究；以有限内容深入探讨一个主题领域；数字制造与设计的学士学位。

（5）愿景中心。建立演示验证生产线以展示数字用例和技术；开发相应计划以使不同利益相关者沉浸于新技术中。

（6）培训教练。在新技术教育和劳动力发展需要（之后可能扩展的计划）上与MEP合作对中小企业进行辅助。

DMDII 劳动力发展计划的一项基本工作就是定义并描绘美国数字制造岗位的未来，2016年，DMDII与人力集团启动合作，定义并描绘处于先进数字制造最前端的组织需要的角色和技能，包括数字制造与设计前沿领域所需的20种角色。第一阶段是从2016年3月到2017年年初，利用来自DMDII会员（如洛克希德·马丁、西门子和GE）的专业技术能力，与政府专家和认证机构一起识别角色并建立一个框架，以更好地理解和描述它们。第二阶段是在2017年，聚焦解决方案，如理解预计的工业需求和潜在的数字设计与制造人才供应之间的空白，确认填补空白的方式。

第十章　电力美国（Power America）

10.1 Power America （PA）的背景与发展

从手持电子设备，如智能手机和笔记本电脑，到电动汽车，当前社会发展已经越来越依赖于复杂的设备、机器和系统。没有跨功能的功率电子（PE）技术，这些是无法实现的。PE 技术能够转换功率和控制电能，即调整电压、电流和频率，从电的能量产生、分布到最终用户。

宽禁带或称为宽带隙功率电子（Wide Band Gap, WBG）是相对于传统的硅基功率电子 PE 而言的，在各种场合都有非常重要的应用前景。因此，也成为美国国家制造创新网络的关注要点。宽带隙功率电子的各项指标见表 10-1。

表 10-1　宽带隙功率电子的各项指标[1]

属　性	Si	GaAs	6H-SiC	4H-SiC	GaN	钻　石
带隙（eV）	1.12	1.43	3.03	3.26	3.45	5.45
介电常数 ε_{γ}^{1}	11.9	13.1	9.66	10.1	9	5.5
电击分解场 E_e（kV/cm）	300	400	2500	2200	2000	10000
载流子迁移率 μ_n（cm^2/ V • s）	1500	8500	500	1000	1250	2200
空穴流动性 μ_p（cm^2/ V • s）	600	400	101	115	850	850
热传导性 λ（W/cm • K）	1.5	0.46	4.9	4.9	1.3	22
饱和电子速度 v_{sat}（$\times10^7$cm/s）	1	1	2	2	2.2	2.7

[1] Tolbert L M, Ozpineci B, Islam S K, et al. Wide bandgap semiconductors for utility applications[J]. semiconductors, 2003, 1: 3。

表 10-1 作为一个参考，我们从中可以看到，常用的硅基功率电子带隙值仅为 1.12，而包括 6H-SiC 和 4H-SiC，以及 GaN（氮化镓）都具有大于 3.0eV 的带宽，这些都属于宽带隙功率电子。相对于常用的硅基 PE 而言，WBG 有更高的温度适用范围、非凡的抗电压击穿能力、更快的载流子飘移速度，这些都大幅度提升了功率电子器件在各个应用领域中的性能，也成为美国、德国、日本产业界关注的热点技术。WBG 具有很大的应用前景和广阔的应用领域，包括军用电子、电动汽车、新能源、消费电子领域，这些都是未来具有巨大市场潜力的领域。这也是为什么国家制造创新网络将其定义为关键发展领域的重要原因，并成立了 Power America 这个创新研究院来引导该产业的发展。

2014 年 12 月，由北卡罗来纳州立大学和国防部联合领导的 Power America（PA）作为美国制造创新研究院之一成立。PA 瞄准更具成本竞争优势的宽带隙半导体技术（Wide Band Gap）,也就是基于 SiC 和 GaN 的功率电子（PE），通过加速 SiC（碳化硅）和 GaN 的产业应用，大幅度突破传统窄带隙功率电子的性能。PA 的使命在于组织和运营产业生态系统，通过制定良好规划以及灵活的机制来推动在功率电子领域的制造创新，包括加速工艺与设备的开发与商业化应用，进而推进美国功率电子半导体产业在未来赢得市场先机。

2015 年 1 月，能源部管理的 PA 创新研究院成立，获得总计 1.4 亿美元的 5 年期基金。这一计划将在 5 年内让美国功率电子领域获得进步，并推进商业化进程。

10.1.1 功率电子应用的市场领域

功率电子是广泛应用于工业及商业领域的。传统意义上，功率电子最为主要的应用是工业电机与传动系统、消费电子、能源产业（包括储能、风力发电与光伏的变流与逆变单元）。而新兴的市场则包括了电动汽车（纯电动以及混合动力）的驱动与能源转换系统。宽带隙功率电子主要在于替代传统的硅基功率半导体技术，大大优化了功率电子的性能。

在电动汽车系统中，功率电子器件的应用主要在电池充电、DC-AC 与 DC-DC 的转换方面（将电池的直流逆变为交流用于驱动电机），也包括整个电池的管理系统 BMS（Battery Management System）。采用 WBG 的好处在于可以让汽车获得更低的功率损耗（效率提高 5%），而且由于 WBG 功率电子的良好温度特性可以使功率器件体积更小、重量更轻，同时也降低了对冷却系统的需求，这使得通过 WBG 技术可以让汽车在驱动部分降低 17%的综合成本。

显然，采用宽带隙功率电子可以为整个电动汽车产业带来巨大的节能优势，可以进一步降低电动汽车的应用成本，结合复合材料研究院（IACMI）的复合材料对减重设计的应用，在未来汽车的节能空间仍然可以下降 10%以上。

电力能源是应用最广泛的能源形式，不同的能源生产方式的效率不同，核电的转换效率最高达到 40%，而光伏组件如单晶硅组件大约为 19.2%，而多晶硅约为 18%，薄膜电池约为 10%，基于燃气轮机的热电联产（Combined Heat Power-CHP）可以通过热与电的循环利用达到较高的比例。但是，就电力转换、传输而言，仍然存在着损耗，整个能源转换效率并不高，正如利弗莫尔实验室在 2013 年所进行的研究显示，整个美国的能源转换效率综合测算为 38.4%。[2]

SiC 与 GaN 所代表的宽带隙功率电子，相对于传统硅基功率电子而言，可以拥有更好的转换效率提升。但是，宽带隙功率电子目前在可靠性、成本方面仍然有较大的阻碍其商业化的因素。

10.1.2 PA 的使命与行动

对于 PA 而言，其成立的最大使命在于通过制造创新研究院，来降低 WBG 的成本以及接受度，进而获得整体上的节能突破。当然，功率电子器件的稳定性与可靠性也是一个问题。但这个问题可以通过实际的应用来进行质量迭代，使得产品稳定性通过不断的现场测试来实现稳定与可靠。WBG 功率器件的提升空间（相对于 Si）见表 10-2。

表 10-2　WBG 功率器件的提升空间（相对于 Si）

转换方式	硅基 PE	宽带隙 GaN 或 SiC
DC-DC 转换	85%	95%
AC-DC	85%	90%
DC-AC	96%	99%

[2] Lawrence Livermore,Estimated U.S Energy Use in 2013,https://flowcharts.llnl.gov/energy.html

表 10-2 显示了 WBG 功率器件与目前市场上占主导地位的硅基材料相比所能带来的提升空间，可以看到其在转换过程中给出了综合的提升空间，这个仅从转换效率提升空间进行对比，而 WBG 体积更小、工作温度范围更大、重量更轻都会给系统设计带来很多综合好处。例如，同样功率输出的体积、重量降低也会让汽车更为节能，在军用战斗机上占用空间小，也可以让其他的设备变得更易于部署。

基于此愿景规划，PA 通过两个重要的行动来实施以达到两个目标：一个是在 5 年内获得低成本的 WBG 产品，另外一个是人才培训。

WBG 的障碍在于更低的能耗系统，却要支付高昂的价格。在 2017 年功率电子类 PCIM 专业展会上笔者与业内企业了解，目前已经降低了成本，也仍然达到 5～6 倍的价格。而 PA 的目标在于将其成本降低：五年内将 1.2kV 的功率开关通过 WBG 降低到 10 美分/A。PA 的优化方向：降低 WBG 成本如图 10-1 所示。

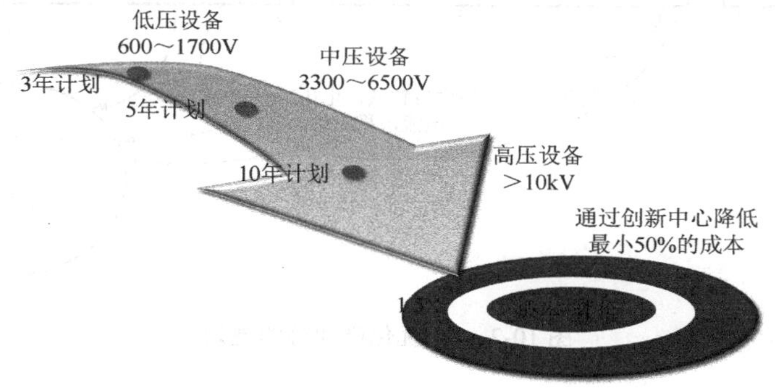

图 10-1　PA 的优化方向：降低 WBG 成本[3]

虽然 SiC 和 GaN 都是高效率功率电子，但是，其适用范围因为功率承受能力的差异，具有不同的应用区间差异。基于 GaN 功率电子，适用于 200～900V，其理想应用包括 0.1～10kW 电源、笔记本电脑电源、小型及串级 10kW 的太阳能组件；而基于 SiC 功率电子，适用于 900～15 000V，适应大于>10kW 的串级光伏逆变器、聚光发热光伏及燃料电池的逆变单元，可以达到数个兆瓦级，其他包括电动汽车及快速充电器、高铁的机车牵引系统、中压电机控制和高速直接传动系统、输配电系统。

与此同时，培养了解功率半导体应用领域的毕业生也提上了日程。根据美国国家制造创新网络的整体战略规划，创造工作岗位是每一个创新研究院的战略执行主线。实际上，WBG 缺乏应用人才也是一个困境，必须有更多的学生和工程师来使用 WBG

3 PA,PowerAmerica Strategic Roadmap for Next Generation Wide Bandgap Power Electronics，Version 1.0,January 2017

功率器件用于设计功率设备。因此，PA 为大学、PE 社区提供相应的技术培训，以使更多的人接受该项技术，更多的企业接受该项技术的应用开发。

值得一提的是，从技术角度而言，PA 的产业链覆盖了包括 WBG 功率电子系统优势和可靠性验证系统，以及改善 WBG 功率电子系统的设计知识基础，跨度比较大。整个功率电子所涵盖的范围包括了晶片的制造、制程设备、封装、终端应用、市场推广，均在 PA 所需要发展的范围之内，PA 优化产业链的规划如图 10-2 所示。因此，需要的各种人才，需要在整个产业链的知识范围来考虑。

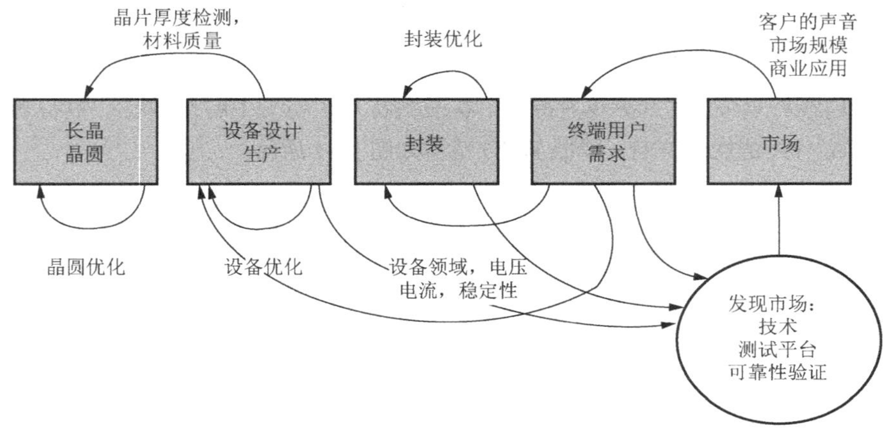

图 10-2　PA 优化产业链的规划

10.1.3　重要会员与成员利益

PA 的核心成员由不同等级的企业共同构成，其中最为核心的成员是洛克希德・马丁，该企业是在航空航天领域里最为重要的制造商。表 10-3 是 PA 的成员简介。

表 10-3　PA 的成员简介

类　别	年　费	表决权重	主要会员
全面支持会员	500 000 美元	25	洛克希德・马丁
全面会员	100 000 美元	10	Wolfspeed
附属会员	50 000 美元	5	约翰迪尔、雷神、ABB、德尔福、东芝、英飞凌、USCi 等
启动会员	10 000 美元	1	AgileSwitch、COOLCA 电子、Atom 等
学院会员	10 000 美元	1	亚利桑那州立大学（ASU）、奥本大学（Auburn University）等
联邦实验室会员	0	1	NREL、Argonne、iNEMI 等

PA 通过加速 WBG 宽带隙半导体的产业化，也就是缩短从概念到量产的时间来为成员提供价值。包括行业成员提升其业务，大学成员则通过产业协同来获益。主要的成员利益如下。

（1）资源分享：集成宽带隙技术生态系统最好的业务资源和技术信息，通过产业生态系统的建设，从终端用户、系统集成商、设备制造商、大学与研究机构等产业中的客户、合作伙伴均可以通过日常交流、组织的研讨会来建立连接和后续的合作机会。

（2）设备制造：通过与标准化组织、实验室、设计制造企业合作，提供满足行业统一规范的制程设备与技术。

（3）测试：为成员提供各种实验室条件，包括样品测试及稳定性、可靠性等，分享实验室资源。

（4）有权访问 PA 设备池的工程实例——联盟会将相关的工程实例作为参考资料库分享给成员。

（5）通过定期的培训与交流会议，制定 WBG 的路线图，并与全部成员进行分享。

（6）通过示范平台、示范项目基金验证 SiC 和 GaN 设备在功率电子系统的优点。

（7）教育和人力开发，包括提供短期课程，高品质培训人员及与宽带隙专家的交流，使得各种成员包括大学的学生都可以获得最前沿的技术与应用。

10.2 举足轻重的技术路线图

PA 技术领域主要涉及与功率电子相关的产业，包括材料、离散设备的设计、制造厂 Fab、测试、建模、模组制造等。在整个功率电子器件的上下游包括大量的企业。由于涉及大量的投资，技术路线图对参与者各方都是非常重要的。作为专家们集体参与的知识结晶，技术路线图是一种重要的凝聚成员共识、提高协作能力的一种重要方法。

10.2.1 路线图的诞生

为了确保研究院的投资和活动，能够满足行业当前的需求预期的挑战，PA 的路线图由第三方 Nexight 咨询公司完成了前期咨询，并制定了目标规划[4]和路线图。Power

[4] PowerAmerica Strategic Roadmap for Next Generation Wide Bandgap Power Electronics ，2017.01

America 在 2016 年 6 月和 7 月举办了两次研讨会，充分征求半导体和 PE 行业专家的意见，制定近期和长期的技术路线图，如图 10-3 所示。Nexight Group 还用手机与专家进行访谈，分发在线调查收集更多信息，并对相关资源进行了文献回顾。

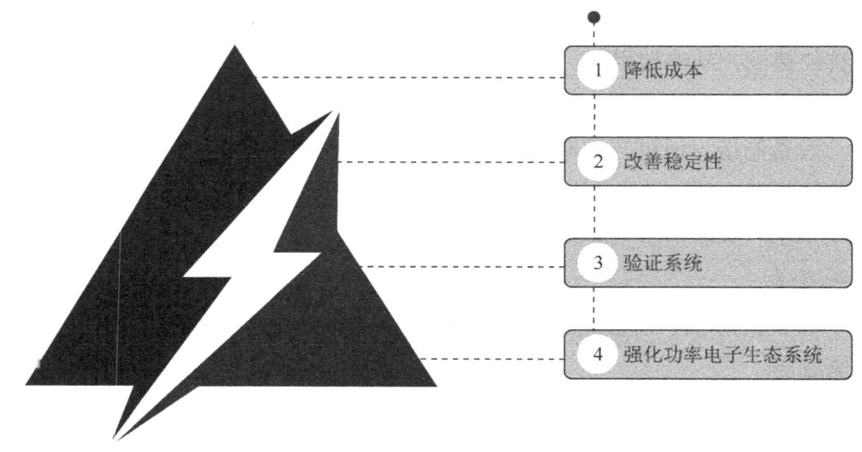

图 10-3　PA 的技术路线图

该路线图概述了 SiC 和 GaN PE 的关键市场和应用领域、性能指标，GaN 和 SiC 技术有望随着时间的推移实现这些目标的技术壁垒，以及克服这些障碍所需的活动。路线图活动将引导 Power America 展示 SiC 和 GaN 优势的战略决策，改善 WBG 半导体器件性能，并增加 SiC 和 GaN PE 的商业应用。

10.2.2　四大推动力

WBG 技术一方面具有提高能量转换效率方面的巨大潜力，另一方面可以在美国创造更多的就业机会，这使得它备受业界重视。这个路线图瞄准了四个方向的推动力，也就是降低成本、改善稳定性、增强性能及加强功率电子生态系统。具体如下。

1．推力 1：降低成本

降低宽带隙半导体的成本是加速其被接受的关键。能够快速降低成本的最佳方法自然是推动其大规模产业化应用，通过批量降低整个生产制造中的成本，同时，因为在应用过程中质量可以不断地进行迭代，提高可靠性需要协调整个功率电子的产业链各个环节的企业成为一个整体：①保证 PE 组件的材料和硅片的器件和模块的可用性；②流水线设计、制造、包装和系统集成；③利益相关者参与，包括从原材料供应商到制造商到最终用户。这个推力侧重于面向早期采用者。

2. 推力 2：改善稳定性

SiC 和 GaN 设备已经被验证能够相较于硅基设备在 PE 应用领域，可以有更高的效率，但是稳定性仍然限制了 WBG 技术的市场推广。随着 WBG 技术的成熟，如果没有稳定性提升的有效技术策略，设备产业是很难放心地采用这一技术的。与 WBG 技术稳定性相关的因素主要有三个：来自先进测试方法带来的高质量稳定性相关数据，标准化的稳定性评估以及对终端用户而言稳定性最佳实践的有效沟通。

而对其在恶劣条件下的退化/失效机制的更好认知，将会成为 WBG 期间的高鲁棒性设计的关键。

3. 推力 3：强化性能

除了降低成本和构建稳定的 SiC 和 GaN 设备，功率电子产业必须识别和解决在设计、制造、包装和品质等各级别的技术问题，如限制 WBG 功率组件能力的更高温度、电压和频率运行问题；如何分享最佳结构优化实践并与终端用户共同探索新的电路拓扑结构等。这一切都可以加速 SiC 和 GaN 的商业化应用。

4. 推力 4：强化功率电子生态系统

为发挥 WBG 技术的潜力，PE 社区需要构建一个更强的信息分享网络，以增强供应链、制造商与终端用户之间的互动与交流,并且对于目前功率电子的不足达成共识，共同克服那些阻碍因素：制造能力不能同步跟进，劳动力资源缺乏，材料性能不足以及缺少先进的配套技术如 GaN 设备等。

为加速 WBG 半导体组件接受度，对其在高附加值市场的成功商业化予以支持变得非常关键。如何能够尽快完成商业化，重点要考虑两点：系统影响与边界商业影响，系统影响考虑效率、功率密度和成本，而商业因素考虑市场规模以及 SiC 和 GaN 的接受度。这些都是要从产业链的角度，仔细辨认和悉心扶持的。

10.2.3 短期与长期应用市场规划

Power America 创新研究院主要侧重于 WBG 制造和 TRL 4～7 年的技术与制造创新活动，以最大限度地节省能源和创造就业机会，但也会监测新兴市场、小众市场和互补性低的功率电子市场，包括新颖的器件设计（如垂直 GaN）和高频磁性材料。加强合作的WBG生态系统对于加快WBG技术进步和在各种应用中建立技术的商业可行性至关重要。为了促进这种合作，PE 社区会开发信息共享框架（如制造可靠性数据和流程配方），加强跨越价值链的合作伙伴关系，并建立更具技术前瞻性和深厚理论知识的 PE 员工队伍。

作为对市场应用的全面考量，PA 设定了短期、中长期与长期的规划。

就短期规划而言，为加速 WBG 半导体的接受度，PE 社区必须聚焦于近期（1～2 年）的 SiC 和 GaN 技术的应用，并能够快速改善其效率和稳定性。短期内所需考虑的关键应用是 SiC/GaN 与高价值的消费电子、数据中心，以及企业级设备或者新能源的转换与控制有关。以消费电子为例，对于消费电子（笔记本与智能手机）的应用需求而言，大规模的数据中心和企业设备（DC-DC 转换器和电信交换机站）使用量逐年增加。将 AC-DC 用于消费电子的产品消耗了 4%的美国电力，这需要不间断电源（UPS）系统，同时需要大量功率转换设备（变流器与逆变器）。这些都需要高功率密度、低开关损耗的技术应用。

对于 WBG 的中期（3～5 年）中长期计划而言，可以考虑高效功率传输及配电系统，包括电动汽车快速充换电设备、高铁系统和电力机车、重载汽车、大功率工业传动系统，WBG 半导体设备可以使得电动汽车充电器产生更高功率、更高转换效率，降低尺寸与重量，降低安装成本。

就 SiC 和 GaN 的长期应用潜力而言，PA 也给出了具有低压到中压 SiC / GaN 长期应用的性能目标值。例如就用于发电厂和石油和天然气工业中的大功率（兆瓦级）设备——大型泵、风扇或压缩机——中压（MV）驱动器而言，该类的关键重点集中在 4.16 kV 的北美标准 MV 额定值。PE 社区正在努力通过提高电机速度控制的有效性，减少能量损失，开发高电力质量的低谐波，降低安装成本来改进这些驱动器。

10.3 项目机制与重点项目

10.3.1 项目申请方向与流程

在 2017 年项目征集（Call for Project）的计划中，面向 2017 年年初到 2018 年的项目征集计划将项目分为 5 个领域，由企业申请的仅为 2～5 个领域。召集计划如下[5]。

聚焦领域 1：管理与研究院持续发展。

聚焦领域 2：代工厂运营设备。

聚焦领域 3：功率电子器件代工厂、测试、封装、验证与稳定性。

聚焦领域 4：加速 WBG 的商业化应用。

聚焦领域 5：教育与劳动力开发。

所有申请的项目必须以 1:1 的资金配比，超出 PA 预算限制的项目将被拒绝。

10.3.2 示例一：铸锭运营

申请人必须承诺在 12 个月内为所有 PE 社区内工厂的领域 2 的项目提供工程样品，还需要 1 000 个单位的定价信息。工业铸造项目必须至少制造 5 批，每批最少 6 片。

以资金资助为 100 万美元的 SiC 开放铸锭设备开发为例。

该项目的目的是为了支持美国的 SiC 代工厂的发展，利用现有的 150mm 或 200 mm 硅器件制造基础设施，并可供产业界和大学对这些设施的使用。目标是构建基础生产制造架构，以便能进行从晶圆制造工艺到设备稳定运行的完整流程的测试验证。在基础设施开发的早期阶段，可以运行晶圆制造流程中的部分工序（加热长晶、退火、背面加工等）即可出厂。

[5] PowerAmerica:Next Generation Power Electronics Manufacturing Innovation Institute Call for Projects for June 1, 2017 - May 31, 2018

参与者应详细介绍如何创建适用于分散式功率器件的开放式铸锭模型，以及如何使所有用户（包括非 SiC 专家）可以访问铸造厂。包括工艺流程开发包（PDK）的开发及应用，以及达到或超过行业标准的流程和质量控制。铸造厂应利用现有设备，能够广泛吸引客户，并实现小批量的生产，将制程设备的生产运行能力尽量接近满负荷，将成本压到最合理的水平。

对于 Power America 而言，支持全功能 SiC 设计的工艺开发是比较好的方向。Power America 如果可以提供完备的工厂资本与设备投资计划，并对原有工厂提供 SiC 业务的承诺，让这些相关设备来冲销部分全新 SiC 制程设备的投入。铸造厂就可以充分利用现在既有基于硅的规模经济能力来降低新的产品制造成本。

以 50 万美元级别的资助项目为例：GaN 功率设备。企业成员申请可获得 50 万美元，而大学和国家实验室则只能获得 25 万美元的额度。项目中也会推荐将美国开放式代工厂作为项目执行的首选。当然，也可以在美国的专用或某种垂直行业代工厂里来执行项目。大学一般会使用开放式代工厂，并与业界合作，为商业化提供潜在的途径；也可能与铸造团队合作，大学则只专注于开放的过程开发。

10.3.3 示例二：加速 WBG 功率电子的产业化

该项目对于每个参与项目的企业给予 40 万美元资助，大学给予 20 万美元每个项目，而大学、实验室和企业所构成的联合团队可以获得 60 万美元的项目资助。

研究院正在推进宽带隙功率半导体在变流器和逆变器领域的产业化应用，这可能对能源转换效率、设备的重量和体积减少带来大的影响，进而推进其广泛的采用。当然，其商业化产品的技术规格应满足相应的应用标准；除此之外，包括与制造业内合作开发、竞争分析、成本模式以及产业容量均是研究内容，并有参考设计以支持企业的研发，因此，鼓励大学和产业间的合作。根据行业和学术界的意见，优先考虑以下应用领域的项目。

1. 子项目一：运输和能源约束型移动系统

该类别包括地面车辆、混合动力汽车、重型车辆、航空和无人驾驶系统。这些都是需要电力电子来调节电力以有效地驱动系统。但是，如何更为高效的转换是非常重要的，这包括发电、输配电、储能等各个环节的能力提升。航空系统的产品生命周期较长，因为对航空系统而言可靠性是优先考量的因素，但是如果可以大幅减少电力电子设备尺寸规格和重量，那么 WBG 还是相当有优势的。无人系统的运行一直受制于储能能力的制约，但 WBG 在这方面会带来显著的提升。当然，在所有这些系统中电磁干扰、散热、外形尺寸和可靠性仍然是重大的设计考虑。

2. 子项目二：用于可再生能源

这一类的重点是提高太阳能、风能、地热等可再生能源系统的逆变器的效率、可靠性、功率密度和便携性。效率会影响系统的总体盈利能力，但体积、重量和可靠性会严重影响系统的安装和维护成本。

10.3.4 示例三：教育与劳动力开发

教育和劳动力发展项目 EWD 的使命是协助学术界的教育工作者和来自产业界的培训人员，共同帮助学生和工程技术人员迈入这一职业道路，并应用宽带隙半导体技术。Power America 社区有一个独特的机会，激发年轻人从学前到大学阶段了解这项技术对个人、社会和环境层面的影响和意义，以及年轻人在促进这项技术方面的关键作用。

EWD 向所有 Power America 成员，包括所有大学教师及其研究团队（工程、科学、教学设计等）开放，满足大学教师，非营利组织，初创公司以及有兴趣培训劳动力的企业培养满足 WBG 行业需求的人力资源。

提交的项目提案可以是教学实验室和相关实验，聚焦于技术应用而非理论，强调跨学科知识融合基础上的项目设计。短期课程时间可以为 0.5～3 天，既可以是 WBG 主题相关的模块，也可以是目前已有的电子半导体相关的通识性课程。可以采用长度为 2～8 分钟不等的教学视频。

EWD 特别感兴趣的是由多学科和跨机构合作创建的项目。高度鼓励所有提交的作品都使用新的创新形式的课件、传播方式，并特别强调基于移动端的课程传播方式。在线材料甚至要求必须遵守美国相关的残疾人保护法案，确保他们也有平等机会。

案例
创建一设计和工艺的文档库，从而 WBG 提供最佳设计实践（最多 5 万美元） 该过程必须已经由申请人验证。存储库将包括详细级别的过程流信息，使得功能设备可以在铸造环境中生产。这将是不包含专有单元步骤的“开放流程”流程。而包含专有单元步骤的流程，则应参考知识产权（已发表文献或专利所有者）来获得许可。Power America 将在其 EWD 门户网站上提供一个数据库的基础架构。涉及的半导体器件制造可以出版教育和非商业用途。

该项目有三个方面：一是创建一个开放流程及其相关文件，具有足够的技术细节，使设计可以在代工厂实现却不会侵犯相关的知识产权；二是任何牵扯知识产权的文件必须有完整的授权流程与许可证验证；三是新开放流程的简短教学视频时间约为 10～16 分钟。

10.4　人力资源开发与影响力推广

与其他研究院一样，劳动力培养都是 PA 创新研究院的战略核心诉求之一。最重要的是在整个国家制造创新网络的构成上，每个研究院必须是由大学、政府与企业共同构成的。一方面，大学在这里扮演的是一个重要的角色，作为产学互相推动的机制，使得大学可以从企业获得项目需求，而另一方面，大学的研究成果可以通过 PA 实现转化，并通过合作机制共同申请 PA 的项目。这样可以有效地使得教授、博士生、硕士生等与产业结合，一方面提供了实习与就业机会，另一方面也对产业进行了视野的开阔。

第十一章　柔性混合电子制造创新研究院

11.1　柔性混合电子制造创新研究院简介

国家研究委员会在 2014 年建议建立一个制造聚焦于柔性电子的工艺过程的机构，以保持美国在技术与商业化领域的领先机会，而同时国防部也有着这样的需求。经过竞标，2015 年 8 月 28 日，由时任国防部参谋长的阿仕顿·卡特宣布成立柔性混合电子制造创新研究院（最初称为 Flexible Hybrid Electronic IMI，后改名为 NextFlex）。总部设立在加利福尼亚州的圣荷西，由柔性技术联盟（FlexTech Alliance）进行管理。作为一个高性能印刷与电子制造服务产业的交叉领域，NextFlex 获得了国防经费 7 500 万美元，以及来自公司/企业、大学、当地政府所匹配的总计 9 600 万美元经费。

11.1.1　柔性混合电子技术简介

柔性混合电子（Flexible Hybrid Electronics，FHE）是一种将传统的高性能印刷与电子技术进行融合的交叉技术领域，具有较大的市场潜力。

在 NextFlex 的官方网站上，可以看到如图 11-1 所示的对柔性混合电子的结构描述，以一个典型的柔性混合电子产品的构成说明什么是柔性混合电子，包括存储单元、处理单元、阵列天线、通信接口、显示、薄膜光伏组件等元件均可以被集成到一个柔性基板上。在这种技术体系里，基础电路板采用柔性基材，通过轮转印刷技术（R2R，在传统印刷里称为轮转印刷技术，即一种连续型采用辊筒驱动纸张、薄膜的印刷方式）和导电油墨印刷出所需的电路板，并接插包括插超薄型半导体芯片如 MCU、RAM、特殊用途的芯片组等形成可折叠、弯曲的电路板，用于那些需要贴装在人体、曲面的物体上，形成具备采集、无线传输等功能的小型电子系统。

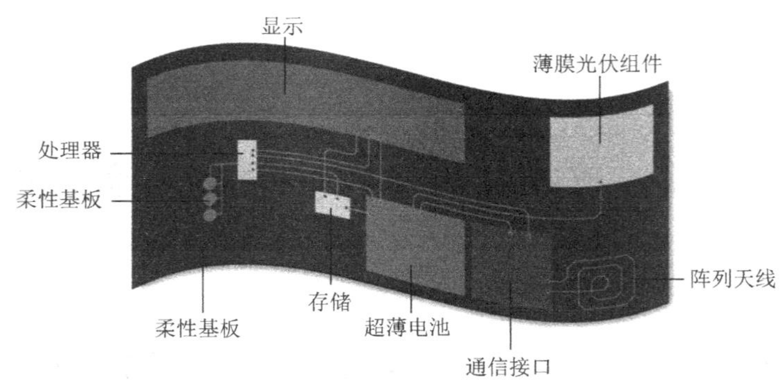

图 11-1　柔性混合电子的电子线路板参考[1]

柔性混合电子包括了众多技术的融合，如新的基板材料、超薄型芯片、特种印刷油墨、生物传感技术、通信，以及针对柔性混合电子的组装、连接、测试与验证的工艺过程。相对于目前传统的纤维材料基板而言，FHE 因为采用了柔性材料，所以质量更轻，功耗更低。

这是一种全新的发展技术方向，它带来的不仅仅是材料的变化，更是新工艺的突破。这种印刷方式类似于增材制造，按照需求进行印刷，不同于传统的电子线路通过化学腐蚀的方法形成电路板。它可以依照人体和物体设计，也就是满足人体和物体的表面曲线。因此，在这个领域的突破形成产业化，将极大地推动新电子市场的发展，包括物联网、智能包装、制药、人身健康监测/可穿戴、光伏/PV/能源等领域。

11.1.2　NextFlex 的使命与产业范围

NextFlex 的使命在于组建并领导一个聚焦于柔性混合电子制造相关的生态系统，推进柔型混合电子技术的商业化，并致力于相关教育与劳动力的开发，通过该中心来协调产业中的各种资源，能够为柔性混合电子的原型开发、性能与可靠性测试，以及生态系统内部的沟通建立日常交流活动的组织工作。这样就可以使整个柔型混合电子相关的大学、研究机构、企业融合在一起共同推动美国在该领域的产业升级，并通过内部协调降低研发、测试成本，加速技术的商业化应用，使美国在该领域处于全球领

[1] https://www.nextflex.us.

先地位。

NextFlex 的聚焦领域包括柔性混合电子所描述的高性能组件技术（如柔性硅基 CMOS 微处理器）、印刷技术（导电油墨、微流控技术），以及可折叠、弯曲、拉伸的柔性基板材料。正如布莱恩·安东尼博士在 2015 年麻省理工学院的 PI 会议上对 NextFlex 的介绍中所描述的，NextFlex 主要集中在 4 个应用领域[2]：

（1）人体健康监测系统。

（2）资产管理监测系统——主要是指在物联网领域的应用，包括工业物联网领域、现场的数据采集。

（3）集成的阵列天线。

（4）软机器人。

NextFlex 致力于寻找并弥补 FHE 制造科学与工程技术的间隙，将实验室环境（MRL4）到生产系统、子系统或生产相关环境的组件（MRL7）的成熟制造进行无缝对接。在这一背景下，NextFlex 聚焦以下 5 个技术领域：

（1）制造设备集成与封装。

（2）印刷柔性元件和微流控技术。

（3）材料（包括功能性油墨、纳米材料、胶黏剂、基底材料、石墨烯材料、生物识别器件等）。

（4）建模与设计的标准。

（5）测试和可靠性。

虽然所有这些领域普遍存在挑战，但是柔性混合电子制造创新研究中心对于设备集成和包装预计将特别关注，因为它们基本需要全新的工艺过程来处理，从而可以组装和封装那些柔性基板上的灵活组件。

柔性混合电子应用范围非常广，可以认为是一个非常值得投资的方向。体现在如下几个方面。

1）传统印刷机械可以在新材料上进行业务延伸

传统印刷机械在塑料薄膜、纸张上进行印刷，包括包装印刷、书刊印刷等众多领域，已被认为是夕阳产业，然而，柔性混合电子制造使得原来从事印刷机械生产的企业有了新的用武之地，印刷机械领域的涂布机即可用于对柔性基材进行涂层处理，而传统的轮转印刷可以用于线路的印刷，这使得传统印刷机械制造商通过工艺升级获得

[2] Brain W Thompson, American's Flexible Hybrid Electronics Manufacturing Institute, MIT PI,2015.

了新的应用市场机会。

2）电子制造技术变得更加高效

传统采用化学刻蚀工艺的电路板生产往往费时且污染巨大，而新的柔性混合电子制造借助于高速连续的轮转印刷以数十米/分钟的速度进行印刷的速度更高效，另一方面，由于印刷电子类似于增材制造，按照线路板对线路的需求进行印刷，相对于化学刻蚀将大部分铜板刻蚀掉的减材制造而言，更为节省材料。因此，就整体而言，柔性混合电子制造技术更为高效、低成本。

必须看到的是，柔性混合电子目前尚未进入大批量生产阶段，而其制造过程尚包括更为有效的黏合材料、功能性油墨等工艺及因批量较小造成的成本高昂尚待解决，这本身也是柔性混合电子制造创新研究院所关注的焦点。

11.2 会员组织与管理

NextFlex 的管理层是由来自各个领域的专家，这些专家共同构成了该组织的运营团队，由马尔科姆·汤普森博士担任 CEO。汤普森博士在显示、半导体和电信行业拥有 30 多年的从业经验。曾担任过 Xerox、PARC、FlexTech 联盟及美国展示联盟等各种组织的首席执行官、首席技术官。最近的咨询职务包括国家科学院的柔性电子顾问以及五角大楼和白宫经济咨询委员会委员等。而其他管理层职务包括陆军研究实验室的物理学家、空军研究实验室（AFRL）软材料部高级材料工程师等。来自美国陆军的退休上校布莱安特·帕拉梅特领导 NextFlex 的劳动力发展、教育和培训职能，同时担任能源部先进制造处的科技政策研究员。可以看到从人才建设而言，很多管理层来自军方，这是美国制造创新研究院一个独具特色的地方。

NextFlex 的成员以协议申请的方式加入组织，包括企业、联邦政府机构、大学与非营利机构三种类型的成员，NextFlex 将成员认定为推动制造创新的商业生态系统中的节点。成员将在组织内与精英团队和行业领导者共同负责创新与柔性混合电子技术相关的商业化进程，通过高级的技术与投资方向分析，使得企业在产业中获得成功。

对于申请加入研究院的成员，国家制造创新网络的要求是一致的，要求是在美国的企业（外资也可以参与，但是要求必须是在美国有研发、生产、制造基地的外资企业）。

11.2.1 成员的分级管理

NextFlex 的关键信条在于鼓励投资于这一制造生态系统的现有技术，回报包括知识产权、新产品理念及伙伴机会。这主要体现在会员的权益设置和分级管理上。

1. 公司会员层级

表 11-1 显示了 NextFlex 对于公司会员的分级与各自的权益、义务、治理权限的分配。

表 11-1 NextFlex 的会员分级[3]

类别		公司			
		第一级	第二级	第三级	观察员[1]
权益	技术工作组	完全参与	完全参与	完全参与	邀请
	在线会员入口	完全访问	完全访问	完全访问	有限
	网络化	完全访问	完全访问	完全访问	有限
	项目经费	有资格	有资格	有资格	没有
	知识产权许可	包含	包含	包含	没有
	教育/劳动力开发计划	完全参与	完全参与	完全参与	有限
	成员折扣	有资格	有资格	有资格	有限
	NextFlex 成员成本节省程序[2]	有资格	有资格	有资格	有限
义务	年度成员费/美元	150 000	50 000	10 000	2 500
	实物捐助[3]/美元	250 000	50 000	鼓励	鼓励
治理	行政委员会席位	1 个投票权/人	最大三个投票权-3 级[4]	1 个投票权-4 级[5]	无投票权
	技术委员会席位	1 个投票权/人	每人 1 票	无投票权	无投票权

11.2.2 学术与非营利组织成员

表 11-2 则对非营利组织的权责、义务等进行了定义。

---

[3] https://www.nextflex.us/get-involved/membership-inquiry-form/.

表 11-2　非盈利组织会员权益表

类　别		学术与非盈利组织		
		第一级	第二级	第三级
收益	技术工作组	完全参与	完全参与	受邀
	在线会员入口	完全访问	完全访问	首限
	网络	完全访问	完全访问	受限
	项目经费	有资格	有资格	有资格
	IP 评估授权	包括	包含	没资质
	教育/劳动力开发课程	完全参与	完全参与	完全参与
	成员折扣	有	有	受限
义务	年费/美元	15 000	7 500	2 500
	实物赞助/美元	600 000	300 000	受鼓励
治理权	理事会席位	3 票	1 票	无
	技术委员会席位	每人 1 票	每人 1 票	无

表 11-3 显示了 NextFlex 的联邦政府成员所具拥有的权益、治理权，可以看到，相对于企业政府联邦政府成员拥有较高的权限。

表 11-3　联邦政府会员权益

类　别		联邦政府
权利	技术工作组	完全参与
	在线会员入口	完全访问
	网络	完全访问
	项目经费	有资格
	IP 评估授权	包含
	教育/劳动力开发课程	完全参与
	成员折扣	有资格
义务	年费	N/A
	实物赞助	没要求
治理	理事会席位	最大 25%
	技术委员会席位	最大 25%

11.2.3　加入 NextFlex 的成员权益

（1）中心项目：成员可以通过项目征集（Project Call）参与由制造创新研究院资

助的柔性混合电子制造创新相关项目，这些项目可以在成员自己的公司内部的生产测试环境汇总进行，也可以在创新研究院位于圣荷西的实验室中进行。

（2）技术活动：成员可以委派他们的雇员进入工作组，创建并维护 NextFlex 技术路线图，参与项目主题的制定，也可以对项目的执行进行监控。所有成员均有权访问路线图。

（3）教育/人力开发：成员参与人力资源开发项目，创新研究院提供为适应行业特定需求的研究与技能开发，并参与课程的开发。

（4）知识产权访问：成员有权访问联盟内的知识产权数据与信息。

（5）研究院设施与网点：NextFlex 在圣荷西的柔性混合电子制造测试中心可以优先给联盟成员使用。其他的联盟内合作网点能够在全美范围内为成员提供一些特别的工具、材料，也包括行业专家资源。

（6）研究院治理：各层级会员将在技术委员会获得一个投票席位，第 1 级公司成员会在理事会获得席位，第 2/3 级公司和第 1/2 级学院以及非营利组织成员可在理事会拥有代表。

（7）网络、信息、分享与资源：NextFlex 创造机会给成员分享他们的技术能力，并通过交流活动发掘联盟内潜在的合作伙伴，交换信息，并赢得产业发展信息以及获得参与项目的机会。

（8）观察员状态：NextFlex 邀请小型、初创公司成为观察员，提供对中心活动的观察，并且这些公司可以在教育与劳动力、培训课程开发方面成为参与者。

（9）额外的折扣：在联盟内部的成员购买相互的产品与方案时，通过集体采购方案（Group Purchasing Solution）可以获得一定的折扣。

NextFlex 作为一种创新网络，其节点中心的作用体现为两种，承担不同的工作。一个是聚焦技术的节点，提供设计技术导向图、人力开发、方案团队等；另一个则是因为产业聚集而建立的节点。以麻省中心节点为例，在该区域包括了 GE、UTC、Kodak、Xenon、Raytheon、FlexCom 等这些与柔性混合电子的材料及设备相关的重要企业，因此，在这里设置一个合作节点。

创新研究院的成员必须得到切实有效的利益，或者借此使得自身的产品设计思路得到修正，更符合市场的需求，尤其是在这个联盟里包含了终端用户。这些用户最了解消费市场，从而可以对产品方向提出需求，而对于设计、产品公司而言，能够得到终端用户的直接反馈，是最为高效的，也可以避免重复的工作。在 NextFlex，波音飞机、雷神公司都在其中成为核心企业会员，这些终端用户显然是产业技术的需求方，也是积极的推动者。对于来自军事技术领域的公司如波音、洛克希德·马丁每年获得政府大量的研发资金支持，这些研发积累了大量的技术，如果这些技术积累能够与产业进行分享，那么，就会将巨大的政府投资转化为商业企业的技术能力，进而将整个研发投入稀释。

11.2.4　NextFlex 资金规则

NextFlex 也有一套关于会员使用资助项目的规则[4]：

（1）根据 NextFlex 项目成本分摊与实物贡献指南，项目申请者必须能够分担至少最小 50%的项目成本。

（2）50%的成本分担需求是基于整个项目团队的费用支出，个人的贡献不包括在这个费用中，需要额外的支付费用成本分担包括劳动力、设备使用和出差费用。

（3）项目资金接受者必须是成员。但为团队成员提供标准组件的公司可以不是 Nextflex 成员。

NextFlex 的财务规则遵循统一的联邦政府审计规则，依据 CFR200（联邦规则编号）联邦基金统一的管理需求，包括成本原则和审计要求。同时，也要符合 DoD 的资金分配原则，并需要签署协议。

11.3　技术领域与技术路线图

11.3.1　NextFlex 聚焦的技术领域

事实上，柔性混合电子的制造过程比较复杂，而且工艺水平的要求也更为苛刻，包括芯片要求更薄，而油墨则不同于其他印刷是采用导电材料，包括黏合剂也需要具

[4] NextFlex, Project Cost Share And In-kind Contribution Guidance.

有好的阻抗特性。同时，制造设备的加工精度、速度也提出了新的挑战。工艺制程管理、测试与验证都与传统的印刷电路板生产制造不同。

例如，在芯片技术领域，超薄柔性芯片是关键。FHE 所需要的芯片厚度一般要求不超过 50μm。芯片越薄，它的弯曲半径将会越小，也代表着可接受更大幅度的折弯。贴装的时候，超薄芯片也需要以裸片的方式进行贴装。NextFlex 联盟中包括 AVNET（安富利）、ARROW（艾瑞）这些芯片器件提供商，将会提供这些产品的测试认证与应用支持相关的解决方案。

对于可折叠性的挑战，基板材料必须要在轴向拉伸、温度适应性上进行处理，而且无论厚薄，这种薄膜基材都需要进行真空镀膜处理，并进行金属箔的涂层与辊压，才能满足对电路板的需求。

而对于柔性基板与芯片、板间的连接，则必须有相适用的导电黏结剂、焊接技术、ACF/ACP、热压、TLPS 材料、直接印刷等技术来支撑。

在制程设备方面，必须有全新的设备来应对全新的工艺制程和材料加工与处理。以上加工方式中所涉及设备的针脚数量、针脚间距、系统能耗管理、设备加工精度、速度、加工范围、生产过程的可靠性、对变化的材料的适应能力等，这些都是柔性混合电子制造所需解决的问题，需要进行创新的设计与执行。在 NextFlex 组织里包括 JABIL、PLEXUS、STi、SANMINA、Flex 等电子制造商将会解决这些与生产制造相关的问题。

11.3.2 NextFlex 聚焦的产业应用领域

NextFlex 产品的应用市场，可以从 NextFlex 的产业研究角度进行分析，也可以从普华永道等第三方咨询机构对于可穿戴设备等的研究结果进行分析。

NextFlex 定义的市场角度主要领域如下。

（1）人身健康监测/可穿戴。

（2）结构性健康监测。

（3）商品智能包装。

（4）光伏/PV/能源。

（5）医药。

（6）智能传感器系统。

NextFlex 的方向选择由专业的咨询公司进行前期预研，以上所列各种应用按照 NextFlex 的总结为三个重要的方向：可穿戴设备、物联网应用和个人消费电子设备。目前，在市场上出现的智能手环、医疗测量类的设备，都可以采用柔性混合电子方式进行制造。

普华永道同样对此非常乐观，在运动检测、心血管病及儿童的追踪检测等人体监测设备市场潜力巨大。通过可穿戴设备所及集成的各种传感器，并通过无线方式传输至数据中心进行分析，可以为消费者提供健康咨询服务，并可进行报警与医院联动提供治疗服务，因此未来这类电子产品市场前景广阔。

而在 2013 年由知名咨询机构 IDTechEx 对于柔性混合电子的市场调研分析表明，在光伏（PV）、OLED 照明、OLED 显示灯等市场领域，印刷电子也有着需求的增长潜力，通过印刷方式可以大规模的生产这类光伏组件和照明设备。其他的应用领域则包括楼宇、汽车内饰、零售业、消费电子等。

11.3.3 NextFlex 的技术路线图

NextFlex 的技术路线图由技术工作组制定，NextFlex 的技术路线图分为制造推动领域（Manufacturing Thrust Area, MTA）和技术平台示范（Technology Platform Demonstrations, TPD）两个方面。

图 11-2 为 NextFlex 的技术路线图框架，其中 TPD 有特定性能指标与功能（满足政府与商业需求）构成，并在未来的 5 年中通过运行该 TPD 来验证柔型混合电子产品性能与功能指标。TPD 并非一定要有立竿见影的特定产品用于商业化，但是必须有能力证明其在柔性电子领域具有潜在亮点和可预见的竞争力。这些能力包括特定类型的功能，如智能标签系统用于伤口监测以及加速恢复，或有其他特别的使用环境，如特别的电池寿命及时间间隔。这些 TPD 每个都有基于主要应用的特定分类。在人体监测系统这样一个特别具体的 TPD 例子里，包含了四个领域：医疗、极端环境、职业及健康/健身领域。

NextFlex 一方面保持公开的路线图版本分享，以便在投资与产业方面更为及时的高水平沟通。而另一方面，关于路线图的更为细节的访问仅在成员内发布，将会包含具体的定量指标与定性描述。

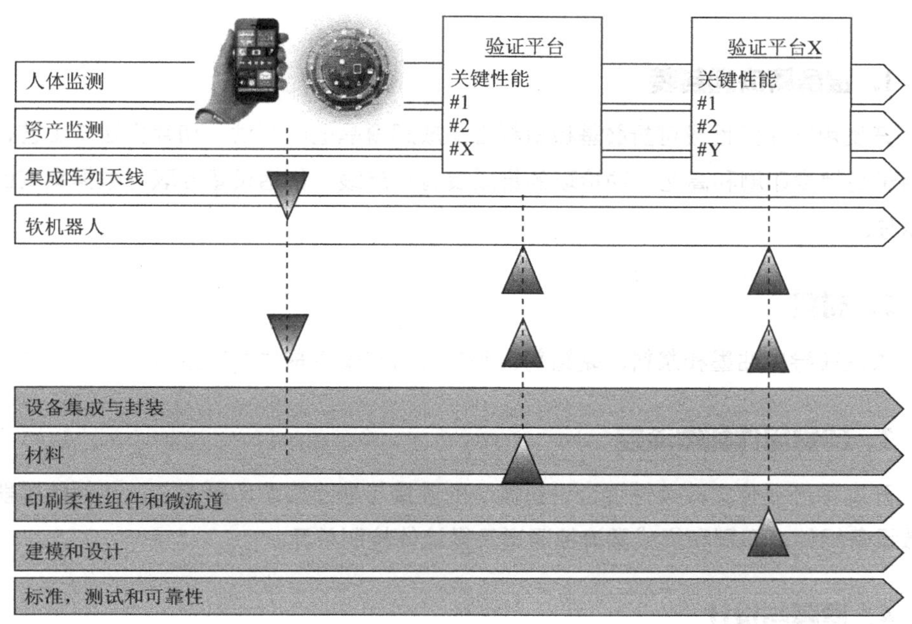

图 11-2 NextFlex 的技术路线图架构[5]

TPD 目前聚焦于四个领域，即人体监测系统、资产监测系统、集成阵列天线系统和软机器人系统。在构建团队方面，TPD 的四个关键领域都有来自政府、产业、大学的代表共同构成联合领导团队。

与此同时，需要考虑的是制造能力的问题，也就是所谓的制造推动领域（MTA）。这些与实现 NextFlex 的技术推动力有关，其聚焦于实现与 TPD 相关领域的制造能力的实现。如何通过新的方法与工艺、制造与设计工具方面的技术，开发出与制造相关的基础设施。

与 TPD 一样，MTA 的联合领导团队包括五个团队：设备集成与封装，材料，印刷组件与微流控，建模与设计，标准、测试与稳定性。这些团队都来自政府、产业和大学。

这五个团队主要解决的技术方向如下[6]。

[5] Benjamin J. Leever, NextFlex: Enabling a Domestic Manufacturing Ecosystem for Flexible Hybrid Electronics, 2016.

[6] Jason Marsh, NextFlex: American's Flexible Hybrid Electronics Manufacturing Institute ,Printed Electronics Committee, 2016.

1. 设备集成和封装

开发用于在柔性或可折叠基板材料上集成超薄晶圆的测试、切片方法与工艺，以及用于高精度印刷和高速自动拾取的集成装备与产线，包括设备互联与数据集成的平台软件。

2. 材料

关注在导电油墨和浆料、黏结剂、密封材料和柔性基材的制造。

3. 印刷组件和微流控

开发并产业化支持柔性混合设备概念的连接与非连接型印刷工艺，包括传感器、离散设备组件。印刷和集成微流控通道及微流体控制单元。

4. 建模与设计

利用现有的软件和硬件设计能力来实现用于柔性混合电子制造的工艺仿真与建模。利用现存的软件和硬件设计能力，仿真技术和制造工艺控制工具，为柔性混合电子提供创新的制造与设计规则。

5. 标准、测试和可靠性

开发工具和测试协议来评估设备级与系统级柔性混合电子产品的性能，包括稳定性与在军事严苛环境下应用的性能指标。与标准化组织及产业专家共同开发规范与标准。

在 NextFlex 的实验室布局中，一方面提供了劳动力开发与培训室，另一方面提供了各种大大小小的实验室，包括印刷和增材工艺区域、安装区域、设计实验室、材料注册实验室、机电实验室、可穿戴实验室等。

11.4 项目机制与重点项目

NextFlex 通过发布项目召集（Project Call）的方式来进行项目的发布、申请、审核、执行、验收整个流程，NextFlex 的成员均可申请由 NextFlex 官方发布的项目，这些项目的申请有标准的项目建议书模板参考，由成员申请。

11.4.1 NextFlex 的项目机制

除了执行董事、政府项目经理及首席技术官之外，为 NextFlex 提供战略和技术的愿景和实施方向，则由管理委员会和技术委员会分别驱动——它们由学科专家和来自工业、学术和政府成员组织的利益相关者组成。公司和大学成员有不同的级别，提供较高现金与实物的机构将会有对技术发展战略较大的影响力。接近 3/4 的 NextFlex 经费用于提供给执行制造项目的公司和大学。

由 NextFlex 项目所产生的专利，知识产权属于产生这一专利的实体。但成员有权获得创新研究院所资助项目研发的结果和专利，并且对于专利的应用，联盟内的企业有优先的商业化应用的谈判权，这些都需要在加入联盟时签署专利相关协议，对于成员已有的专利权用于项目则不受项目的影响。

NextFlex 本身的工作就是在一个联盟架构下，让这些企业之间实现以下一些功能：

（1）为了实现 FHE 开发专用的产品组件，联盟成员可以各自分工，目标比较明确。

（2）不同公司的研发必须在一个统一的架构下，以高效解决问题，避免走弯路。例如，油墨如何适应印刷机的控制？印刷出来的材料如何让芯片更容易被贴装？这些问题必须进行有效的沟通，以及及时的信息传递，否则就会导致每个公司无法有效地制定自己的研发战略。

（3）制定统一的标准，确保联盟企业各自不要重复、无效和浪费的工作，最终达到联盟的整体效率最高。

各个项目是通过开放的项目征集过程来获得的，大约每九个月进行一次。项目征集的主题由技术工作组根据路线图的目标驱动、关键制造推动力的定义和分析来制定。这些工作组成员由与主题相关的产业、学术界的专家和政府推动商业化与劳动力开发的成员共同来制定。

11.4.2 项目示例

在 NextFlex 项目征集中，目前已经进行了三轮。通过这三轮项目征集书，可以了解项目征集的过程、方向和具体的操作。

第一轮项目征集 PC1.0（Project Call 1.0）的主题是人身监测系统制造和资产监测系统制造。

第二轮项目征集 PC2.0[7]，则提供了更多的主题，根据技术路线图确定重点领域，再提交给技术和管理委员会审核。PC2.0 采用三个领域：制造推力领域（Manufacturing Trust Area，MTA），技术演示平台（TPD）和劳动力发展（Work Force Development，WFD）。项目提案一般都是行业驱动的问题和解决方案，或者是跟美国制造业先进制造相关。PC2.0 项目预计资金高达约 1000 万美元，相较于 PC1.0 分布在更多的主题上（取决于收到的建议提交的数量和质量）。加上企业对等的配套资金分担，项目总价值预计超过 2 000 万美元。每个主题的资助额度将根据建议的质量和这些建议的资金要求进行考评。此外，WFD 要求作为 MTA 和 TPD 项目建议的一部分，独立的 WFD 主题也将被项目组考虑。

国家制造创新网络的资金分担由政府和企业按照 50∶50 的比例进行承担，一方面，这对于创新中心的体系设计也有借鉴意义，即只有企业在这些智能制造专项中有巨大投入，才能提高自身对待这些项目的注重程度，而直接的资金划拨则会造成企业为了项目申请而上项目，并非完全从自身的发展需求来考虑。

另一方面，国家制造创新网络的资金配套机制也同样是一种“杠杆效应”的体现，即政府通过小的资金投入来撬动更大比例的投资计划，进而引发更大倍数的市场。

具体包括以下类似的项目。

（1）用于 FHE 系统的超薄芯片组装：包括对芯片的工艺前准备、芯片的在柔性基板上的放置与定位（包括芯片的焊接），芯片厚度为 15～75μm，其在 X/Y 轴的定位精度及芯片的夹角精度都将被严格定义，采用单张基材或轮转的印刷方式等。

（2）带有实时测量的多工艺集成工具：该项目旨在开发一个用于测试的工具，能够对在多层电路板上进行芯片、无源组件安装工艺进行测试，该工具应该整合封装材料、工艺沉积、固化的过程于同一平台，并能够对整个过程进行非接触式采样并监控。

其他项目还包括复杂表面印刷（在三维表面进行印刷的工艺方法）、柔性混合电子工艺设计包（Process Development Kits，PDK）等。

劳动力开发（WFD）也是一个非常重要的命题，它的目的在于创建劳动力开发课程，优先集中在技术与工艺层面，克服当前 FHE 生态系统里的劳动力短缺问题。成功

[7] Paul Semenza,Ben Leever, NextFlex Project Call 2.0,May 11,2016.

的项目书能将验证能力与快速部署创新的模式结合起来，以便为当地的劳动力部门制定基础工作与学习计划，包括实习、学徒制等。这个项目的总体目标就是实施协助劳动力发展计划，帮助劳动力在区域生态系统里克服技术差距，主要是在生产与制造环节的工程技术人员和操作级的人员，并非是聚焦在研究型开发人员。通过独立的劳动力开发课题，旨在建立创造可持续的人力资源发展计划，能够填充在地方和区域的创新生态系统所属公司的劳动力缺口。

因此，这对于我国的制造业借鉴作用在于，职业教育并非是以研究型为主，在教育部新的“新工科”计划中，也明确了对于区域性大学、职业技术学院必须围绕产业的发展培养与之匹配的劳动力，包括现场操作人员。例如，针对机器人系统的操作与维护、针对机床工具的操作、汽车模具等。

国家制造创新网络也同样宣传美国制造岗位的美好，可以拥有高收入、体面的工作；而德国的“双元制”教育之所以能发展，正是由于职业教育毕业可以拿到比较高的收入，“蓝领”在收入上并不输于“白领”。显然这些国家意识到，要想能够发展制造业，必须让劳动力获得更多的培训，使得他们有更好的职业发展，这就是智能制造的“以人为本”的要素。

一个强大的制造业生态系统的关键要求是“一个训练有素的劳动力群体，可以完成的任务从基本的机器操作到使用先进的生产工具，如使用 CAD 软件进行可靠性预测”[8]。为了达到这个目标，NextFlex 落实计划，引发兴趣，柔性混合电子制造创新研究院为包括 K-12（大学之前）、社区学院、大学和研究生开设课程，并提供实习机会，同时也包括在企业间提供相应的培训计划，通过 WFD 的劳动力开发计划，使得产业的企业未来能够获得源源不断的高品质人力资源。

因此，这也是为什么 NextFlex 在第二轮和第三轮项目征集书 Project Call2.0 和 3.0 中都包含了在劳动力开发方面的项目，包括实验装置的开发、教学研究等课题。这对于我们中国智能制造专项的申请也有借鉴意义，除了在技术方面的知识与技能积累，可以引入高校对整个项目的执行过程进行研究，进行战略执行、组织设计、技术与知识管理方面的学习，完成相应的学科积累。而随着一轮一轮的成熟，项目征集书的机制，也在有所改变[8]。对于 PC3.0 项目，NextFlex 需要更为清晰的技术指标定义，如果无法定义清晰，则被认为是制造成熟等级低，不合适申请 NextFlex 项目。与此同时，PC3.0 又同时加强了协作的指导原则，提倡 NextFlex 的成员也可以与其他的研究院之间协作项目。

[8] NextFlex:Project Call 3.0, May 31, 2017.

第十二章　AFFOA 先进功能织物创新研究院

12.1 发 展 概 述

12.1.1　创立背景

作为第 8 个制造创新研究院，2016 年 4 月成立的革命性纤维和纺织品制造创新研究院（Revolutionary Fibers and Textiles Manufacturing Innovation Institute, RFT-IMI）被国家制造创新网络 NNMI 赋予为改造传统纺织业的科技高地，并由美国先进功能织物联盟（Advanced Functional Fabrics of America, AFFOA）担负非营利组织以实施管理，实现创造可持续、高技术的美国纺织业生态系统的目标。

美国先进功能织物联盟（AFFOA）总部设于马萨诸塞州剑桥市，由麻省理工学院（MIT）负责领导，并接受美国国防部（DOD）监管，是国防部领导的第 6 个 IMI，国防部作为革命性纤维与织物制造创新研究院的牵头组建部门及联邦出资方，对机构运行负有一定的管理职责，创新研究院由国防部长办公室（OSD）制造技术办公室监管。其使命是将传统的纤维、纱线和织物转变为高度复杂、集成和联网的设备和系统。

革命性纤维与织物（Revolutionary Fibers and Textiles, RFT）作为前沿性主题，是美国政府通过对工业界和学术界信息问卷调查后得以确认的，而美国先进功能织物联盟（AFFOA）则是通过竞标获得管理这个创新研究院资格的。

AFFOA 特别强调革命性纺织的技术含量，RFT 覆盖了一系列被称为“技术纺织品”的纤维系统，由特种纤维、工业纤维、智能纤维、电子纺织品以及其他先进纺织品组成。技术纺织品的核心特色是，基于合成纤维、天然纤维混纺和多材料纤维构建。这之所以称为革命性，是因为纤维科学的新进展已经创造出了具备非凡属性的纤维，具备罕见的强度、强力阻燃、超轻量化、电气化和其他新属性，革命性纤维已经使纤维与织物应用空间发生了变革，并将拥有广泛的应用前景和现实的军民两用产业化需求。

12.1.2 协同创新

美国先进功能织物联盟（AFFOA）计划在 5 年内联邦经费投资 7 500 万美元支持其初始发展，由国防部提供，分 5 个财政年度执行。机构成员（工业界和其他非营利组织）还将以至少 1:1 的比例投入“成本共摊”经费，使公私合作投资超过 1.5 亿美元，逐步达到 3.17 亿美元以上。RFT-IMI 资金配套预算如表 12-1 所示

表 12-1 RFT-IMI 资金配套预算（金额单位：百万美元）

财 年	2016 年	2017 年	2018 年	2019 年	2020 年	总计
联邦政府资金	15	20	20	15	15	75
工业/非联邦政府成本分摊（最低）	—	—	—	—	—	75
总计划（最低）	—	—	—	—	—	150

根据项目一年期计划（Project Call 1.0）安排，预期每年有 300 万 ~ 800 万美元，分配在每个项目的资金为 50 万 ~ 100 万美元。当然，并非所有主题领域都可能获得奖励。1 年原型制造应该达到至少制造技术成熟度为五级（TRL5）的水平。每个成功项目预期运行 2 ~ 3 年，其先进技术应从 MRL 4 提高到 MRL 7。所有项目将通过与联邦投资相匹配的现金或实物进行成本分摊。

美国纺织品制造商历来不愿意合作，主要是担心知识产权泄露给外国制造商，而 AFFOA 的成立则完全打破了这一僵局和合作的障碍，因为国家行为的顶层设计和很好的知识产权保护办法，使得 AFFOA 成为一个值得信赖的召集人，也将为广大参与的公司带来技术合作的收益机会[1]。为了保障参与者的权益，该创新研究院从构建开始，就考虑为美国国内制造商提供纺织设备的知识产权，从而把生产者和实验室连接成织物创新网络，快速实现创新产品的原型制造和试产，并对这个与市场导向型企业紧密

[1] 国家制造创新网络的设计与进展. 第三方评估报告，德勤咨询，http://www.innovation4.cn/library/r14045.

联系的先进织物孵化器网络进行管理。

先进织物创新研究院 AFFOA 的应运而生，也缘于美国纺织品制造业的复苏带来的经济基础和参与全球竞争对领先地位的诉求。首要目标就是要发挥美国在纺织业的制造能力和更强的国际竞争力，乃至上升到国家战略的经济高度和国防安全高度。此外，创造更多的就业机会和更多劳动力的教育培训也是其中重要目标内容。

从之后的发展历程来看，在 2016 年 5 月 20 日的 AFFOA 项目合同建议日会议上，美国国防部（DOD）作为组织牵头单位特别安排了两个交叉技术领域的前景报告，分别是柔性混合电子制造（Flexible Hybrid Electronics Manufacturing）和先进复合材料制造（Advanced Composites Manufacturing Innovation），革命性纤维与织物与柔性混合电子技术和复合材料技术的关系交集如图 12-1 所示。足见 DOD 的用心和远见，也表明 AFFOA 对先进技术融合集成创新的重要性乃至网络协同创新的必要性[2]。

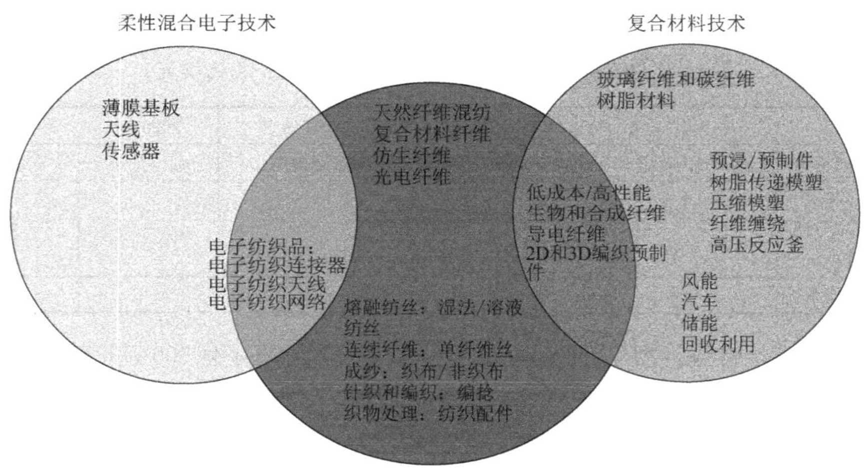

图 12-1　革命性纤维与织物与柔性混合电子技术和复合材料技术的关系交集

12.1.3　发展目标

为创建可持续发展的、高科技的生态系统，AFFOA 把“先进功能纺织”上升到国家的发展机会，创建一个全国“先进织物”的创业孵化器，并连接到面向企业的市场，使产品创意出现在全国各地中。

[2] Revo_Fibers_Proposers_Day_Slides201505（内部文件）.

军方则尤其青睐这个方向。因为美国有非常现实的国防需求且应用前景十分广泛，可以延伸到更多的商业需求中，这种革命性纤维与织物具有与众不同的属性，包括不可思议的轻质和防火性，非凡的强度以及包含电子传感器等。它可以为消防员制成不受炽热火焰影响的消防服，能够将一块智能手表具备的传感能力复制进一片轻质纤维中，或者在一位受伤战士需要使用抗菌包扎带进行处理时轻易将其纤维去除。军方非常看好智能织物在减重和增强能力方面的价值，因为智能织物可以通过结合化学/生物检测、朋友或敌人识别、能量收集和健康监测等功能来彻底改变士兵在作战时候的态势感知、提升保护性与机动性和生存能力。

AFFOA 加强了共性知识的建设。创建了第一个集纤维和织物的技术能力和制造为一体的纺织产业发展路线图；同时通过投资“基础设施”项目，建立可访问的纤维和纺织知识和数据知识库，来加强知识共享。

为了推行项目的顺利进展，AFFOA 制定了详细评估标准，包括技术、学习捕捉和成本，其中技术和学习捕捉评估要优先于成本的考量。首先是制造成熟度（MRL）的评估。对于这一点，通过对前期、后期及可靠性评估，能给出产品原型制造尺度、一年期大规模制造工艺可验证性及展示、产品性能评价的可实施性。其次是需要详细提供知识产权背景和专项技术的能力与独特性，从而能够与 AFFOA 使命要求的技术能力对接。

作为创新技术成果的转化，AFFOA 非常强调商业模式的可行性。综合考虑了制造者的制造工艺诀窍和设施、军民用融合能力，以及数据分享计划（例如，什么样的数据将成为共享的知识，什么样的将保持为私有的）——这是非常重要的一点。

AFFOA 有着严格的项目管理计划，注重总成本、成本分摊和成本的现实匹配。可以说，基本上是完全按照商业规则进行管理的。

12.2 组织结构与领导层

12.2.1 跨界人才

AFFOA 董事会共有 10 名成员，董事会主席为 Paul Kern（保罗·科恩，已退休将军），首席执行官为 Yoel Fink（尤尔·芬克）博士，还有麻省理工学院负责管理和政策研究的副校长 Maria Zuber 博士等。从这十位 AFFOA 董事会成员背景看，一名来自军方、三名来自高校、一名来自社区、五名来自企业（分别来自纺织、材料、服装和半导体等行业，跨界特点明显）。

这是一个高度跨界的管理人才组合，涵盖了学术界、工业界、纺织界和创业界的顶尖领导，与 AFFOA 的会员界定完全一致。主席是一个已退休的将军，而 Maria Zuber 博士则是地球物理学教授，负责麻省理工学院林肯实验室和十多个跨学科研究实验室和中心。从领导人的安排也可窥见 AFFOA 的军用色彩及其致力于材料研发方向和跨学科融合特征。

值得注意的是，这个纺织创新研究院领头人 CEO Fink 教授，是一个多年研究电子芯片的人。他是麻省理工学院材料工程、电子工程教授，麻省理工电子研究实验室主任，也是 OmniGuide Inc 公司的创始人，主要研究集成电子、光学电子、声学特性的纤维复合材料。全新的纺织革命显然需要在高端技术上的突破方有未来，这也正是 AFFOA 领衔的能力体现。

AFFOA 领导成员有如下组织特点：

（1）军方特色显著，AFFOA 直接归 DOD 领导，因为 AFFOA 要研发创新的智能纤维和智能服装在军方的应用前景广阔。

（2）跨学科融合创新，RFT 是以融合光电新技术的材料创新为突破口，最终达成智能、集成、联网、可持续的创新生态系统。

（3）技术管理与组织管理务必向全社会扩展，因为政产学研实质性融合是未来产业化的途径，领导人安排也遵循这一思路，社区管理经验丰富者成为其中之一。

（4）领导人角色选择重视对创新创业能力的职业经验，如此才能更好地缩短技术创新到产业化应用的周期。

12.2.2 组织结构

AFFOA 领导机构由董事会、咨询委员会及理事会组成。强大的领导力和持续的影响力是 AFFOA 组建的重要主旨，凭此才能广泛地联合业界应对挑战，实现最终使命[3]。

咨询委员会由技术咨询委员会（TAC）及教育和劳动力发展委员会（EWDC）组

[3] http://join.affoa.org/board-of-directors/

成，成员选定来自工业、学术界和政府的高级学科专家。

TAC 负责技术投资组合，监督开发和更新不断发展基础上的技术和制造路线图。

EWDC 负责教育和劳动力开发投资组合，监督开发和更新不断发展基础上的教育和劳动力发展路线图。为了实现这些路线图，该委员会还要负责行业的需求和能力评估，验证审定人的建议，并确定资源和技能尺度的关键举措。

12.2.3　与政府机构的协作关系

国防部作为 AFFOA 的牵头组建部门以及联邦出资方，对机构运行负有一定的管理职责。RFT-IMI 由国防部长办公室（OSD）制造技术办公室监管。OSD 将项目管理和合同订立工作分配给各军种，美军合同司令部负责项目招标，陆军武器研发工程中心任命项目经理，陆军纳提克士兵研发工程中心任命首席技术官。通过陆海空三军的制造专家，跟民间机构人员一起参与机构的日常工作，并加入机构的技术咨询委员会。

12.3　会员制度与核心会员

12.3.1　会员组成

AFFOA 初创会员共有 52 家公司及非营利组织、32 所大学与研究中心、5 个州及地方政府部门，分布在 28 个州，其中不乏杜邦、康宁、威富等一些工业大公司，麻省理工学院、俄亥俄州立大学等一流高校。其中，52 家大中小企业和非营利组织包括蓝水防务公司、Nanocomp 技术公司、防护纺织品制造商 Warwick Mills、Milliken & Company、RTI 国际公司、VFC、耐克、纽巴伦、太阳能联盟、Vartest 实验室、特拉华谷工业资源中心、国家职业能力测试中心等。

如同其他 IMI 一样，AFFOA 致力于构建一个织物创新网络，与政府、工业行业、大学等建立广泛连接。

AFFOA 奉行目标持久、终身使命、可持续性、独立性、透明性、代表性、高效决策、产品立意和政府参与的指导原则，致力于把大学（MIT 及其阿默斯特分校、康奈尔大学等）成员实验室中开发出的创新成果商业化，同时与当地劳动力组织建立伙伴关系，以培训工人如何操作这些技术。

12.3.2 会员管理特色

（1）PPP 模式：革命性纤维与织物制造创新研究院将作为政府、学术界和工业界之间的公私合作关系（PPP）存在，处理该技术领域相关的制造业各个环节的挑战，从设计到终端产品。

（2）重视知识管理与共享：RFT-IMI 将基于使用已验证的计算设计工具、耐久的知识管理系统以及一个协作的组织结构，为快速和柔性地生产最终产品的原型提供前沿能力。这些设计工具和试制能力将进行集成，以支持制造工艺改进，维护一个设计与性能数据和试验测试的公共资源库，制定新的或改良原有工业标准。RFT-IMI 公私合作关系将用于通过教育外延项目以及劳动力培训与再培训，培育新型劳动力，提升美国纺织品制造业的经济发展能力。

（3）重视初创能力到商业化的推广：AFFOA 总部将拥有一个原型制作设施（已于 2017 年第二季度开放），用于帮助初创企业试验其首件产品，并将新技术规模化到全面生产，以确保美国发明的纺织物技术在美国进行制造。

（4）充分发挥地方已有优势：RFT-IMI 将利用西北地区的技术纺织品制造业创业者和创新者的社群，加之来自全国制造业网络的坚实力量，巩固其国家性创新生态系统，并使美国在关键技术领域保持领导地位。

12.3.3 会员制度

作为公私合作（PPP）创新模式的最新代表，美国国家制造创新网络之中每一个已经成立的制造创新研究院都在实施分级会员制，即根据缴纳会费的不同将会员分为若干级别，每个级别分别拥有不同的权利和义务。制造业创新研究院的一大特点，就是充分利用分级会员制促进机构与会员之间，以及各级会员之间的协作，联合攻克工程化难题、探索商业化途径，鼓励工业界在生产中应用新技术，使技术规模化、产业化发展，同时培育先进制造技术人才，提高工人技能水平，从而形成良好的制造创新生态系统。

AFFOA 的会员包括工业界、纺织界、学术界、创业公司和非营利机构四级，四级会员来自不同的领域，包括大学、孵化器、工业企业、政府、中小企业、非营利组织，以及国防、消费品和电子、风险投资、交通、制造设备、建筑及室内装饰纺织品、服饰、软件与数据库、原材料、医疗纺织品及扫描仪等行业企业。他们共同组成了织物创新网络。目前有 100 多家会员机构。

12.3.4 核心会员

创新研究院创始成员非常多元化。除了麻省理工学院、俄亥俄州立大学、克莱姆森大学等高校外，还包括杜邦、耐克、康宁、亚德诺半导体、太阳能联盟、国家职业能力测试中心等制造业供应链扩展企业及机构。革命性织物的市场范围涵盖了从原材料、服装、医疗保健和消费产品到国防、交通运输、机械制造、软件和数据库、建筑、工程纺织品等众多领域，是专业与跨界的融合。只有把具备制造和创造能力的企业和高校集合起来成为可寻址的分布式制造网络，才能应对新的制造业的挑战。

12.4 技术领域与技术路线图

12.4.1 技术领域

AFFOA 关注的三大技术领域为纤维、纱线、技术纺织品[4]。

纤维主要包括高强度质量比纤维、“感知与反应”纤维、仿生纤维、生物降解纤维、

[4] 刘亚威，中国航空工业发展研究中心，《美国国家制造创新网络》电子刊 2016.3，“革命性纤维和织物与革命性纤维和织物制造创新机构”。

单/双/三组分纤维、光电纤维、抗静电纤维，以及涂层和其他功能表面材料：抗菌，超级“憎一切”表面处理，防水和油的先进 C6 配方，具有高透气指数（MVTR）的选择性渗透薄膜，提升的纤维功能性（金属有机结构、金属-氧簇合物）。

纱线主要包括新型聚合物带、无氟（或氟碳）聚合物带、面向柔性混合电子（FHE）应用的薄膜和材料；电子纱线，以及电子材料和传统材料的结合，导电性铜缠绕在纱线上，功能性（嵌入式天线）。

而技术纺织品主要包括纺织品和处理（憎水，C4 型处理等）、温度自适应“智能”绝热、低成本阻热面料、小体积绝热、（主动或被动）适应冷热天气的智能材料、高性能缝合与封闭系统，以及电子纺织品：通过面料和电子器件互连进行电源和数据传输，“系统集成——电子器件集成/能量收获，缝合与连接——保持电通道。

实际上，AFFOA 关注的应用领域包括运输——覆盖物和气囊、建设——土工合成材料、军用和商用掩体/帐篷以及智能服装。

从商业领域看，RFT 的商业需求主要包括五大类：现场急救员制服、机械过滤设备、汽车气囊、人造缩帆带/海滩冲蚀防护及增强结构（机械稳定的土墙）。

从国防领域看，RFT 的国防需求十分广泛，主要包括四大类：个人跳伞与货物空投系统、软墙/刚性墙掩体/帐篷和营地系统、士兵电源与数据集成系统及士兵制服。

12.4.2 技术路线图

AFFOA 公布了路线图（1.0 版）[5]，主要集中于纤维与纱线设备、纺织系统与装备、系统集成与原型制作能力的建设，见表 12-2。因此，AFFOA 重点要解决的是 4 大制造领域——CAD-IT、FYD、TSA、SI，因为这是革命性织物创新发展的推动力，并将贯穿于整个生命周期。

（1）集成纺织 CAD：集成织物自动化设计、物理和数字纤维与织物公共资源库、物理模拟仿真。

（2）纤维与纱线设备：多纤维伸缩（MRL4～7）、多纤维熔融纺丝、织造 3D 打印、功能性混纺纱线工艺开发。

（3）纺织系统与装配：纺织品表面处理，纱线纺织 3D 制造，纤维、纱线和织物

[5] The fabric revolution --from fiber devices to fabric systems.（内部报告）。

测试、标准化和在线检测。

（4）系统集成与测试：纤维电路互联与封装、织物的无线通信、织造云服务、产品测试与验证。

表 12-2 AFFOA 技术路线图（1.0 版）

能 力	2016 年	2018 年	2020 年
纤维及纱线设备	光子晶体 光学腔 紫外-可见光探测器 热探测器 化学传感器 声学探测器	PN 结 液晶 光发射器 光纤调制器 化学释放	晶体管 锂离子电池 激光横纤维 多方向发光
	多相多材料纤维及纱线建模		
纺织系统与装配	低辐射 温度传感 计算机控制的制造 三维织物 电子控制	声发射纺织品 被动冷却纺织品 自由缝合安装 预测模型的制造 自供电纺织品	符合成像系统 光转换 自修复 纺织品数字取样 远程医学
	多相多材料纺织与装备建模		
系统集成与测试	红外低能见度服装 健康监测服装 变色服装	感觉与治疗服装 太阳能帐篷 预测模型的服装 互联网连接的服装	储能服装 通信服装 互联网织物 定制化服装
	系统级设计与建模		

根据 AFFOA 的负责人 Yoel Fink 教授的说法，革命性纤维和织物的未来创造性实际上是无穷的，如服装纤维可以改变颜色，监测健康，甚至储存能量。

AFFOA 致力于将纳米技术、电子技术、材料技术、计算机技术与纺织技术融会贯通，相互渗透，形成创新的新一代织物，从而提供前所未有的性能特性，这些特性将极大促进和提高军事、民用、医学等领域的织物应用水平，同时也保证美国在国际的制造力水平竞争中保持领先。

值得注意的是，在所有的 AFFOA 的相关网站和报道中都着重提出了一个宗旨：不仅要在新织物材料、技术本身上要研发突破，而且，快速原型生产、生产工艺及流程现实化、新产品试制、批量制造、商业化也要在 IMI 框架下得到促进和快速突破，使技术向生产力、向市场的迅速转变得到系统的保证。这也是国家制造创新网络项目下政府、企业界和学界三方合作进行探索的一个方向。

正是从设备向系统的转变，才称得上是纺织的革命，美国开启纺织工业新革命的动力或者说信心来自以下方面：

① 纤维的摩尔定律，即美国拥有世界最大的纤维设备知识产权储备，完全可以为先进织物提供一流的技术和制造路线图。

② 织物即服务，AFFOA 发挥着原创制造技术中心的作用。

③ 产业应用支持：通过产业资金支持，可以加速革命性织物产品从原材料向服饰、时装、电子、交通、国防、医疗和消费品的延伸和覆盖。

④ 纤维创新网络，分布在 29 个州的 100 个原型和试点制造设施的基础设施协作将构建整个纺织制造网络的连接，包括 CAD、纤维设备、纺织和系统集成。

⑤ 织物探索中心：通过国家中心网络把先进织物创业孵化器与端到端原型设施及教育和劳动力发展紧密结合。

⑥ 资金支持：AFFOA 获得了来自工业、大学和州政府 3.4 亿美元的资金承诺，以推动制造业创新引擎的发展。

⑦ 政府：AFFOA 与政府结成紧密的伙伴关系，特别是国防部为造福于男女军人制服需要直接提供革命性的织物产品。

12.5 项目机制与重点项目

AFFOA 第一轮项目申请于 2016 年 12 月 15 日开始登记并做会员能力网上展示，12 月 16 日正式发布项目申请白皮书模板。

基于对传统纤维、纱线和织物向高功能、复杂、集成织物系统的革命性创新追求的使命和实现“美国制造”的战略，结合发展纺织制造的 4 大领域，AFFOA 提出了“一年路线图项目计划”和项目提案主题，并对资金预期、提案评估标准和流程做了说明[6]。

为期一年的路线图项目的目标是促进工业专利产品的开发，以实现革命性纤维和纺织品的商业化。提案主题涵盖气候控制、建筑织物及复合材料、颜色和外观、监控与传感、生理和性能监测、按需化学释放、纤维光学通信、触摸/用户界面、能源供给、工程特性等。

---

6 https://s3.amazonaws.com/affoa-public/AFFOA+Project+Call+1.0.pdf.

12.6 教育与影响力传播

2017 年 6 月，AFFOA 开放原型制作设施和将技术和制造路线图付诸实践的基础设施服务平台，织物创新网络会员将可获得一个原型制作设施端到端的独立访问权限。这看似实验室的功能却把教育融入其中，因为除了硬件设施，AFFOA 拟构建的可访问的知识及知识产权的数据库将发挥重要作用。

为积极推动并加强会员间的交流与合作，AFFOA 在成立后组织了一系列活动，如 2016 年 10 月 7 日的制造美国开放日（Manufacturing USA Day）参观活动，2016 年 10 月 20 日在佐治亚大学开展的工业节等。如果智能手机是现代生活的一部分，那么智能纤维可能是下一个。在佐治亚大学家庭和消费者科学学院纤维和纺织品部门负责人 Gajanan S. Bhat 看来，AFFOA 不仅要促进纺织业的增量与就业，而是要实现翻天覆地的变化。

而与此同时，在先进纺织研发创新方面，美国众高校相关研究团队相继获得了先进纺织相关项目。如费城大学获得美国陆军纳提克士兵研究发展工程中心的军事防护服 7.5 万美元的合同。罗德岛大学生物医学工程可穿戴传感实验室主任 Kunal Mankodiya 教授创建了智能手套，可监测帕金森病患者，有可能获得国家科学基金会（NSF）资助。NSF 则不断投入资金资助以人类健康为中心的智能生物纺织品研究项目。

项目参与的高校除了领衔的麻省理工学院，还有克莱姆森大学、爱荷华州立大学、田纳西大学、佐治亚大学、中央佛罗里达大学、德雷塞尔大学等，之所以选择这些高校，也是因为其高校相关实验室或研究所已经开展了智能纤维与纺织的相关研究多年，也多有相关成果问世。克莱姆森大学还设有劳动力发展中心，并将通过开发虚拟现实培训和数字化学习工具，为未来的员工就业提供教育资源。

大赛也是一个容易引起全民参与的重要组织形式。在 2016 年 8 月，美国国防部拿出 25 万美元举办服装设计全国性大赛，题目是“生化防护服设计挑战赛”。按军方的说法，鉴于目前部队所配备防护制服的笨重和不灵敏，拟将设计项目开放给大众，希望能够寻找到促进提升制服灵敏度和触感度的方案。纺织的时尚度和先进性将融会贯通，时装设计与材料创新比翼齐飞。最终由费城大学团队获得最高奖，分享了 5.5 万美元的最高奖金。

教育乃至比赛，在 AFFOA 看来不是简单的灌输理念，而是协作，促进更多的有实力的研究团队共同开展研究开发活动和人才的实地实际培养。

2017 年 2 月 8 日，AFFOA 组建的织物探索中心（FDC）第一家试点的宣布成立就是强化其影响力的重要举措之一，同时作为区域中心，牵手本地制造商、教育机构和地方政府共同创建，旨在促进先进织物领域的发展。中心将提供三个互补的功能：为先进织物的初创公司提供区域孵化器和加速器；为先进织物提供端到端的快速成型设施；为教育和劳动力发展提供内部培训。该中心目前限定于佐治亚州、马萨诸塞州、北卡罗来纳州和宾夕法尼亚州，未来还将有更多的中心成立。

而在 2017 年 5 月 25 日，AFFOA 自称一个里程碑的事件值得庆贺，那就是得到了贝克波利托局（Baker-Polito Administration）220 万美元的赠款，用于建设国防织物探索中心（D-FDC），地点设在麻省理工学院的林肯实验室，和美国陆军纳提克士兵研究开发与工程中心共同合作建设，联手马萨诸塞州联邦政府。2017 年 5 月 31 日，马萨诸塞州制造业创新计划（M2I2）又拨款 1 000 万美元，用于创建马萨诸塞大学洛厄尔织物探索中心（FDC），该中心将提供在高级织物领域的端到端的原型制造，以及创业孵化空间和劳动力发展活动。而这次更是美国制造的两大组成部分 AFFOA 和 NextFlex 的直接联手，是柔性混合电子（Flexible Hybrid Electronics ，FHE）与智能纺织（smart fabrics）的深度结合。

第十三章　其他创新研究院

13.1　复合材料制造研究院（IACMI）

先进复合材料制造创新研究院（IACMI-Institute of Advanced Composite Manufacturing Innovation）是国家制造创新网络第五个创建的制造创新研究院，它聚焦于复合材料的产业应用，并且与汽车、能源相关，本节对其进行简要介绍。

2015 年 1 月，美国前总统奥巴马宣布复合材料创新研究院在田纳西州正式成立，“开发比钢更轻更强的材料”成为奥巴马的豪言。“减重对于我们的未来至关重要”，随后，副总统拜登也紧接着在底特律 IACMI 的实验室开幕式喊道：“如果美国想拥有 21 世纪的创新，复合材料是促成这一目标实现的重要条件，这就是为什么我们把 4 000 万美元投资于位于底特律的 IACMI 的原因。”

13.1.1　IACMI 简介

IACMI 是国家制造创新网络（现在称为“制造业美国”）的第五个创新研究院，由美国能源部下属的先进制造办公室予以支持，并且获得来自产业、州、大学及其他伙伴的资助。IACMI 属于公私合作性质，旨在提高美国国内生产能力，发展制造业以及创造美国复合材料工业领域更多的职位，将聚焦在如何降低复合材料的成本、能耗以及其可回收利用的特性，主要包括纤维增强复合材料（Fiber Reinforced Polymer, FRP），尤其是碳纤维增强树脂基复合材料（Carbon Fiber Reinforced Polymer, CFRP）。

IACMI 与其他的创新研究院一样，聚焦于三个战略主线：如何构建一个产业生态系统；如何让聚合物基碳纤维增强复合材料能够商业化应用；培养产业发展所需的劳动力资源。

与轻量化创新研究院不同，IACMI 主要聚焦于先进复合材料的制造，为了更清晰地了解为何要聚焦于此，其关注的市场在汽车减重设计、CGS 储罐及风电机组叶片几个重要的市场。

13.1.2 IACMI 聚焦产业应用领域

1. 汽车减重设计

事实上，减重设计自开始就伴随着汽车行业的发展。亨利·福特早在 1922 年就说过如此惊人的话语："过重将扼杀任何自动车辆。"他进一步咆哮道，"有很多关于重量的愚蠢想法——任何人建议说该增加重量或增加一个部件的时候，我都会寻找降低重量和消除部件的方法"。这样的想法在将近一百年之后，仍然回荡在美国制造业的上空。

2012 年当时的奥巴马政府宣布了严格的车辆燃烧效率标准，要求美国的车辆在 2025 年油耗标准达到平均 54.5 英里/加仑。而在 2012 年这一数值是 34.1 英里/加仑，显然，这是一个苛刻的目标，而减重设计将成为提高运输设备能源效率的重要手段。例如，10%的汽车重量的降低，对于传统的内燃发动机而言会带来 6%～8%的能耗效率改善，而对于电动汽车而言则可以达到 10%以上。

如果成本和制造难题可以被解决的话，碳纤维增强树脂基复合材料具有最大的减重潜力。这也是 IACMI 为什么会聚焦于此，并以降低其成本与制造难度为目标的原因，图 13-1 显示了其三大目标。

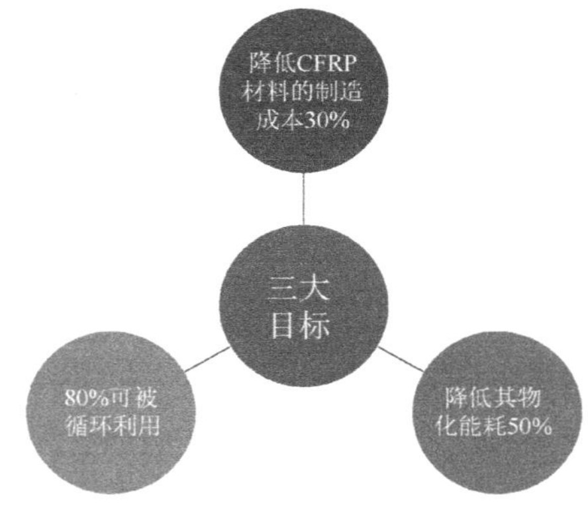

图 13-1　汽车产业采用 CFRP 技术的三大目标

2. 压缩气体与风力发电机组叶片

除了为汽车行业提供减重设计的应用市场外，IACMI 第二个要关注的则是 CGS 纤维缠绕方式制造的气罐，这些采用复合材料加工的罐子用于储存天然气、氢气等压缩气体，而这些清洁能源是未来快速成长的市场之一，而如何让这些罐子的加工成本更低，也是 IACMI 要进行推动的。

DoE 关于压缩气体储罐的目标：在 2018 年前降低氢（类型 IV）存储罐 30%成本，而到 2024 年则要降低 50%成本，并且具有生产能力 50 万套/年。

IV 型存储罐是一种全复合材料结构特点的聚合物（通常是高密度聚乙烯或 HDPE）与碳纤维或混合碳/玻璃纤维复合衬垫。复合材料承载了所有的结构荷载。其制造方法主要是纤维缠绕，这事实上是一个已经有 40 年历史的成熟产业。

就压力容器的市场而言[1]，压缩气体储存容器代表先进复合材料最大和增长最快的市场之一，运输市场需求的替代燃料（压缩天然气 CNG 和氢动力系统）。

对于 CNG 市场而言，其燃料系统的回收周期是 3～5 年，而 70%的成本来自复合材料成本，因此 IACMI 设定目标降低 25%的复合材料制造成本，以推动 CNG 市场的发展。

全球采用天然气的运输车辆也越来越多，包括在中国，以天然气为动力的车辆在出租车领域也是大量采用的，这些对于天然气储罐的制造也是有很大的市场需求的。

IACMI 设定的第三个应用产业是风力发电，作为清洁能源的风电在过去的很多年里都保持着快速的市场增长。关于风力发电叶片的相关问题包括叶片建模循环周期、涉及的劳动力、材料成本、风力机组组件的减重、可循环利用特性等问题。

13.1.3 IACMI 成员与布局

1. IACMI 产业布局

IACMI 主要以区域进行划分，其分布在产业较为密集的几个区域，包括科罗拉多、密歇根、俄亥俄、田纳西这些地区。这是因为以下几方面原因：

（1）超过 70%的汽车生产都位于 IACMI 所在的州。

---

[1] 2015 Composites World. January 12, 2015

（2）70%的汽车研发项目设立在密歇根地区。

（3）科罗拉多地区有比其他任何州更多的风力发电制造商（工厂及技术中心）;

（4）NREL 是在科罗拉多的风力发电机组。

（5）60%的压缩气体设备制造在距离 IACMI 聚焦的区域半天的车程内。

可以看出，IACMI 的特点是围绕着区域进行聚焦的，这些地区有着明显的产业分布特征。这给了我们一个意味深长的启发。创新研究院一定是因地制宜、就地取材。贴近本土的产业特征，才是创新研究院最好的诞生之地。

2. IACMI 成员简介

IACMI 的成员可以说是五花八门，包括了大型的终端用户，如波音、洛克希德·马丁、大众汽车、福特汽车、陶氏化学、BASF、Dupont。这些企业分别属于化学、材料、汽车、风电、天然气储罐等各个领域，包含了用户、OEM 制造商、服务厂商、学术机构，图 13-2 显示其构成。

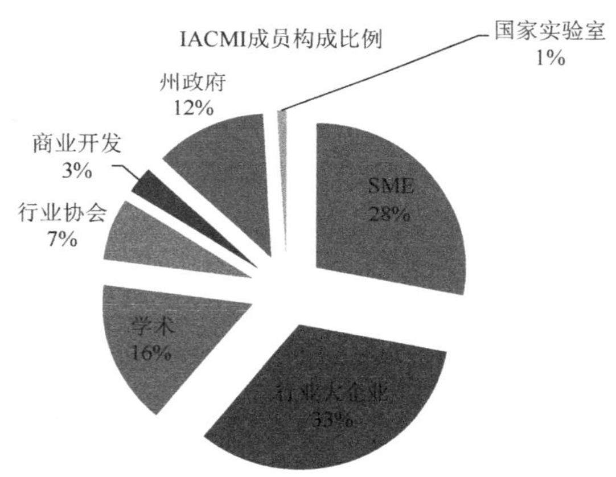

图 13-2　IACMI 成员构成（截至 2016 年年底）

如果说五花八门就是物种多样性的话，那么 IACMI 的本质是生态系统。将这些生态链上的企业都聚焦起来，由制造创新研究院组织专家进行项目的协调。值得关注的是，政府在其中扮演的角色本身是比较弱的，仍然是以非营利的中立组织来进行专业协同。而协同效应主要体现在以下几个方面。

1）终端用户的研发需求直接上位

需求被直接地导入相关企业：对于一个研发企业而言，最为重要的是如何获得客户需求，这样会降低本身的研发成本，避免走弯路也是研发成本的节省。

2）资源的分享

对于一个公司而言，有些研发是非常必要的，但是，对一个产业而言，每个相类似的公司进行了相关的研究而不向其他人公开的话，这个研发成本的投入就会产生叠加为整个产业的研发成本，因此，通过 IACMI，避免重复的研发投入也会带来整个产业成本的下降。

3）技术转让

国家制造创新网络主要解决在产业与研究之间的差距，一方面，在每年美国政府财政预算中有大批针对军用的投资，包括在 NASA、国防部、空军等，这些巨大的投资累积了大量先进技术；另一方面，在大学与研究机构也聚集了大量的新技术研究却无法有效地实现商业化，如果通过生态系统有效地使得产业、大学与研究机构、政府结合，互通有无，进而加强成员之间的合作，使得大量在军方的投资可以通过这一渠道转让进而使得整体成本被产业稀释，而大学也可以更好地进行技术转让，为美国企业提供先进的技术，并可以分享相关的实验室测试设备。IACMI 的知识产权处置方式如表 13-1 所示。

表 13-1　IACMI 的知识产权处置方式

<table>
<tr><th>分　类</th><th>企业和技术协作项目</th><th>主题项目</th></tr>
<tr><td>公司产生的 IP</td><td>公司所有</td><td rowspan="2">1st：发起成员将获得选择独家商业合作授权[1]的 6 个月通知选项
2nd:高级会员将获得独家商业合作授权的 6 个月通知选项
3rd :资源会员将获得独家商业合作授权的通知选项 6 个月</td></tr>
<tr><td>学术与 DoE 实验室产生的 IP</td><td>公司将获得 6 个月通过附加费以获得领域限制的独家授权</td></tr>
<tr><td>联合产生的 IP</td><td colspan="2">如上</td></tr>
</table>

商业生态系统是 IACMI 的核心工作之一，其旨在降低“美国该领域的整体产业成本”，进而提升美国制造业在该领域的全球市场竞争力。

13.1.4　如何建立技术路线图

IACMI 支持的 5 个技术专题如图 13-3 所示，一类是三个具体的应用领域，除了前面所述的汽车工业减重设计、风力发电叶片制造、压缩气储罐制造。还包含两个交叉学科：设计/建模/仿真、材料加工工艺。

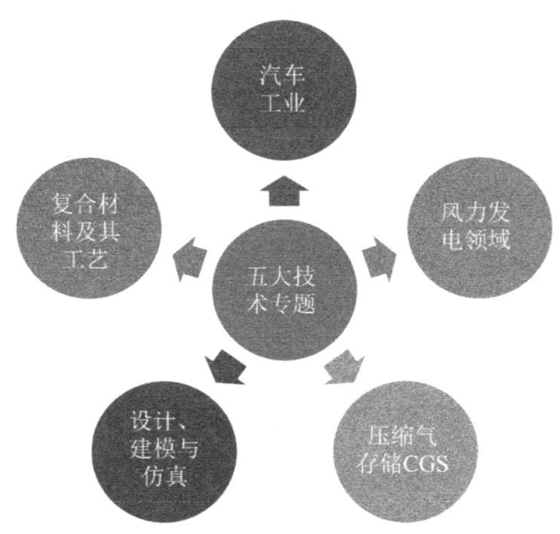

图 13-3 IACMI 聚焦五大技术专题

为此，IACMI 正在开发技术路线图，以识别在复合材料制造方案领域特别重要的，且对达成 IACMI 目标必要的技术与主题。

除了关注的相关领域，IACMI 为该中心在产业的制造创新设定了具体的目标，包括了以下几个方面。

（1）在 5 年内使得碳纤维复合材料的成本降低 30%，而在 10 年内降低 50%，因为目前碳纤维在这些领域的应用仍然成本高昂。一方面是由于制造工艺过程不成熟使得大规模的高品质生产无法实现，造成成本的高昂；另一方面，碳纤维复合材料的应用技术也不成熟阻碍了其大规模的产业化应用。

（2）在未来 5 年使得复合材料的物化能耗降低 25%，10 年内降低 75%。

（3）碳排放在 5 年内降低 50%，10 年内降低 75%。

（4）可重复利用率在 10 年达到 95%，即这些复合材料可以被重复利用的能力将得到大幅度提升。

显然，IACMI 并非是简单的定义了工作努力的方向，并且也为此设定了明确的量化指标。据此来分析关键技术挑战并制定与之对应的技术路线图。

（5）IACMI 聚焦技术方向。IACMI 技术路线图的预研与设立，采用非常科学的方法论。通过渐进式逐级放大和平行交叉的方式进行。IACMI 的整体框架如图 13-4 所示。

在既定的 IACMI 预算周期内，IACMI 需要基础的路线图来加速时间框架，以便能够被利益相关者进行咨询及在 2016 年里进行路线图的开发，并能够执行监测路线图、升级路线图。因此，路线图的开发被分为三个阶段。

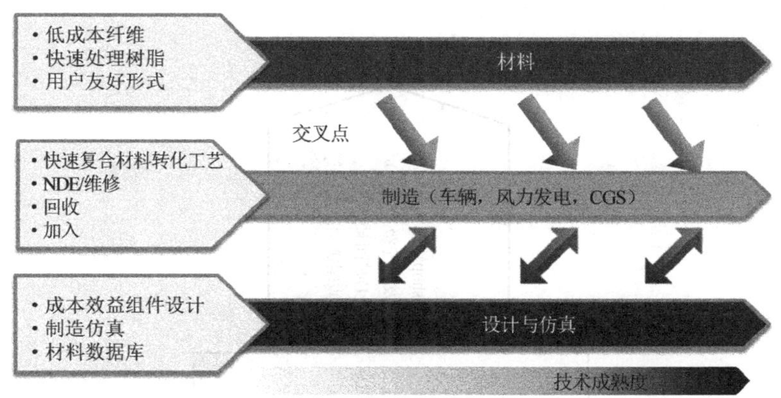

图 13-4　整体框架

阶段 1：加速路线图优先级的识别（2015 年）。

阶段 2：完整 Roadmap 过程开发，利益相关者参与，及路线图开发（2016 年）。

阶段 3：路线图监控及升级（2017 年及之后）。

与此同时，IACMI 制定了 5 个预算周期（BP），用来定义特定活动的时间轴，以备澄清之需。这些工作，都是 IACMI 委托知名的咨询公司 Nexight 集团为其提供前期的预研与调研，Nexight 进行了前期文献综述、专家访谈、企业访谈、IACMI 内部培训等一系列活动对 IACMI 的目标、每个领域所遇到的挑战、里程碑的设定、高优先级开发项目等全程参与，如图 13-5 所示。

IACMI 有两次重要的培训，这些培训聚焦于如何为项目设定里程碑，以及包括关键技术突破、项目申报等的培训，以使得每个 IACMI 成员公司可以充分了解组织的目标、推进各自的研发与资源分享。

里程碑设定包括目标的风电叶片、CGS 材料加工、汽车减重设计、复合材料制造、仿真 5 个里程碑。

仅以汽车领域的相关技术设定来举例，如图 13-6 所示。

在这方面，IACMI 邀请了 Nexight 集团为其进行前期咨询服务。上述针对路线图的战略规划、路线图设计过程、里程碑、产业方向选择都是来自 Nexight 集团所给予的前期支持。这种针对产业的专业研究，的确需要专业的公司来实现，因为咨询本身就是一种具有其自身的方法论与工具的服务项目，其也有专业性，包括这类战略性规划的制定。依赖于专家的个人经验固然是非常重要的，但是依赖于如何设计流程、评估可行性，以及使用规范统一标准的评估方法、建模这些也同样是“术业有专攻”的。

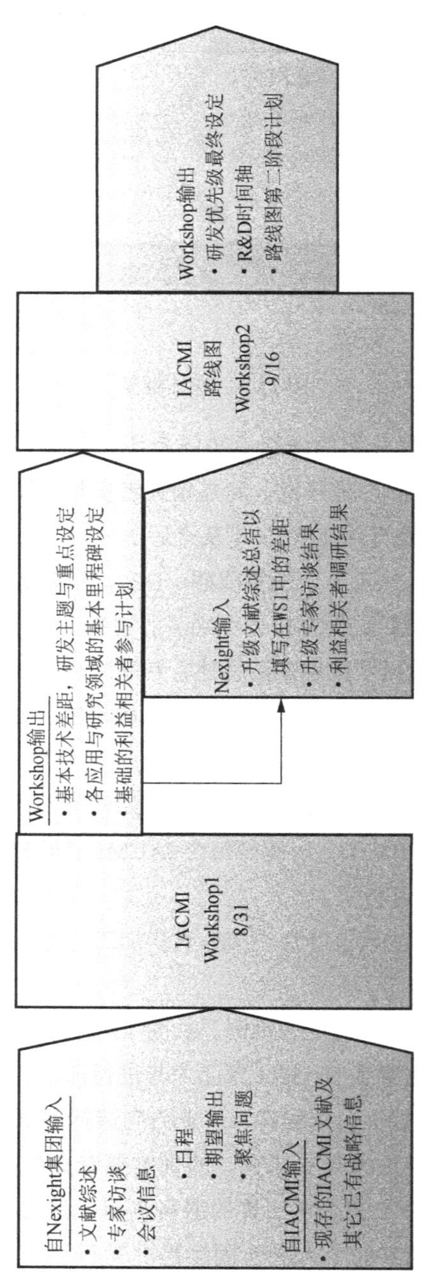

图 13-5　IACMI 路线图设计过程

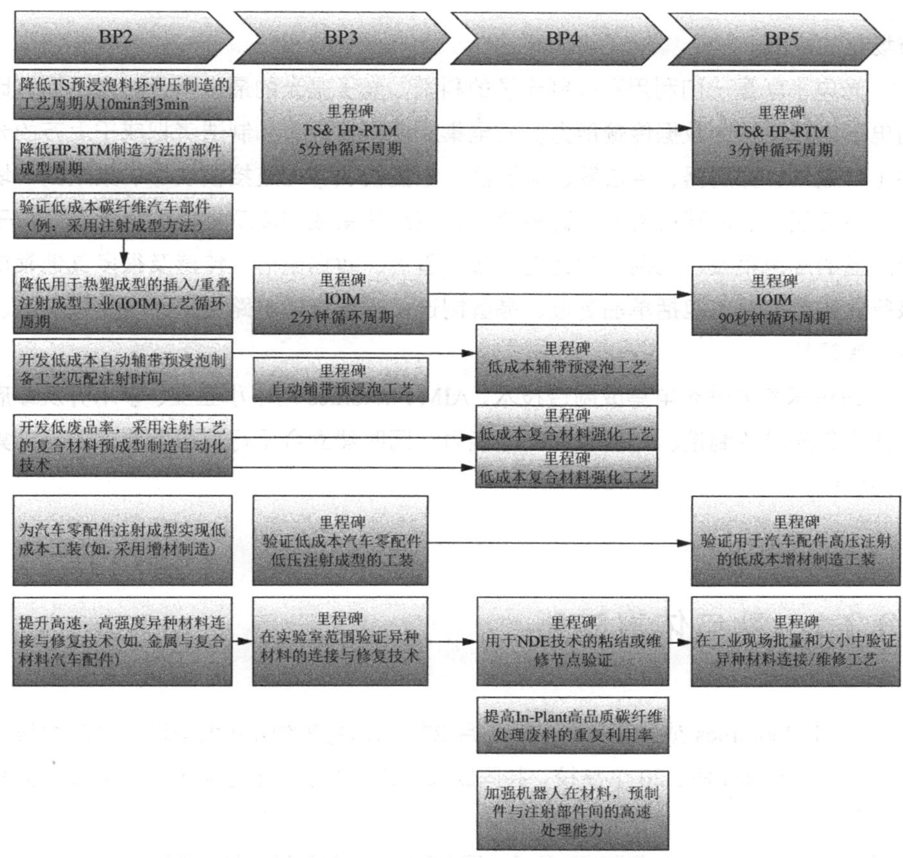

图 13-6　IACMI 汽车领域的预算周期与里程碑设定[6]

13.2　光电集成制造创新研究院（AIM）

美国光电集成创新研究院（American Institute for Manufacturing Integrated Photonics，AIM Photonics）是国家制造创新网络的第六个创新院，聚焦于光电基础技术领域。该机构的目标是对电子行业过去 40 年的成功经验进行评估和总结，并把其中的知识、工艺、方法转化到光集成电路行业（PIC）。AIM Photonics，支持中小企业的发展、并向工业界、政府及学术机构等相关方提供实践经验和技术路线。该机构致力于通过实际创新方案、建立国家 PIC 制造的基础设施，以广泛的资源和内在的灵活性，适应技术市场化的挑战。

光电子学是一门利用和控制光子的科学，光子是光的最小单元。光子拥有比传统的电子电路更快的数据传输能力。光电集成使得设计者和制造者把成千上万的光子器件（如激光、探测器、导波管、调制器、电控模块、光连接模块等）集成到一块芯片中成为可能，从而获得更高的计算速度，更高的集成密度及更低的功耗。光电子学有着广泛的应用领域，包括远程通信、激光雷达、数据通信、传感及很多其他领域。而该行业的典型业态包括单晶制造、晶圆制造、光电集成电路制造、电路板制造、光电应用等领域。

通过探索先进光电集成制造技术，AIM Photonics 向中小企业、学术界及政府提供行业内最先进的制造、封装及测试的能力，同时建立合乎行业最新要求的光电集成劳动力供给。

13.2.1 重点依靠院所

AIM Photonics 成立于 2015 年 7 月 27 日，由纽约州立大学理工学院主导，来自 21 个州的 55 家公司、20 个高校，共同组成。政府投资 1.1 亿美元，配套成本分担 5.02 亿美元。

成本分担（Cost Sharing）
美国发达的高等教育与教育成本的分担制度密切相关，这一制度是 20 世纪 80 年代里根政府大规模削减高等教育财政投入的背景下，时任纽约州立大学校长 D.B. 约翰斯通（D.B. Johnston）提出来的，发展到今天，基本形成了“政府、市场、学术组织”在高等教育成本分担中的合作模式，成为了美国高等教育健康可持续发展的重要财政保障。

在 AIM Photonics 的成员中，有两个机构应重点关注，即纽约州立大学奥尔巴尼分校的纳米科学与工程学院（College of Nanoscale Science and Engineering, CNSE）和罗切斯特理工学院的光电制造集成设施。

纽约州立大学奥尔巴尼分校始建于 1844 年，是纽约州立大学最古老的校园之一。其纳米技术与工程学院拥有 55 亿美元的公众和私人投资，是全球纳米技术研究中心之一，也是世界上第一个专门研究纳米科学与纳米工程的高等院校，该专业排名世界第一。五大纳米实验室见表 13-2。

表 13-2 五大纳米实验室（平方英尺）

分 类	南 部	北部/中部	扩 展	东 部	纳米实验室
洁净室	3.2 万	5.2 万	5 万	1.5 万	4000
建成日期	2004.3	2009.08	2012.12	2009.03	1997.06

为了更好地进行协作，CNSE 成立了纳米级缺陷检测能力中心，为行业提供两项重要的资源：①前沿的工艺和设备；②在设备、仿真、分析等方面有独特专长的团队。从而缩短技术解决方案的获取时间并使成本最小化。

这种以面向行业、面向解决方案的弹性研究项目为依托，可以使得更多的设备、组件、材料供应商来参与共同解决行业面临的问题，从而真正高效地解决行业内的共性技术问题。

CNSE 有成熟的与公司合作开发的机制，一般采用了“概念证明 Proof-of-Concept”芯片开发机制。首先是完成基础研究，IBM 阿尔马登研究中心是这项工作的一个主体；其次，进行先进纳米电子的研发，这时 CNSE 会是主体；然后是技术开发，这通常是在 IBM 位于纽约州东费什基尔的总部进行的；最后，在世界范围进行制造，例如，三星在全球各地的晶圆厂。制造过程发现的各种问题将反馈到 CNSE，作为对研发进行改进的依据。

罗切斯特理工学院（RIT）则具备强大的光电制造集成设施。其半导体和微系统制造实验室（SMFL），具有 10 000 平方英尺的教室，并且具备 1 000、100 和 10 平方英尺级别的各种洁净室，以及 100mm 和 150mm CMOS 加工线。多年来一直在跟半导体研究公司（SRC），美国国防部高级研究计划局（DARPA）、美国空军研究实验室、国际半导体制造联盟（SEMATECH）、英特尔，IBM 等进行合作。其电子产品制造和装配中心（CEMA），则具备表面组装技术检验和分析、完整的 3D 实现及生产技术支持，同时提供表面贴装技术协会认证的培训。而其纳米光子学集团和探测器中心，也是重要的支撑单位，在光耦合、单片集成电路、微电子和材料发展应用、光子学和纳米光子学成像、单光子探测器等领域，有着很好的基础。

13.2.2 基本运营模式

1. 矩阵模式

作为国家制造创新网络的重要成员之一，AIM Photonics 把自己的核心任务定位在以下几个方面：

（1）提供基于市场驱动机制的创新方向。

（2）把握和确认制造创新研究院的交付物。

（3）寻求制造领域关键技术的协作。

（4）协调高级项目的计划和管理。

（5）制造领域新的关键技术的推进。

为完成上述任务，AIM Photonics 采取了“首席技术官”和“首席运营官”共同负责的矩阵运营模式，如图 13-7 所示。其中，首席技术官负责四个关键技术制造领域（KTMA）：电信与数据通信、模拟射频应用、集成光电子传感和相控阵技术。而首席运营官则负责四个制造创新中心卓越业务（MCEs），分别是光电设计自动化 EPDA、多项目晶圆与组装、在线控制及测试（Inline Control & Test, ICT）、测试、组装及封装（Test, Assembly & Optical Packaging, TAP）。我们主要介绍四个制造创新中心的卓越业务。

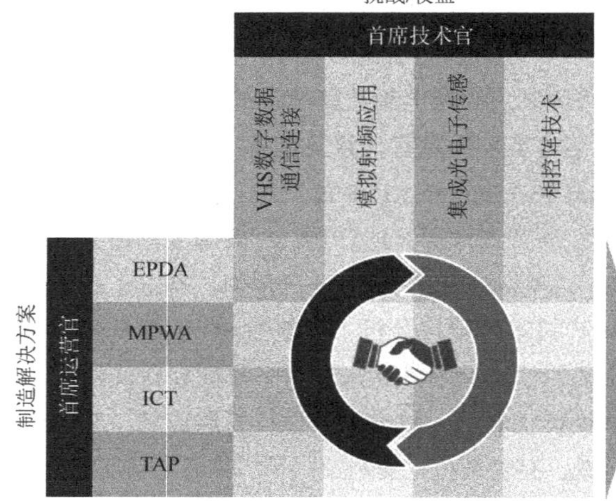

图 13-7　矩阵模式

光电设计自动化（EPDA），其核心任务是开发一套集成的光子及光电混合器件的开发工具，用以支撑客户在该领域的开发工作。这套工具包含硅（Si）和磷化铟（InP）设备的模型、集成的光电设计环境、设计工具。

多项目晶圆与组装（MPWA）是一项代工服务，其运营模式基本可理解为：扶助及促进硅和磷化铟设备及器件的晶圆工厂的代工能力，提供 300mm 级的硅和磷化铟的制造、III-V 级激光集成器件、2.5D/3D 中介板的集成等服务。

在线控制及测试（ICT），该业务提供光电应用器件的在线及免值守的鲁棒光学测试服务，包括高吞吐量高功能晶圆级光学探头测试、工艺控制的晶圆光子测试单元、多通道 I/O 光纤阵列测试界面。

测试、组装及封装 TAP，则是一项研发性业务，其目的是为 PIC 的测试、组装、光学封装开发标准化的高自动化无接触式可用流程，以适应 2D、2.5D 和 3D 光学元素在中介板、光纤、取放设施上的自动统一。最终提供 3D 中介板堆叠工具、内部原型光学封装中心。

最终，首席技术官和首席运营官的工作，在技术评审委员会汇总、在技术评审委员会主席的组织下，完成相关的项目管理工作，包括计划的输入、技术工作组的协调、新项目的启动和项目收尾。

AIM 的矩阵机制从三个方面为机构运营提供了有效的保障。

首先，通过会员制整合政府及行业资源并据此定位自身的关键技术和核心业务，与此同时，打造自身的核心竞争力，包括知识、技术、人力等方面，为核心业务的运营提供支撑。这是在输入层面的保障，优质的输入意味着优质输出的基础。

其次，建立关键技术和核心业务的矩阵运营模式，实现跨技术专业和跨业务模式两个维度的整合。这是在内部运作层面的保障，跨技术专业的协作是创新的来源，而这一协作必须最终体现在具体业务之上。

最后，以项目制对相关活动进行管理，项目类型有三种，一种是财团项目、另一种是企业或政府项目，还有一种是服务项目。只有通过有效的项目管理，才能在按时交付令利益相关方满意。

2. 组织框架

AIM Photonics 作为一个在 PPP 模式下建立起来的创新研究院，其组织结构既符合国家制造创新网络的宏观设计指导，又有着自身独有的特色，与一般公司领导机制最大的不同在于其最高决策层来自会员经选举产生、形成 AIM Photonics 管理委员会，执行董事的任免由该管理委员会负责。主要岗位包括首席技术官、首席运营官、技术审核委员会主席、政府及行业拓展总监和教育与人力执行官。

AIM Photonics 的 PPP 模式，决定了其一定的政府特色，但政府作为社会资源的整合者和相关社会活动的监督者，政府成员是不可能机构中获得绝对话语权的，因为从 AIM Photonics 的资金配比（政府 1：业界 5）和委员会选举规则来看，这是就确定政策的角色在运营决策机制中是辅助性质的。

教育和人力执行官的核心职能是建立创新研究院所需的知识体系、技术体系，并为创新技术领域提供所需人力资源。在其众多职责中，有两项职责是值得关注的：一个是人力资源路线图的制定，另一个是实习与学徒培训。

人力资源发展路线图（Roadmap）的制定，主要回答在什么阶段要达成什么目标的问题。专门设立教育和人力执行官，很显然是为了把机构的发展和人力资源的开发紧密地联系在一起。其后面的机制是，用不同的 KPI 度量发展过程的里程碑，再把这些 KPI 转化成相关人力资源开发的规划和评估（Planning & Assessment）。

而实习生计划是填补人力资源能力差距的一项重要途径。之所以要把这项工作提到战略层级，是因为新型先进制造业，会出现很多新的能力需求，例如，数据采集与分析、仿真建模与验证、信息技术的应用等。实习与学徒训练，对所有人都并不陌生，只是传统的学徒制周期太长、无法适应新工业转型的要求。而现在新型的实习与学徒训练，要求对竞争力的层级进行很好的划分，最终要实现的效果是：有些资深技工无暇完成的工作，通过简单的训练就能让来学徒完成，并能与资深技工的工作形成一个有机的整体。例如，产品设计过程中，三维建模、仿真实验运行等工作就可以交给实习生做，而概念设计、系统设计交给资深设计人员做。

3. 会员制

AIM Photonics 的会员总体上分为两类：工业界会员和学术界会员。其中，工业界会员分为三个级别，学术界会员分为两个级别。此外，每个类别都设置了“观察者”级别的会员。美国光电集成创新机构的会员制构成可归纳成如图 13-8 所示。

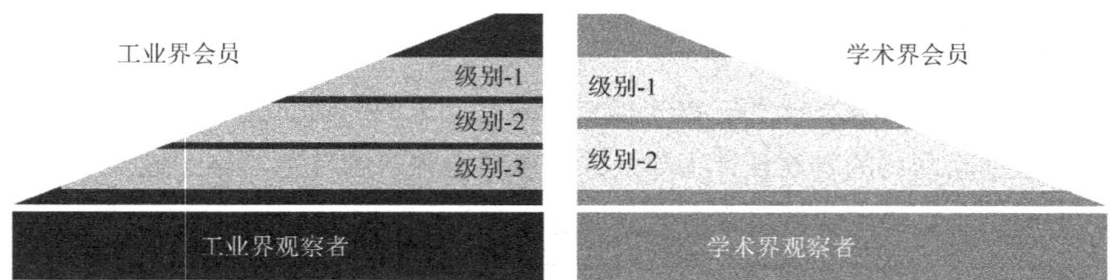

图 13-8　会员制结构

从获得会员资格的主要途径来看，工业界与学术界的本质区别在于：工业界通过交付年费获得会员资格，而学术界主要通过成本分担获得会员资格。其中，工业界会员交付的年费可以是现金或现金等价物。

1）学术界会员

AIM Photonics 的学术界会员，以其在政府项目中所分担的成本作为获得会员资格的依据，具体的分担金额，在会员协议中具体明确。目前 AIM Photonics 在成本分担方面的价值已累计达到 5.02 亿美元，其级别 1 的主要成员有纽约州立大学理工学院、麻省理工学院、罗切斯特理工学院等。

成为 AIM Photonics 的学术界会员后，能享受的主要权益如下。

表 13-3 学术界会员权益

学术界会员权益	级别 1	级别 2	观察员
获得 *N* 个领域所有项目结果的权利	*N*=8	*N*=所选	
代表管理委员会工作的机会，经所有学术会员依据会员协议规定的选举程序选举获得	Y	Y	
参与所选领域技术工作组的权利	Y	Y	
向 A 类财团的建议权，以及 B 类公司利益、B 类政府利益的建议权和 C 类服务项目的建议权	Y	Y	**
参与人力资源开发及路线图制定的权利	Y	Y	*
获得季度新闻	Y	Y	Y
参加年会	Y	Y	Y

**学术界观察员除了教育支持外，无权参与任何项目

*学术观察员也可“参与路线图的制定”

在 AIM Photonics 级别 1 的学术会员中，以罗切斯特理工学院（RIT）为例（见图 13-9），其主要职责是负责对运往罗切斯特的芯片载体进行封装、组装及测试。第 1～3 年，提供分布式的服务；第 4 年，建成罗切斯特服务中心；第 6 年，实现中级到高级规模的量产。目前，RIT.已经拥有的设施包括硅导体与微系统制作实验室（SMFL）、电子器件制造与组装中心（CEMA）、纳米光子学工作组及检测中心等。

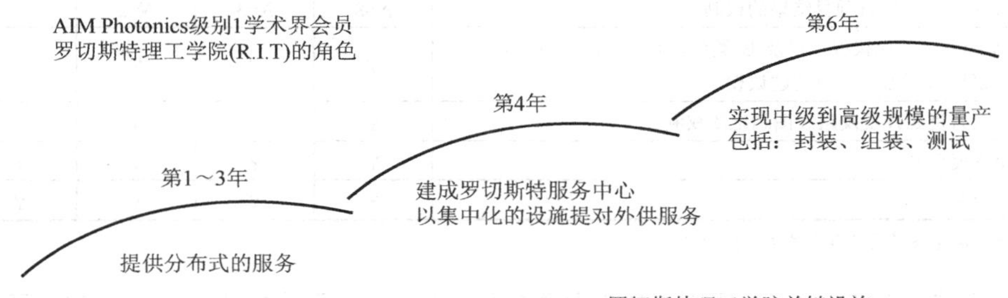

图 13-9 学术会员职责（罗切斯特理工学院）

不难看出，RIT 在 AIM Photonics 的角色，绝不单单是一个进行学术研究机构，更是一个以自身技术、设施、人员等资源参与市场行为的一个商业主体。

反观我国的情况，高校同样拥有类似很多企业不具备的资源，而这部分资源因为缺少和市场的联系多数处于闲置中。如何通过一个健全的、适合我国国情的机制，把高校这部分闲置的资源利用起来，更充分地发挥其应有的价值，值得我们在进行创新中心建设的过程中深入思考。

2）工业界会员

对于工业界会员，AIM Photonics 在权利和义务方面都定义了清晰的量化指标，图 13-10 是工业界会员级别与贡献要求的对照。

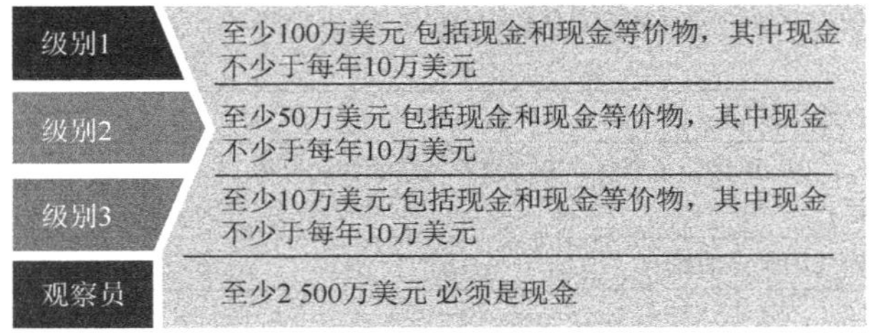

图 13-10　工业界会员级别与贡献

成为 AIM Photonics 的工业界会员后，能享受的主要权益见表 13-4。

表 13-4　工业界会员权益

工业界会员权益	级别 1	级别 2	级别 3	观察员
经管理委员会同意，可就机构的发展战略提出建议	Y			
指派最多不超过 N 名由机构付费的人员在共享设施工作	N=3	N=1		
经机构和成员协商指派不付费工作人员在共享中心工作	Y	Y	Y	
获得 N 个领域所有项目结果的权利	N=8	N=3	N=2	
向 A 类财团的建议权，以及 B 类公司利益、B 类政府利益的建议权和 C 类服务项目的建议权	Y	Y	Y	
参与人力资源开发及路线图制定的权利	Y	Y	Y	*
获得季度新闻	Y	Y	Y	Y
参加年会	Y	Y	Y	Y

*工业观察员可“参与路线图的制定”

目前 AIM Photonics 级别 1 的工业界会员有英特尔、联合技术、GE、IBM、惠普、思科、英飞朗、铿腾电子等。

这些会员，正以各自的技术专业优势、在 AIM Photonics 形成合力，专注于解决光电子集成行业中的各种挑战，包括芯片间及芯片内部的光传输（如 IBM）、通信网络中的光连接器件（如 Acacia）、通过大规模光学集成设备构建数字化光学网络（如 Infinera）、电子设计自动化（如 Cadence）等。

3）铁三角关系

从对 AIM Photonics 会员制的分析中，可以看出，如何真正走上创新之路并在这条路上快速发展，需要从企业、学术机构及协同创新机构三个方面找答案，创新之路的铁三角如图 13-11 所示。

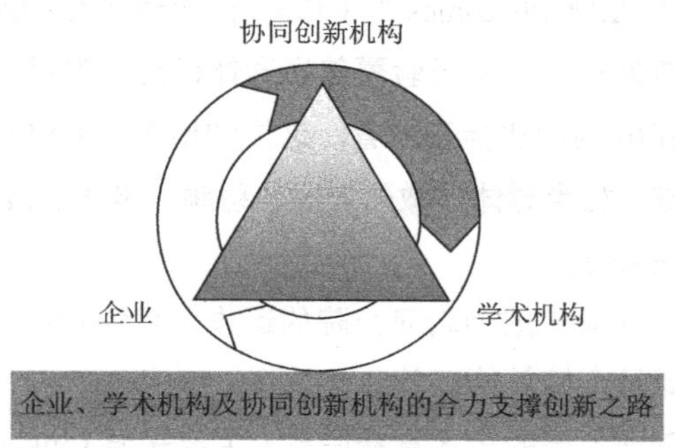

图 13-11　创新之路的铁三角

从企业的角度看，新型工业的发展模式，不再是单一企业的发展模式。社会分工越来越细、技术挑战越来越大，单一的企业需要与其他企业联合，才能在某个技术领域的价值网络中谋求到自身的竞争优势。这是技术发展的要求、也是承接订单的要求。

从学术机构的角度来看，其角色的转变是个关键，在创新的过程中，学术界价值不单单体现在培养多少学生、或者完成多少政府资助的项目，更在于让已有的、社会赋予的资源得到增值。这要求学术界从单一的研究角色向多元市场角色转化。

从协同创新机构的角度来看，其职责首先是资源的整合，包括设备设施、资金、市场机会等。如何有效地把这些资源整合起来、并使其增值，需要建立一套平衡各方利益关系的运行机制。AIM Photonics 的运行机制中有几点值得我们借鉴：现金等价物机制、成本分担机制及成员向创新机构相关设施指派工作人员的机制。

此外，通过协同创新机构降低创新的壁垒，也是值得借鉴的一项措施。一旦成为 AIM Photonics 的会员，就能获得一套硅基光子工艺设计套件，包括扩展器件库、仿真环境。这是一项非常务实、非常聪明的措施，为创新的实践提供了最小化的必要设施，这个最小化的必要设施能点亮小企业、甚至是大学生的创新激情，而这些创新的主体，正是构成创新网络的节点中、不可或缺的一个部分。

13.2.3 管理团队分析

未来的创新、必然建立在多学科协同工作的基础之上，而具备跨界专业知识的项目经理，也必将成为企业或组织在新工业模式下、打造核心竞争力的关键角色之一。

迈克尔·利尔作为 AIM Photonics 的 CEO，同时也是纽约州立大学理工学院的执行副总裁、研发与创新副总裁。其经验覆盖半导体研究、产品与工艺开发、制造及工厂业务管理。从 LinkedIn 的职业标签来看，这位创新院的 CEO 拥有 50 项专业技能，这些技能涵盖技术领域，如半导体、微处理器、射频、电子、混合信号、材料科学等，也包括工程领域、管理领域。

为进一步了解美国光电集成创新研究院的运作，我们对其管理团队的能力构成进行了调研和分析，在此做个简单的汇总。

首先，收集相关管理人员的技术背景信息（主要来源 Linkedin.com），重点关注被调研人员的技能背书（别人对你的能力的认可程度）。

然后，我们把被调研人员的这些技能进行汇总。如果某项技能是被调研人员同时具备的，那么其被背书的次数会进行累加，最后得到该项技能在整个管理团队中所占的权重。

接下来，对能力进行归类，例如全球业务开发、经营战略、战略顾问等能力，都可归类为经营战略。

最后，把相同类别的权重进行汇总，得到管理团队能力分布，如图 13-12 所示。

从得到的分析结果来看，AIM Photonics 十三名管理人员的能力覆盖了一个相当广的范围，涉及商务战略、经营管理、研发与工程、系统设计、科学理论等方面。那么，作为一个创新中心的管理人员应具备怎样的能力?

行业的从业经验，被认为是最重要的能力，其中半导体行业排在了首位，同时，电子行业的排名也比较靠前，而光学行业排在了这两个行业的后面。

系统设计能力、研发工程能力，在技术类的能力中排名靠前，这其实是应用能力，用光电技术开发应用产品的能力，是创新能力的具体体现。

管理能力也被排在了前列，其中，项目管理能力被认为是最重要的，其次是运营管理能力。还值得一提的是“跨职能领导力”，在未来的创新过程中，跨职能协作的范围会越来越大，这对创新中心的领导者提出了更高的要求。

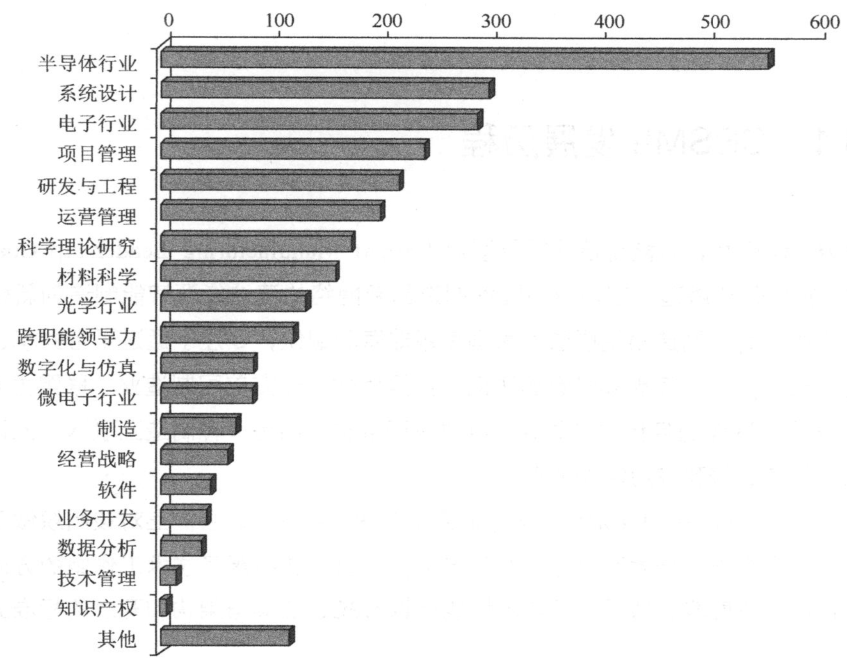

图 13-12　管理团队能力发布

还应该看到，科学理论研究能力也处于重要位置，尽管它不像行业经验、开发能力、管理能力那样重要，但仍然不能忽略这项能力。科学理论研究永远是创新的重要基石，也是创新能够领先的关键。

可以这样来理解创新中心的管理人员的角色：有科学家背景的项目经理，带领跨职能的创新项目，设计出新技术的应用产品，最终在市场竞争中取得成功。

13.3　清洁能源智能制造创新研究院（CESMII）

清洁能源智能制造创新研究院（Clean Energy Smart Manufacturing Innovation Institute, CESMII），是国家制造创新网络的第九家创新研究院。它于 2016 年创建，主要聚焦于清洁能源在智能制造中的应用，将智能制造与能源的应用效率，紧密地结合在一起。

13.3.1 CESMII 发展历程

2016 年 6 月，智能制造业领导联盟（Smart Manufacturing Leadership Coalition, SMLC）通过公开遴选，成功成为国家制造创新网络的清洁能源智能制造创新研究院的牵头组织。智能制造领袖联盟作为国家级非营利组织，专注于通过平台共享、成本分担的方式，使用户实现实时数据访问，数据优化，改变美国制造业。联盟主席 Jim Wetzel 认为，联盟的目标并非寻找一种物联网架构，而是一种制造互联网，允许通过开放的架构来连接和应用解决方案。

2017 年 2 月，在 CESMII “智能制造商业化和规划启动会”上对该组织做了如下的规划，成立商业、技术和平台三个委员会。会议首次披露了技术工作组的方向，包括过程控制、传感器、数据分析与高性能计算 HPC、工具与架构和开发的标准五个工作组。

实际上，联盟在 2006—2009 年，就已经开始使用智能制造的概念，到了 2010 年能源部公布了关于智能制造的行动计划，并进行培训。联盟于 2012 年成立，2016 年正式成为”制造业美国”的一员，并着手开发全国首个基于实时数据分析的工业应用和制造解决方案开放平台。然而，作为一个成熟的联盟机构，其确定关键技术路线、路线图、项目召集却非常缓慢，到目前为止并未有较为明显的进展。

1. CESMII 的目标

2017 年 4 月，CESMII 领导层对于目标进行明确的界定，可以归结为以下几点：

（1）能源生产率，美国制造的能源生产率每 10 年将提升 1 倍。

（2）能源效率，5 年内第一类能源可以为能源效率获得 15%的改善。

（3）部署成本，对于智能制造系统，在 5 年里实现 50%的成本降低。

（4）采用成本，对于智能制造系统，在 10 年内可以获得改善。

（5）劳动力，到 2020 年，智能制造系统员工数量增加 2 倍，到 2030 年增加 5 倍。

（6）供应链，到 2030 年，价值和参与度提高 40%以上。

CESMII 更聚焦于为智能制造提供能源效率的提升方案。通过能源与制造的融合，不仅要解决能源效率提升的问题、也要降低能源部署成本，发展制造业人力资源，并对有效的供应链进行整合，以获得价值的提升与更多企业的参与。

CESMII 所定义的智能制造，包括了智能原材料供应、智能电网、智能工厂、安全生产、分销系统到消费者的整个过程的协同。通过数据标签可以监测整个过程中的能源、材料的消耗，并对其进行生产过程的优化，以确保在智能制造的过程中能耗的优化、产品质量缺陷率降低、生产的敏捷性的提高，以使得消费者获得最高价值的个性化产品。

由此可见，美国的制造业涵盖了从原材料供应到生产制造，直到最终用户的带有全流程及反馈系统的全架构制造系统。CESMII 所关注的除了智能制造本身，还包括了能源互联网，即采用 IoT 技术对整个能源进行监管、优化，使效益最大化。美国智能制造聚焦于网络协同效应，通过 IoT 技术对数据进行采集，再通过分析来优化制造全过程。就生产制造本质而言，原材料、能源的消耗过程，将能耗能效聚焦为智能制造的一个主线，也就顺理成章了。

美国能源消耗的具体指标非常清楚，如图 13-13 所示。

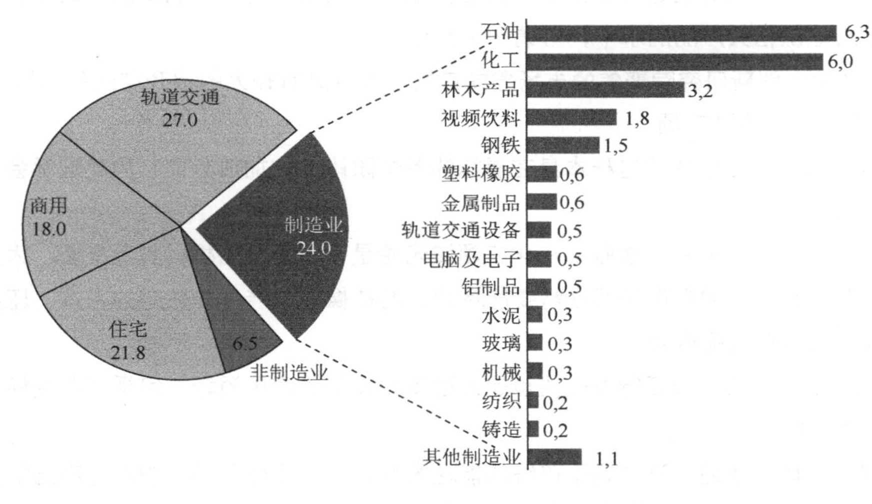

图 13-13 美国制造业的能耗占比
（来源：Wikipedia，美国能源消耗占比）

在全美所有领域能耗占比中，图 13-13 显示制造业占据了 24%，其中石油与化工、钢铁、塑料等产业是能耗大头。因此，在这些领域解决能源问题将对整个美国制造业成本降低起到至关重要的作用。

CESMII 的目标主要包括三个方面，①通过合作演示，合作伙伴关系和商业化，使美国制造商的价值链中各个层面都能够实现智能制造（传感器、控制、建模、仿真和平台）；②提供开放的工具；③创建可持续发展的生态系统，使技术用户，供应商和开发人员能够快速协作、测试、迭代，并以更快的速度提供结果与最好的训练有素的认证劳动力。而其核心，则是如何通过一个新的生态系统解决智能制造中的相关优化、分析以及降低能耗等实际产业问题。

2．市场聚焦

就产业市场而言，CESMII 聚焦于能源密集型应用市场，这些领域的能源改善空间相对较大。美国的制造业界希望通过清洁能源的应用，改造传统的行业，尤其是那些高能耗、高污染的行业，采用煤电、核电都会对环境造成污染，而通过清洁能源来降低污染，同时通过工艺、管理、设备的能源升级来让美国的制造得到提升，同时，能源产品、技术本身也是美国试图向全世界推销的技术方向，在制造的同时来提升能源效率与能源相关产品的水平，可谓一举两得。

CESMII 创新研究院聚焦的市场方向包括了以下具有较大的提升空间的领域。

1）能源密集型市场

（1）石化：石油炼化过程本身在提炼的各个阶段例如加热分离、后处理都会包含了大量的能耗。

（2）化学品、塑料、橡胶：在化工领域无论是有机还是无机，其反应釜、大量的传动设备、制冷、加热设备都是需要能耗的，而在橡胶的产品如轮胎的密炼、压延、硫化等工艺段都是高能耗。

（3）木浆和纸：造纸行业往往也是大型传动设备的使用领域，包括纸浆纸杯、卫生纸等工艺段。

（4）玻璃和水泥：这个属于传统的能耗大户，玻璃往往需要熔炉进行高温加热融化，后道成型也是在高温状态下进行的，而水泥的原料如石灰石的烧制、水泥窑炉整个过程都是高能耗。

2）能源依赖型市场

相较于能源密集型市场，能源依赖型市场本身并不需要大量电力消耗，有些炼油厂、化工厂甚至有自备电站的需求，能源依赖型市场的产品特点在于能源成本在其产品整体成本中的分摊较高，能源所占据的成本通常占到整体成本的 25%以上。如光伏发电、碳纤维复合材料、发光二极管、电镀涂层、纳米材料、计算机与电子、电动汽车等行业。

13.3.2 网络状的地区制造中心

CESMII 建立了遍布全国的地区制造中心 RMC，共有五个（见图 13-14）。所有的地区制造中心通过整个组织网络合作开发智能制造技术，跨部门应用领域，能源可持续性，经济发展和人力发展目标，以构成并加强全国性的影响力。

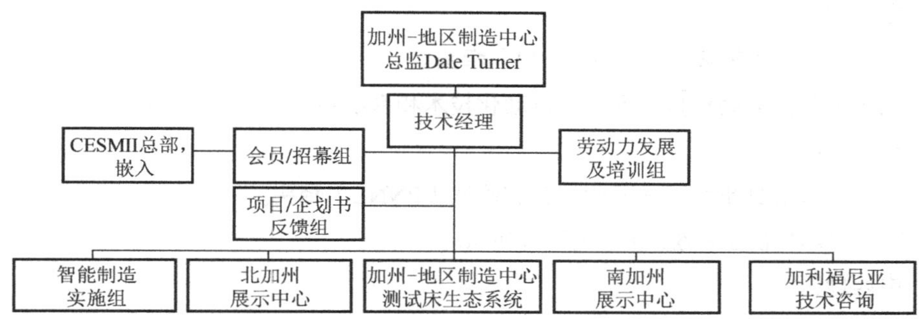

图 13-14 五大中心

（来源：Dale Turner，加州制造中心总监，2017 年 4 月 28 日）

交叉的架构有利于使现有的知识能力通过该网络从一个中心扩展至另一个，同时也促进了不同市场和地区的思想和经验教训的“异花授粉”。地区制造中心主要有三大职责：促进研发、人员发展和测试台基础设施建设。具体内容则包括测试台、会员资格、开发技术、实施智能制造项目等，同时也需要参与 CESMII 远景规划、区域劳动力发展和培训、咨询委员会成员和区域预算管理。

西南地区由位于加利福尼亚州托伦斯市的“加利福尼亚制造技术咨询公司（CMTC）”牵头。CMTC 是一家非营利咨询公司，通过帮助客户提高效率为其增加投资回报率。CMTC 隶属于美国国家标准与技术研究院（NIST），霍林斯制造业扩展伙伴关系（MEP）项目成员之一[2]。MEP 项目在全美有 60 个左右中心组成，为制造业社区提供服务。

西南地区：

（1）坐落于加州大学伯克利分校和欧文分校的示范中心（在建中）。

（2）（临时区域）制造中心总监来自加利福尼亚制造技术咨询公司。

[2] 参见上篇章节中关于 MEP 的介绍

峡湾地区：

（1）由德州农工大学的能源学院牵头，College Station, TX。

（2）和 RAPID 模块化过程强化中心地处同一地区。

（3）（临时区域）制造中心总监来自德州农工大学的能源学院。

东南地区：

（1）由北卡罗来纳州大学（NCSU）牵头。

（2）位于北卡罗来纳州立大学和萨凡纳河国家实验室 （SRNL） 的办公空间。

东北地区：

（1）由纽约伦斯勒理工学院（RPI）牵头。

（2）位于伦斯勒科技园区，与自动化技术和系统中心（CATS）合作。

西北地区：

（1）由华盛顿州太平洋西北国家实验室（PNNL）牵头。

（2）PNNL 校园系统工程大楼培训中心。

中西地区：

暂时由 CESMII 总部来领导。

各自区域关注的内容也各自不同。以基础最为成熟同时也是 CESMII 总部所在地的西南地区为例，下属设有“智能制造实施集成产品团队（Integrated Product Team，IPT）”；北加利福尼亚的展示中心，重点关注 3D 打印、模拟和先进制造；加利福尼亚测试床生态系统组提供联合验证的实践；南加利福尼亚展示中心，重点关注通信技术；而加利福尼亚制造技术咨询 CMTC 则专为西南地区的区域制造中心，提供人员发展、培训及信息服务等。每个小组都由当地相关大学参与其中。每所参与大学都经过能力分析和测评，既要参与提供技术研发支持，同时也需要实体行业的相辅相成，落地验证。

13.3.3 有待确定的技术路线图和发展方向

就目前而言，CESMII 并没有特别明确的技术路线图，能源部专家 Rachuri 博士在 CESMII 的启动会议上，提出了关于 CESMII 的路线图规划，但仍只是较为初步的规划，列出其中两项仅供参考。

行动项目第一部分：

（1）开发创新生态系统与标准化开放的软件和通信平台。

（2）开发先进传感器和智能传感器网络。

（3）开发改善实时性的分析和控制系统——采用云计算。

（4）开发先进高保真度建模。

（5）开发独一无二的应用工具包，用于智能制造部署。

（6）使能可用的合适的测试台。

在第一部分基础之上的第二部分：

（1）形成智能制造技术路线图的最终版本。

（2）完成战略投资计划，在一个多年度格式，来定义、选择、优先、整合资金在联盟内推动相关活动。

（3）每个区域智能制造平台架构的应用项目的演示需求。

（4）执行成员协作。

（5）形成 CESMII 的最终可持续发展计划最终版本。

CESMII 提出的 R2D 模型，也就是“研究—开发—演示”，所有的成果都需要推进到可演示的程度，基本 R2D 模型如图 13-15 所示。

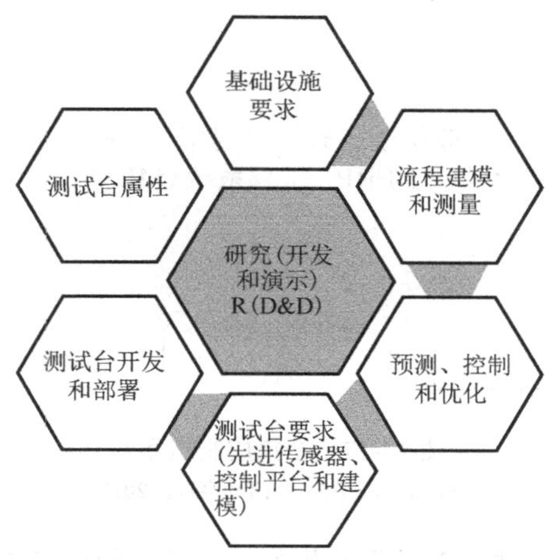

图 13-15　基本 R2D 模型

CESMII 开发针对智能制造的测试系统，包括从底层的传感器、控制到系统应用。其测试台的架构设计，则是基于 5W2H（who-what-how 模型）来分析测试台的设计。测试台的展开思路如图 13-16 所示。

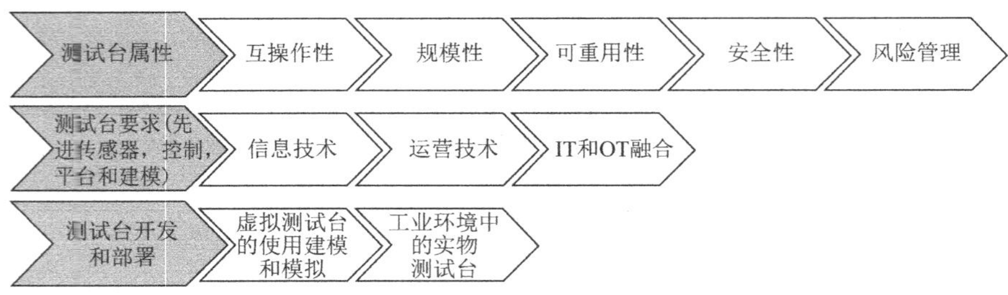

图 13-16　测试台的展开思路

美国认为智能制造是“即将到来的智能制造”，加利福尼亚大学技术和信息总监 Jim Davis 认为，目前的全集成制造系统主要分为产品管理、生产管理、资源管理和流程数据追踪四个方面，如图 13-17 所示。

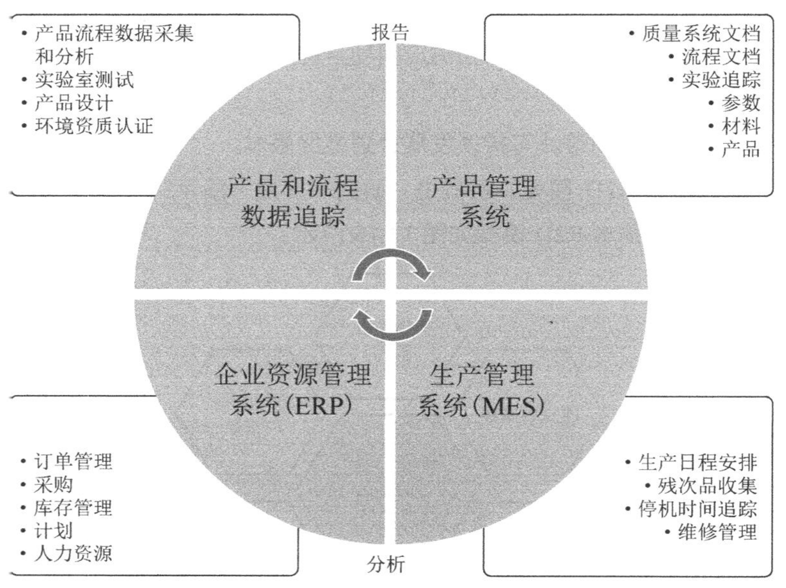

图 13-17　全集成制造系统

（来源：Jim Davis, CESMII 启动会议，2017 年 2 月）

在图 13-17 所示的全集成制造系统模型中，可以看出美国智能制造的核心想法是“正确的数据，正确的人，正确的时间，正确的决策”，确保正确的人的参与、做出正确的决策。

通过数据采集、边缘计算进行优化，数据部分包括了数据的采集、配置、建模、分析，并且在公司内部形成企业工作流程优化，并获得可视化管理的能力异构环境的现场与离线状态的循环如图 13-18 所示。

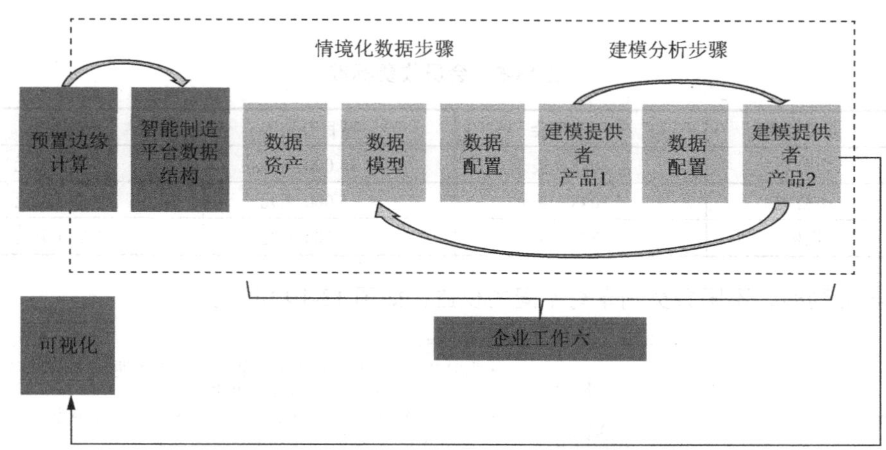

图 13-18 异构环境的现场与离线状态的循环

13.3.4 CESMII 的合作伙伴制

如同其他创新研究院，智能制造领导联盟的一个关键运营机制是行业、政府和大学技术资源的直接参与，进行分工协同。而协作活动的成功因素在于：灵活的合作方式；以结果为导向制定的有意义的时间表；知识产权保护；将行动与企业成果直接挂钩；进行实际的测试和示范，而不仅仅是理论和科学；跨越多学科的合作，使得行业/业主的直接参与,从而带动所有利益相关者的代表。

CESMII 也和现有的制造创新研究院合作，例如，和“先进复合材料制造创新研究院（IACMI）”在碳纤维生产过程中使用先进传感器；与“电力美国创新研究院（Power America）”合作以体现宽禁带半导体电路板生产过程中使用先进传感器，从而实现能耗降低。

CESMII 将成员定义为三种：大公司（多于 500 人）；小公司（少于 500 人）和机构类（包括大学，国家实验室，政府机构及非营利机构）。对待不同的成员，分别提供三种会员级别，包括底层的合伙人、项目合伙人、董事会成员等，会员收费标准如表 13-5 所示。

表 13-5　会员收费标准

会员分类	董事会	项目合伙人	合伙人
大公司	30 000 美元	15 000 美元	5 000 美元
小公司	10 000 美元	5 000 美元	2 500 美元
机构	3 000 美元	1 500 美元	1 000 美元

与此同时，不同会员则享有不同的权益，如图 13-19 所示。

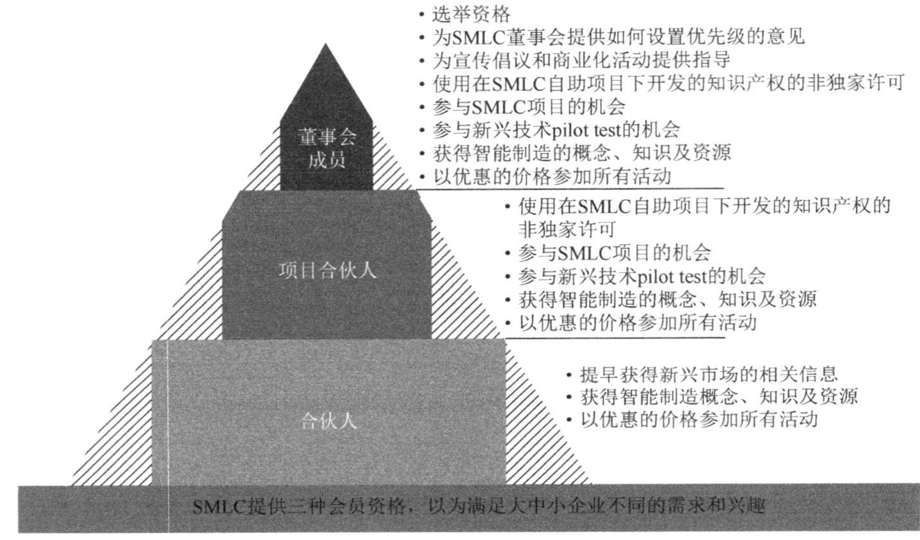

图 13-19　会员享有的权益

会员福利主要体现在人力和培训、研发共享、工业测试平台、知识分享并建立人脉网络等。其中最为引人注目的有两点：一是使能基础设施，提供智能制造平台。这是一套将不同系统集成到解决方案市场中的云服务，解决了业界面临的互操作性和安全挑战，该公共平台与新的和现有基础设施对接，降低了用户的硬件投入、使用成本和风险；二是提供解决方案的工业 APP 集市。这个开放的、基于云的智能制造 APP 集市，可以使客户实时访问数据分析应用程序和驱动创新的工具。会员可以为应用程序实施低成本解决方案，而供应商将通过新的商机获得更广阔的市场。

整体而言，CESMII 更多地考虑了中小企业的需求能力，为不同规模的企业带来价值。智能制造平台作为典型的低成本使用范例，以分阶段实施的方法，使用户能够轻松、低成本、低风险地访问、使用和测试其产品。

13.4 化工过程强化应用快速发展创新研究院（RAPID）

13.4.1 成立过程及相关背景

2016 年 12 月美国化学工程师协会（AIChE）在能源部的领导下，成立了化工过程强化应用快速发展创新研究院（Rapid Advancement in Process Intensification Deployment Institute, RAPID Institute），这是第 10 家隶属于国家制造创新网络计划的研究院，同时也是美国能源部负责的第 4 家研究院。RAPID 旨在通过美国政府机构，将公司、大学、政府实验室和相关组织联合以应对未来制造业的挑战。

区别于传统的化工制造过程，依赖大规模、高耗能的能源密集型工艺，RAPID 重在研究及发展清洁能源制造领域的模块化过程强化技术（Modular Chemical Process Intensification, MCPI），将单元过程集成到具有高成本效益、高效率和高可扩展性的单一模块化硬件元素中（如将混合、反应、分离等多级复杂过程组合成为一个个的单一步骤），达到提升能源生产率及效率、降低运行成本、减少废弃物排放等目标，以实现清洁能源制造。

模块化过程强化涵盖一系列技术。过程强化的核心是聚焦于分子动力学、热力学、热和质量传递等领域以优化工艺性能。在分子水平上，该技术可显著增强混合，改善质量和热传递；在宏观水平上，该技术通常涉及将单独的单元操作（如反应和分离）组合成单个设备，对于需要化学工艺工程的产品制造，可以显著减小设备尺寸。

通过模块化、并行整合和过程组合等方法手段，减少过程复杂性、设备设施占地，无论现有产品还是新产品，可最大限度地减少化工制造设施建设与运行的风险和不确定性，使过程强化技术在能源效率、减少浪费、过程安全、资本投入、运营成本等方面带来显著效益，从而实现更有效、更清洁和更经济的制造过程。

采用这种技术，RAPID 预计在未来五年美国国内能源生产率和能源效率可以提高

20%，在化工领域采用该技术有望每年节省成本逾 90 亿美元。这也是美国联邦政府在 2030 年之前将美国能源生产力提高一倍的关键一步。

13.4.2 组织架构与聚焦领域

1. 组织架构及职能

2017 年 3 月，美国能源部在圣安东尼奥 AIChE 举办的春季会议上正式宣布 RAPID 制造研究所成立，并且在这次会议期间 RAPID 第一次召开成员理事会议，介绍 RAPID 的组织架构、任务目标、企业愿景及近期规划等信息。到成立日为止，RAPID 已经吸纳了 75 家公司、34 家学术机构、7 家国家实验室、2 家其他政府实验室和 7 家来自美国各个地区的非政府组织成为 RAPID 成员。该组织包含三个主要职能机构：董事会、技术委员会、成员理事会，其组织机构，如图 13-20 所示。

董事会负责建立、发展和运营 RAPID。董事会制定 RAPID 发展战略、核准 RAPID 运营计划、战略计划和项目目标，批准项目并监控进度，监督 CEO 运营管理。

技术委员会由 CTO 主持，主要研究 RAPID 聚焦领域，定期参与项目审查。技术委员会负责成立子委员会，基于所聚焦领域的规划和来源于子委员会的输入，形成技术方案及未来举措并提交至 CTO，并负责监控技术路线图执行，同时承担人力资源教育培训职能。

成员理事会主要负责与成员通信，介绍更多的成员加入 RAPID，肩负发起行业论坛，构建联系网络，为今后项目创造合作机会的职责。

CEO 直接对董事会负责，统领 CTO、COO 及 RAPID 外联主任和教育培训主任工作。CTO 领导技术委员会，承担起监控技术路线图实施、组合开发、项目规划、技术展示和项目审查等工作；COO 负责 RAPID 日常运营工作；RAPID 教育培训主任负责过程强化领域人力资源教育培训发展等工作。

RAPID 正在构建“以行业为中心”的组织，与学术界、国家实验室、供应链合作伙伴构建网络一同协作。RAPID 不断获取新的过程强化技术和工具，其规划生产趋向于可被完成的产品，直接触发行业内具有挑战性的研发项目投资，其主要工作流程如图 13-21 所示。

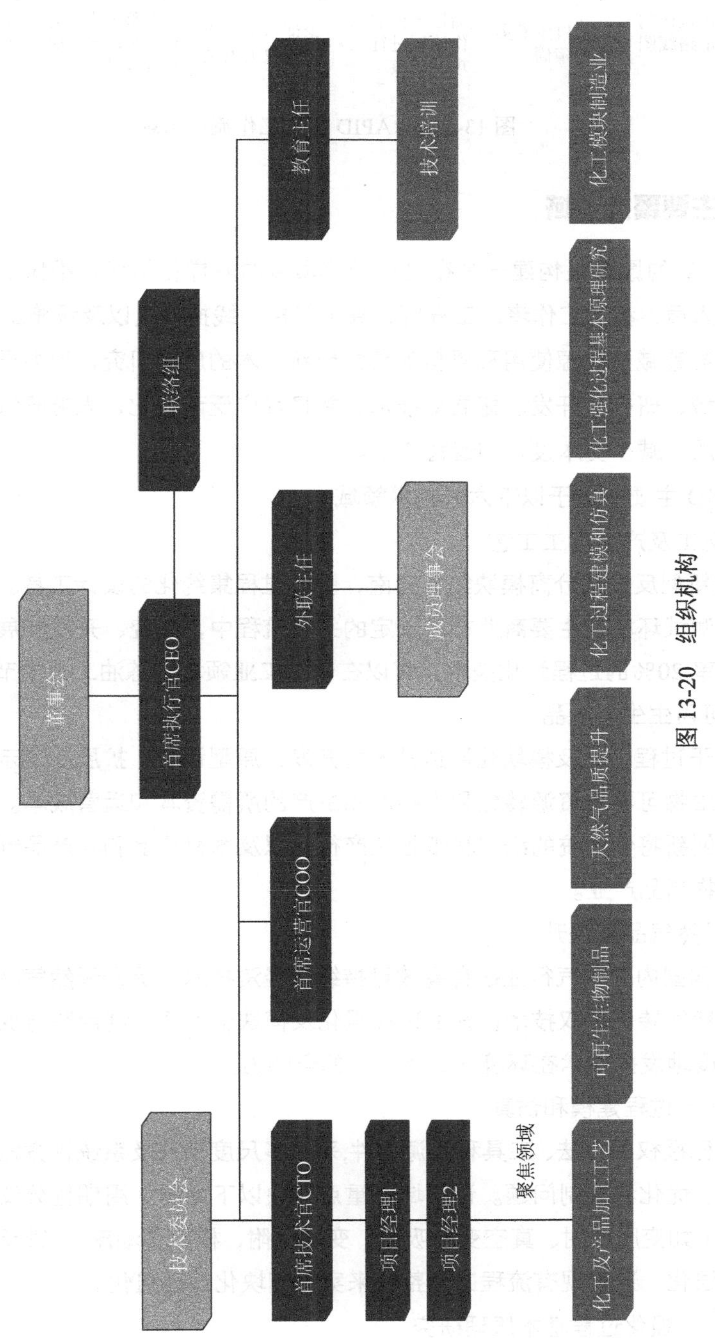
董事会
首席执行官CEO
联络组
技术委员会
首席技术官CTO
项目经理1
项目经理2
首席运营官COO
外联主任
成员理事会
教育主任
技术培训
聚焦领域
化工及产品加工工艺
可再生生物制品
天然气品质提升
化工过程建模和仿真
化工强化过程基本原理研究
化工模块制造业

图 13-20 组织机构

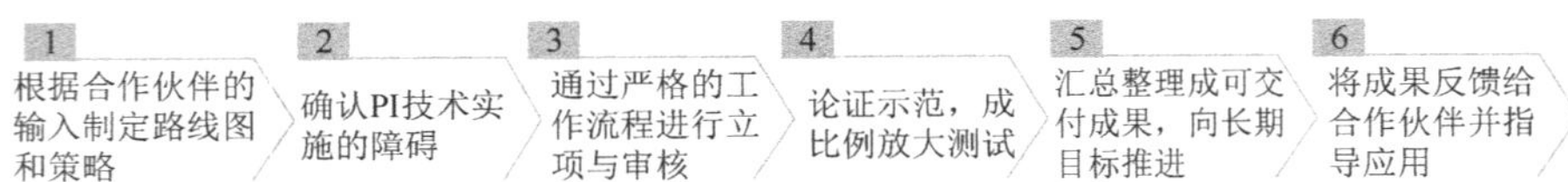

图 13-21　RAPID 组织工作流程示意

2. 主要聚焦领域

RAPID 的愿景是构建一个在过程强化领域的多样化网络，不仅连接着工业领导者、研究人员、教育工作者、工程师，甚至包括一线操作员以及设施工具。RAPID 专注于能够显著减少能源使用和原料浪费的创新技术的应用研究，致力于模块化化工过程强化领域，研究、开发、拓展新技术，并将其广泛商业化，大幅降低能源消耗、温室气体排放，减少资本投入和运营成本。

RAPID 主要聚焦于以下六大技术领域：

1）化工及产品加工工艺

制定新型反应和分离模块集成指南，验证过程集约化的设计工具。在此领域内，利用相关测试环境在主要商业市场选定的关键流程中，研究、开发和展示能够提高能源利用效率 20% 的过程强化技术，可以在化工工业领域和炼油工业中节省大量能源。

2）可再生生物制品

专注于过程强化及模块化制造技术的开发、原型设计、扩展和演示，提高能源效率，降低生物可再生资源转化和生物产品生产的所需资本和运营成本。过程强化和模块化制造创新将使传统的纸浆和纸张生产行业以及木材产品和农产品制造成为先进的可再生生物制品产业。

3）天然气品质提升

为美国国内天然气行业研究高效可持续的经济技术，提升天然气品质。根据国内成熟的天然气转化授权技术，开发过程强化及模块化设备，利用跨行业的技术转化优势最大限度地发挥技术在环境和经济方面的影响力。

4）化工过程建模和仿真

利用已授权的方法、工具和开源软件,采用多尺度集成及系统性方法来处理强化过程的设计、优化和控制问题。该领域将重点解决以下问题：周期性分离过程的模块化过程强化（如变压吸附、真空变压吸附、变温吸附、模拟移动床）；微反应和热交换过程的过程强化；通过现有流程工艺整合来实现模块化过程强化。

5）化工强化过程基本原理研究

通过研究基本原理加快发展新的化工强化过程。实现只需投入较少资本、操作成本和能源能耗，将转换分离或反应应用到模块化强化化学过程。开发基础技术和分级多尺度多功能材料，以实现分离、反应或混合系统的强化和模块化。创造用于替代现有能源形式的规模化技术（微波、等离子体、电催化过程）。推进固有的低能量分离过程（如吸附膜）和能源高效反应平台。研究多功能模块的基本原理，例如研究利用吸附和膜过程、反应器、热交换器和混合器以及时间耦合系统的混合分离/反应方案。

6）化工模块制造业

该研究方向致力于将研究者、设备供应商和从业者组成共同体一同推进过程强化设备进入到模块化制造供应链。该领域的目标是驱动模块和组件制造中的成本和可靠性改进，建立标准化模块和组件，以推动供应链内的需求提出和资本投资，使用先进的制造技术降低过程强化设备成本，降低由提高过程强化设备可靠性带来的技术风险。

以上六大领域是 RAPID 关注并积极推进的。欧洲推进过程强化技术侧重的领域与美国不同，这可能与产业优势相关，欧洲过程强化技术发展关注的四大领域：石油化学产品和散装化学品；特种化学品和医药品；食品配料行业；消费品食品工业[2]。但欧美双方都是以行业需求为核心，推进相关的过程强化技术研究。

3. RAPID 入选的关键要素及当前进展

RAPID 初期运营资金来源于美国联邦政府预算，其筹备成立之前招标工作由美国能源部所属的能源效益与可再生能源办公室负责开展。美国能源部招标审核要点主要分为三个部分：技术说明、团队及资源、运营管理方法，权重比例分别为 40%、30% 和 30%。

从这些考核要点来看，美国政府希望 RAPID 不仅仅是学术技术研究机构，更是一个平台型组织，广泛链接多方资源，推进项目立项并执行反馈，形成具有商业化的应用成果，服务于更多该领域成员，保护美国制造业优势。最终，RAPID 的建立工作由美国化学工程师协会承接，这也符合美国政府初始的期望，希望能将实验室已具备的早期技术概念推广发展至高水平的准商业成果。

RAPID 最主要任务是领导研究、开发和示范具有高影响力的模块化化工过程强化解决方案。作为初创组织，目前已经给出第一阶段任务路线图（2017 年 3 月 26 日—2017 年 9 月 30 日），包括建立组织、制定路线图和启动项目的情况，如图 13-22 所示。

其技术路线目标主要体现在以下五个方面：

（1）以提高超过 20%的能源效率论证展示模块化过程强化 MCPI 技术。

（2）发展相应工具手段使 MCPI 技术在现存工艺流程中的部署实施成本降低 50%。

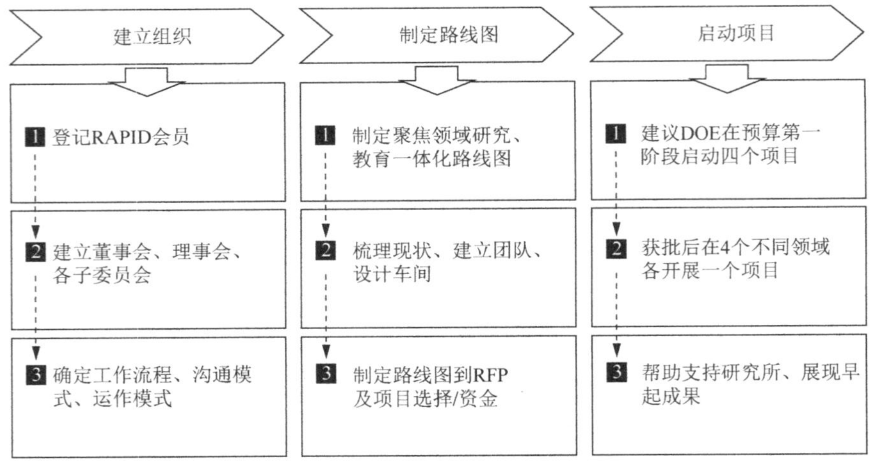

图 13-22　第一阶段任务路线图

（3）通过资本和运营的结合来提高燃料燃烧效率，论证演示 2*X* 的能源产出率。

（4）在规模化模块化生产中，每增加一倍的模块化生产，每单位的生产成本降低超过 20%。

（5）与目前商业化最先进的技术对比，具备 10*X* 的成本降低能力，废物排放降低 20%。

13.5　生物制药创新研究院（NIIMBL）

为了提高美国生物制药的研发速度并保证在行业内的领先水平，2016 年 12 月，美国商务部长 Penny Pritzker 宣布国家生物制药创新研究院 NIIMBL（The National Institute for Innovation in Manufacturing Biopharmaceuticals）在特拉华州纽瓦克成立。生物制造正在呈现加速发展的趋势。

13.5.1　生物制造的背景

20 世纪人类医药学史上最伟大的发现之一当属胰岛素的发现。1921 年加拿大的科学家首先发现并成功提取了动物胰岛素。为了解决传统动物胰岛素的种种不足，美国基因泰克公司（Genentech）终于在1982年成功研发并上市了重组人胰岛素（Humulin），从此开启了生物制药的新纪元。重组人胰岛素的制备主要通过重组DNA来完成，主要原料是人胰岛素和大肠杆菌，因此与人体自身合成的胰岛素结构完全相同。经过不断的技术革新和工艺改进，作为生物制药先驱产品的重组人胰岛素具有纯度高、用量少、不良反应小等优点，改变了越来越多糖尿病患者的生活。

随着新兴生物技术的不断涌现，生物制药的基本定义也在不断延伸。简单来说，生物制药与传统制药的最大不同就在于这种制药技术主要是生物组织或细胞通过直接提取、DNA重组技术、组织培养等方法来获得最终产品的，这样的药物通常都是各类蛋白质、核酸甚至细胞或组织，生物制药制备过程如图13-23所示。

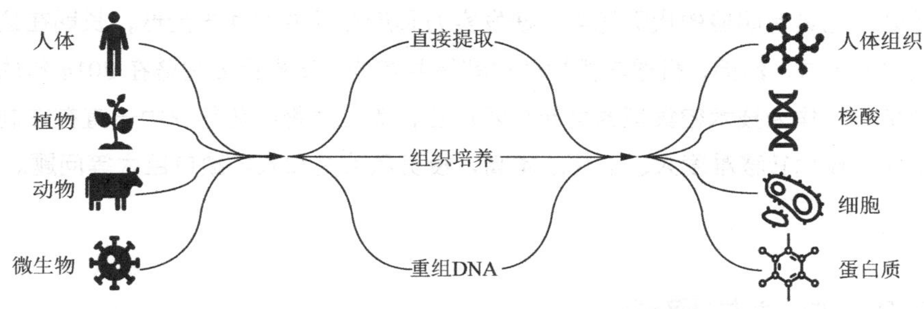

图13-23 生物制药制备过程

13.5.2 各个国家竞相发展生物制造

自20世纪70年代以来，欧美发达国家一直占据着生物制药技术主导地位。为了保持这一优势，欧洲各国政府结合自身发展中的实际情况，分别制定了不同的发展战略。

英国在2012年成立细胞与基因疗法创新中心（Cell and Gene Therapy Catapult）[3]，由英国大中小型企业、大学、国际组织和跨国公司等单位构成，致力于细胞与基因疗法的研究开发，帮助世界各地的细胞和基因治疗组织将早期研究转化为商业上可行的和可投资的治疗技术，使英国成为细胞疗法的全球领导者。目前，中心拥有超过120

[3] 注：Catapult的字面意思为“弹射中心”。

名细胞和基因治疗专家，最先进的病毒载体实验室。中心正在建设一个价值 5500 万英镑的大型 GMP 制造中心，帮助将细胞和基因治疗在英国和国际市场上市。2016 年，英国又成立医药研发创新中心（Medicine Discovery Catapult），致力于未来新型药物的早期研发和试验，加快药物研发到上市的速度，意图将英国打造成世界级别的业界领跑者。目前中心尚处在前期筹备过程中，未来将建成包括细胞培养实验室、人体组织分析室在内占地一万平方英尺的医药实验中心。

法国政府于 2015 年设立生物健康技术基金（Fonds Accélération Biotech Santé，FABS），重点解决法国在欧洲生物医药行业中公司数目少和风险投资较弱的问题，2016 年基金总数已达到 3.4 亿欧元。

作为全球生物制药技术的领先国家，美国占有世界近六成生物医药专利，和世界其他地区相比具有明显的代际优势，研发实力和产业发展均领先全球，长期在这一行业占据垄断地位。然而，机遇与挑战往往都是并存的，麦肯锡公司曾在 2014 年的一篇文章中指出：作为技术密集型的高新技术产业，美国生物医药行业中一直存在制造复杂程度大、技术转移难度大、消耗成本高，投资风险高和人才缺口巨大等问题。

13.5.3 定位与聚焦

作为全美国家制造创新网络的第十一个研究院，也是商务部牵头组建的第一家制造业创新研究院。商务部长 Penny Pritzker 指出："在全国各地，国家制造创新网络正在将美国私营企业和学术机构之间的孤岛逐渐打破，做到真正将工业技术从实验室带向了市场，今天宣布成立的研究院将会为整个生物医药行业内的创新活动起到分享成果、共担风险的作用，在这里诞生的创新项目会让整个行业进一步扩大生产，也会为更多的患者尽快提供最具突破性的治疗方案。"

生物制药创新研究院是首个通过国家标准与技术研究院（NIST）通过"公开征询"竞标成立的机构，该竞标接受工业界提出的与已有制造业创新中心聚焦领域不重叠的任何主题。政府选题与业界提议结合既考虑了国家战略必争的重点领域，又兼顾了业界关心的产业发展关键技术领域，二者结合很好地覆盖了创新中心所应关注的领域。国家生物制药创新研究院挖掘了其他任何研究院都不曾强调过的生物制药这一领域，在二十多份提案经过层层遴选后脱颖而出，并成为首个生物医药行业的国家级创新研究院。

国家生物制药创新研究院主要聚焦生物制药领域，通过开发更高效和快速的生物制药制造工艺，提升美国在生物医药领域的竞争力，加快区域经济发展，国家生物制药创新研究院的愿景如图 13-24 所示。

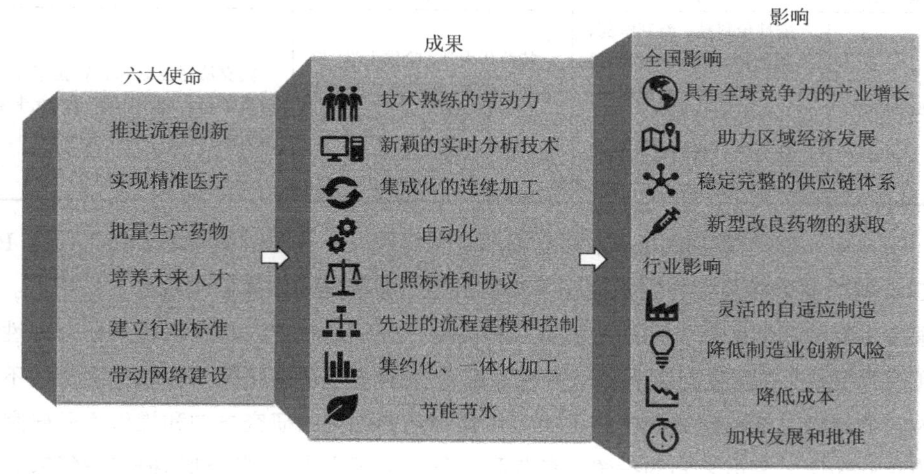

图 13-24 国家生物制药创新研究院的愿景

尽管生物制药创新研究院专注于生物医药制造，但对其他创新研究院的发展也至关重要。在 NIIMBL 成立之后，美国国防部于同月宣布成立先进再生制造研究院（Advanced Regenerative Manufacturing Institute, ARMI）。虽然归属商务部和国防部不同的分管，但国家生物制药创新研究院和先进再生制造研究院在聚焦领域方面明显是互补的。前者聚焦使用活体细胞生成复杂生物疗法，后者则聚焦制作多细胞组织和生物组织产品的技术创新需求，前者将会为后者生产新型生物组织提供经过改进的构成部件。

13.5.4 组织及资金筹募

生物制药创新研究院目前包含 150 个成员单位，涵盖了生物医药开发的所有环节，从设备制造商到原料供应商，从新治疗方法的开发到临床应用，再到注册审批和到最后用到患者的治疗中。这 150 个成员具体包括 103 个行业内的公司和非营利性组织，还有分布在 25 个州的 47 个其他合作者（学校、州政府和区域性组织），如表 13-6 所示。

表 13-6　国家生物制药创新研究院合作成员情况

类　型	公司、非营利组织	大学、社区学院	州政府、区域性组织
数　量	103	41	6
部分单位	安捷伦科技、新基医药、辉瑞制药、礼来制药实验室、安进制药、通用医药、赛诺菲制药、再生元生物医药公司、肯塔基生命科学协会等	特拉华大学、哈佛大学、麻省理工学院、特拉华社区技术学院、东卡罗莱纳大学、约翰·霍普金斯大学等	宾夕法尼亚联邦、特拉华州、马里兰州、明尼苏达州、北卡罗来纳州、麻省生命科学中心

下一步，研究院将成立一个独立的非营利组织——美国生物有限公司（USA Bio LLC），整个研究院将会在它的管理下来协调与国家标准与技术研究院的合作协议。美国国家生物制药创新研究院的会员有四种类型，分别是企业、学术机构、非营利性组织和政府机构（包括联邦政府和地方性政府），每种类型的会员又根据缴纳会费的不同分为三个等级。创新研究院由会员决定生物制药领域内的研究方向和提供不同研究方向的专业知识。会员之间的投资、参与和合作使得国家生物制药创新研究院能够促进生物医药制造产业的发展，解决行业内的共性问题并创造高水平的劳动力。

国家生物制药创新研究院资金由联邦政府投资 7 000 万美元，非联邦政府机构（公司、州政府、研究型大学、社区学院）出资 1.29 亿美元。随着研究院运转成熟，创新研究院将凭借会员费、收费服务活动、合同研究或产品试制、知识产权使用费等多种灵活的运作形式来获取收入，保持研究院的可持续发展，如图 13-25 所示。

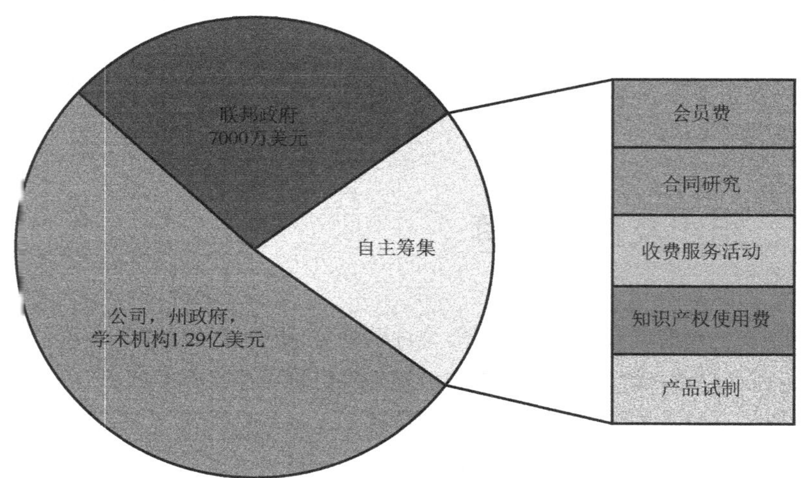

图 13-25　国家生物制药创新研究院资金来源

13.5.5 建立人才培养机制，保障人才需求

为深入了解生物制药行业内对于人才培养的需求现状，国家生物制药创新研究院在地区会议和网络上向工业、学术、政府/非营利组织等不同类型的 171 家会员单位开展了多方面的问卷调查。该调查从所需人才类型 、培训方法、不同类型人才的培训侧重方面以及培训过程中存在的限制因素和障碍这五个方面开展，参与调查的人员需要选择最优先考虑的三个选项，通过累加统计了解行业内对于人才培养不同方面的真实需求，人才需求调查结果如图 13-26 所示。

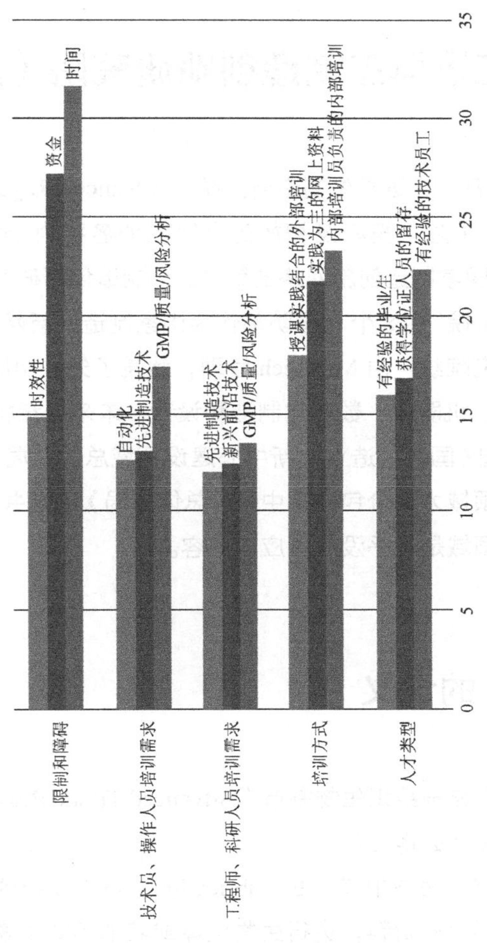

图 13-26 人才需求调查结果

通过调查可以看出，生物制药行业急需接受过高等教育并且有一定实践经验的技术人才，为此，生物制药创新研究院将面向各个层次的教育机构做出不同的针对性培养项目：开设基础教育阶段的科学、技术、工程和数学（STEM）教育项目；和美国的大学以及社区学院开展合作，开设相关课程，提供实习机会，创办暑期学校等 。

此外，行业内不同类型的从业人员对于 GMP（Good Manufacturing Practices，GMP，又称药品生产质量管理规范）、质量和风险分析以及先进制造技术的需求都十分迫切，研究院将提供 GMP 环境的教学和实践活动，并采用灵活的培训方式，整合线上线下资源，为不同成员提供个性化可定制的低成本、高回报培训项目。

13.6　先进再生制造创新研究院（ARMI）

2016 年 12 月 21 日，先进再生制造研究院（Advanced Regenerative Manufacturing Institut，ARMI）成立（注：招标及初始建立时候的名称为 ATB，Advanced Tissue Biofabrication），这是国家制造创新网络的第 12 个制造创新研究院，也是国防部旗下的第 7 个制造创新研究院（共 8 个）。国防部作为国家制造创新网络的最主要的资助方，其麾下的制造创新研究院统一由 ManTech 管理，涵盖了先进功能纺织物、光电子、增材制造、可再生制造、机器人、数字化制造和设计、未来轻量材料及工艺、下一代柔性复合电子。对照我国《国家制造业创新中心建设领域总体布局》（简称《总体布局》），美国这些创新研究院领域大部分包含在中国《总体布局》的总共 22 项建设领域中，唯独可再生制造的创新领域是几乎没有对应的内容。

13.6.1　ARMI 的含义

ARMI 最早被称为先进组织生物制造（Advanced Tissue Biofabrication）。这二者名称上的差异究竟体现在什么地方？

先来看看基本定义。生物制造（Biofabrication）是指复杂的，以活细胞、分子、细胞外基质或生物材料为原材料，进行生物活体或者非活体生物产品的制造。而再生（Regenerative）是指对人体细胞、组织和器官的工程，替换，重建，以恢复人体正常机能。Tissue Biofabrication 和 regenerative manufacturing 之间到底有什么不同呢？从字面上理解，Tissue 指生物组织，整体看来，是用 Biofabrication 的方法来制造 Tissue。从 Regenerative 的定义来看，是包含 Tissue 而又不仅限于 Tissue，因为重建似乎并不是限定只能用 Tissue。同时，后者的技术目标性更加明确：对于正常人体机能的恢复。考虑到 ARMI 的资助方是美国国防部（陆军），这样明确的技术目的性显然很好理解。

ATB 改名之后的 ARMI 的优先技术领域是生物制造、生物技术、材料和机器人，跟 ATB 当时成立时的技术领域有所区别，原来是材料、材料工艺和生物技术。材料工艺被生物制造和机器人替代了，说明再生制造的范围比生物制造更广阔，更包容，同时也更落地，目的性更明确。再生制造的手段包含，但不仅限于生物制造，机械手和机器人也是人体机能再生的一种实现手段。

13.6.2 ARMI 的领导机构

按照国家制造创新网络的设计，制造创新研究院的领导机构必须是一个非营利组织。而 ARMI 就是为了承接制造创新研究院而新成立的一个非营利组织，由 DEKA 公司、新罕什布尔大学和达特茅斯大学联合牵头。DEKA 公司的 CEO，ARMI 的领导人 Dean Kamen 先生是一位发明家、创业者、工程师和企业家，在美国相关业界可谓如雷贯耳。几个他创始的机构及其发明的产品都是妇孺皆知的，其中就有 Segway 自平衡车、First 世界机器人大赛、iBOT 全地形轮椅、著名的医疗器械公司 DEKA，等等。

ARMI 的成员来自企业界、学界和非营利组织，共有 87 名始创成员，其中企业界 47 名成员包括 DEKA、Autodesk、United Therapeutics、Medtronic、GenCure、Abbott、Rockwell 自动化等，26 位学界成员包括波士顿大学、达特茅斯大学、哈佛大学、麻省理工、斯坦福大学、耶鲁大学、新罕什布尔大学等，14 名政府及非营利组织成员则包含 FIRST 机器人、MEP 等。

政府为 ARMI 投资 8 千万美元，而期望是引资 2.14 亿美元，许多相关的项目，也都同时在 ARMI 的领域内各联邦级研究机构内正在进行的。

所有这些背景项目也值得我们逐个进行分析解读，这将有助于我们把握美国生物制造和再生制造的总体发展现状。其中以下几个值得我们额外关注。

联合体组织工程科学项目 MATES，是美国各联邦研究机构联合成立以致力于生物组织工程及科学的项目。这是由 11 个联邦研究机构及高校组成的，向国家科技委员会下属的生物科技分会汇报。MATES 制定了先进生物组织科学与工程的战略规划。

国家细胞制造联盟（National Cell Manufacturing Consortium）是隶属于 AMTech 的一个研究组织（AMTech 已经并入国家制造创新网络），2016 年 2 月制定了到 2025 年的细胞制造的发展路线图。

再生医疗军队研究院 AFIRM 是隶属于国防部的关于再生医疗的项目，得到陆军、空军、海军，以及美国国立卫生中心、退伍军人事务部等的资助。由于 ARMI 和 AFIRM 的天然联系，它们之间将会产生紧密的合作，尤其是 AFIRM 下属的联盟主要由各大高校和医院及政府机构组成，将作为 ARMI 的有力支撑。

MForesight 是一个美国新成立的制造业国家智库，和国家制造创新网络有非常紧密的联系，主要致力于制造业领先技术及政策方面的前瞻性研究。在 2016 年 9 月召开的全国峰会上，MForesight 发布了两个关于再生医疗和生物制造的快速响应报告，对于再生医疗和生物制造的政策和技术进行了展望。可以说这是同年 12 月 ARMI 成立的先声，对于 ARMI 工作的开展具备指导意义。

国家制造创新网络的最大使命就是要填补基础创新和市场化产业化之间的鸿沟。而在美国这样的国情下，成功市场化产业化的一个至关重要的因素就是能否获得具备专业技能的合格劳动力。ARMI 的聚焦技术领域作为一个集大成者，所需人才的各方面单向技能以及综合技能都是很高的。而生物科技，向来都是如此的。

在 ARMI 的招标过程中，国防部也着重强调了需要有落地的劳动力开发方案。Dean 寻求和新罕什布尔大学的合作，不仅是看中地理上的接近，更重要的是看中该大学一直以来在生物科技方面的投入，其曼彻斯特校区有 25%的学生都是选择生物技术方面专业。当 Dean 被宣布领衔 ARMI、新罕什布尔大学便成为 ARMI 的合作领导方之一后，伴随着集资规模的不断扩大，新罕什布尔大学的生物科技方面专业的入学申请增长了 3 倍。

13.6.3 投资技术领域

制造创新研究院本身是被赋予了很大的自主权的，比如在哪些技术方面招募项目。在 ARMI 的生物制造（biofabrication）、生物技术（biotechnology）、材料（materials）和机器人（robotics）这四个技术主题词下面，还有什么更细致解读？

根据国防部的官方网站介绍，生物制造是一个崭新的、跨领域的工业门类，包含生物科技、计算机科学、材料科学及工程。主要包含但不限于如下领域的工作：生物材料及细胞的处理、生物打印、自动化技术、无损检测技术、高产量培养技术、存储技术、生物反应器技术、实时监测和传感技术等。

ARMI 领衔了再生制造的制造创新研究院，其下又有一个名为 BioFabUSA 的非营利组织。BioFabUSA 专注于生物制造领域 5 个领域，包括（1）细胞选择、培养和规模化；（2）生物材料选择和规模化；（3）生物组织处理流程自动化和检测；（4）生物组织成熟技术；（5）生物组织保存和运输。总体看来，是聚焦在生物组织制造上，这和 DEKA 公司本身的机械假肢等解决方案是互补的。而 Dean Kamen 自己也强调，生物制造他所知不多，领衔 ARMI，主要是国防部看中他的技术产业化方面的影响力和凝聚力。而 BioFabUSA 的所谓跨越式发展目标的第一条，在上述 5 个领域开发以细胞或者生物组织为基础的突破性技术。

Dean 认为未来五年 ARMI 设置了两条平行发展的路线，第一条是“快车道”，力求快速向外界展示技术市场化产业化的能力；第二条是“重车道”，力求在五年的时间里面，最终实现大的技术突破或者大的胜利标志性事件。

ARMI 的技术领域主要集中在四大领域，它们分别是细胞及其材料的选择和采购、生物制造平台、工艺设计及其自动化和生物组织制造完成和测试技术。这 4 个领域具备整个制造流程上的承接关系，是一条完整的链，通过这条链上的技术突破和生态培育，最终要形成技术向市场转化的管道。

在这 4 个大领域范围下，每个技术领域又进行了更进一步地展开。共涉及以下 25 个技术领域，也就是说 ARMI 及其将来要招标的项目，基本在这 25 个技术领域内进行：

（1）3D biofabrication technologies：三维生物制造技术。

（2）Automation and robotics in multi-step manufacturing processes：多步骤制造流程中的机器人和自动化。

（3）Biofabrication coordination between the material, biology, and engineering communities：材料，生物和工程团体间的生物制造协作。

（4）Bioprinting technologies：生物打印技术。

（5）Bioreactors：生物反应器。

（6）Cell and biomaterial processing：细胞及生物材料处理。

（7）Cell material sourcing and manufacturing：细胞材料采购及制造。

（8）Computer modeling：计算机建模。

（9）Detection technologies measuring the functionality, viability and chemical nature of engineerezd tissue construction：测量人工生物组织构建的功能，通过性，化学性质的探测技术。

（10）Engineering, computer science, materials science and biology-related research and manufacturing expertise：工程，计算机科学，材料科学以及生物学相关的研究和制造专业知识。

（11）Expertise in cell-cell and cell-material interactions：细胞间及细胞物质相互关系的专业知识。

（12）Expertise in improving the scale, throughput, automation, and reproducibility of engineered tissues and real time assays：改善工程生物组织尺度，产出，自动化及可复制性的专业知识及实时化验。

（13）High-throughput culture technologies：高产出培养技术。

（14）In vitro safety testing and organ models：生物体安全性测试及器官模型。

（15）Materials science：材料科学。

（16）Micro- and nano-fabrication：微观及纳米制造。

（17）Microfluidic technologies：微流体技术。

（18）Non-destructive or minimally destructive test/sensors：无损检测及最小损害测试技术及传感器。

（19）Non-destructive testing technologies：无损测试技术。

（20）Real-time monitoring/sensing：实时监控/传感。

（21）Stem cell biology：干细胞生物学。

（22）Storage methodologies：存储技术。

（23）Technologies to culture, monitor and assure quality and reproducibility of tissue and tissue-related products throughout all stages of manufacturing：生物组织及其相关产品的制造流程各阶段培养、检测、质量确保及可复制技术。

（24）Three-dimensional constructs or tissues to be built with controlled cellular interfaces：三维构建及可控蜂窝界面构建生物组织技术。

（25）Tissue engineering：生物组织工程。

ARMI 的招标文件当中给出了生态系统两个角度的模型：运作生态系统和功能生态系统。运作生态系统主要呈现达到 ARMI 设计目标（促进技术的产业化）的生态系统组成，以及运作方式；而功能生态系统主要呈现从研发到运用的链条上各技术功能领域是如何相互支撑和运转的。

ARMI 的资助人是国防部陆军，而国家制造创新网络的主要目标是技术产业化市场化，军用和民用之间是存在着差距甚至是矛盾的。很自然，有个问题会被提出：是否所有制造创新研究院资助的项目都必须有潜在的国防和军事运用?

美国国防部的回答非常客观严谨：借助制造创新研究院的机制和领导人及其领导集体的慧眼，识别出最终能为全美国甚至全世界带来用处的技术，但是，国防部也希望在早期阶段，就能够给美国士兵以特别的关注。

13.7 降低内涵能源与减少排放研究院（REMADE）

13.7.1 产生背景

经历了 2008 年世界经济危机，美国对于制造业的重视程度与投入力度与日俱增。美国经济分析局数据显示，2015 年美国制造业占 GDP 的 12%。2015 年全年，美国制造业为美国经济贡献为 2.17 万亿美元，而 2009 年同期同口径贡献值为 1.7 万亿美元，累计增长率达 28%。与此同时，乘数效应、劳动生产率都实现了大幅提升，能源强度则实现了显著的下降，这与美国持续致力于优化与提升能源使用效率有着密不可分的联系。

据英国 BP 公司发布的 2016 版《2035 能源展望》显示，美国能源消耗约占世界能源消耗总量的 25%，位居世界第一。而制造业，又是美国第一大能耗行业，美国制造企业每年在降低能耗方面的花费的成本总计超过 2000 亿美元。

多年来，为了更有效地支持制造业的发展，美国能源局始终不遗余力地通过推进各类创新技术的发展与相关配套政策的支持，促进能源使用效率的提升。早在 2013 年，DOE 能效和可再生能源办公室（Office of Energy Efficiency & Renewable Energy，Office of EERE）即启动“清洁能源生产计划”，旨在提高美国清洁能源产品制造的竞争力，并提高制造业能源使用效率。EERE 下设的先进制造办公室负责辅助“清洁能源生产计划”相关项目的管理和执行，如为企业及研究机构提供共享的研究设施及其他各类资源。目前先进制造办公室在整个国家制造创新网络中所扮演的角色，也是通过共享资源解决跨领域清洁能源与能效提升的共性问题。

随着国家制造创新网络的兴起，美国能源部也继续拓展了在能源生产与消耗的创新计划。2016 年 5 月 13 日， EERE 发布投资机会声明（FOA），牵头组建在材料制造中减少内涵能源和降低排放 REMADE 创新研究院（Reducing Embodied-energy And Decreasing Emissions Institute），作为商务部清洁能源制造创新研究院旗下重要的分支领域之一。

2017 年 1 月 4 日，DOE 委任可持续制造创新联盟（Sustainable Manufacturing Innovation Alliance，SMIA）牵头，在位于纽约的罗彻斯特理工学院（RIT），正式建立降低内涵能源与减少排放研究院（Reducing Embodied-energy And Decreasing Emissions Institute, REMADE Institute），并于 2017 年 5 月正式开始运营。

13.7.2 组织方式与资金筹措

REMADE 总投资 1.4 亿美元，其中 7 000 万美元来自联邦基金拨款，另有 7 000 万美金以众筹的方式，从 100 多家成员机构募集而来。其中，包括 26 所高等院校、7 家国家级实验室、44 家企业和 26 个行业协会、组织与基金会。

在申请者资格认定方面，REMADE 规定美国公民个体、国内机构、国外机构、注册联盟协会、非注册联盟协会均可申请加入，但在等级与权责方面则存在着明确的差异化，尤其是对于申请入会的国外机构，有着颇为耐人寻味的“特别要求”。相关规定指出：任何申请入会的国外机构，必须以书面形式在申请书中明确指定一个在美国州或地区法律下注册成立的子公司或分公司代表自己行使权责，并需在申请材料中特别附加写明“申请原因、申请者加入对项目的意义和重要作用、申请者对美国研发、制造业、就业可能做出的贡献及推动作用、可能产生的专利及归属权认定”等一系列内容，如果在被委任的子公司、分公司不在美国境内工作，则还需附加额外的申请材料。国家制造创新网络并毫不掩饰其对于美国本土企业乃至整个美国国家利益的倾斜与保护。

针对不同类型的成员机构，REMADE 赋予不同的权利与责任，以求实现资源的合理优化配置与整体效益最大化，见表 13-7。相关的成本分摊与利益分配方式，REMADE 设置了非常翔实的细则与计算方法，例如，REMADE 项目费用的至少 50%将由成员单位承担。

表 13-7 REMADE 会员等级及权责制度

信息来源：可持续制造创新联盟

高等院校、学院	国家实验室
● 会员分为三个等级，会费根据等级权责不同而有所差异； ● 会员需分担 REMADE 项目及技术所需的专家工时、物料及测试台所需的成本； ● 第一、二级会员能够享受研究所专利使用权及联邦科研经费	● 7 个国家实验室不需要缴纳会费，但是需要贡献专家、物料及测试台； ● 可以参加年会、了解技术路线、沟通交流、员工培训
企　业	**行业协会、组织、基金会**
● 会员分为三个等级，会费根据等级权责不同而有所差异； ● 第一、二级会员需按年缴纳年金并分担成本，可以享受研究所专利使用权及联邦科研经费； ● 第三级会员仅为观察者，缴纳少量年费，即可参加年会、了解技术路线、沟通交流、员工培训	● 行业协会、组织、基金会不需要缴纳会费； ● 可以参加年会、了解技术路线、沟通交流、员工培训

作为 DOE 在国家制造创新网络中的搭档，美国智能制造领导力联盟（Smart Manufacturing Leadership Coalition，SMLC）也在其中，它同时牵头另外一个清洁能源智能制造创新研究院。可以想象，美国对于智能制造与能源管理之间可能产生的协同效应，显然有着更高的期许。

13.7.3 职能定位与技术聚焦

作为国家制造创新网络中由 DOE 主导的第五家创新研究院，REMADE 将专注于能够显著降低制造关键材料所需能源的创新技术的早期应用研究，并通过提高对金属，纤维，聚合物以及电子产品废弃物这四大类重点能耗领域材料的回收、重复利用和再制造，促进制造业整体能效提升，其目标是，到 2027 年，整体能源效率实现 50%的提升。

REMADE 期望通过对诸如信息收集；对废料的收集、识别与分类；混合材料分离；微量污染物去除以及强效经济的再加工与处理方法等关键平台技术研究与部署，有效减少制造业所需能源、物料，尤其是初级原材料的使用量，并降低碳排放量、温室气体排放量，大幅降低能源成本，与此同时为小企业创造更多商业机会，为美国公民创造更多就业机会，从而提升美国综合竞争力。

REMADE 主要聚焦于以下五大技术领域：

（1）系统分析与集成，即数字收集、标准化、度量标准，以及理解物料流所需的工具等。相关技术能够帮助制造商掌握贯穿全产品生命周期的物料流信息，并具备对物料流进行分析的能力，进而优化物料用量及效率。

（2）为再利用与拆卸而设计。为物料利用与二次利用开发专用工具，为重新配给与拆卸而设计，以解决现有设计工具无法满足的应用需求，同时也提供关于物料流的有效数据支持。

（3）在制造过程中有效利用材料、近净成形，以及利用无质量损失的二次给料，其中涉及高效的熔融与蒸馏技术。

（4）再制造/报废再利用，涉及经济有效的清洗、元器件修复、条件评估和逆向物流技术。此过程将利用高附加值元器件还原与功能质量保证技术、高效化学清洗技术，低能耗微量污染物清除技术，最大限度地解决物料回收效率及能源节约问题，以确保物料、元器件再利用的效率与经济价值的最大化。

（5）回收与复原，即快速收集、识别、分类、拆卸，以及污染物去除再加工与处理。在此过程之中，先进机器人与机器视觉技术、能够对不规则混合材料废物进行快速分拣技术、稳定高实时性物质分析技术、低能耗金属与非金属材料分离技术，将被广泛应用。

上述技术将通用于多种材料，但同时也希望能够较有针对性地实现关键专业领域的突破。例如，以当前的技术，挖掘内涵于产品本身的能源是非常困难的，尤其是电子产品这种材料复杂性与多样性越来越高的品类，如智能手机、笔记本电脑等电子产品，同时采用超过 60 种元素，但是材料二次利用所带来的能源节约又是非常显著的，如铝的二次利用能够比一次使用节约 95%的能源，对于这种对多种元素混杂的电子废物进行经济有效地处理的应用，即回收、再利用与再制造技术研究的重点。

经过为期一年的努力，部分技术已经有所突破，并在行业应用方面获得了长足的进展，主要包括信息采集与标准化工具、拆卸/重复利用与重新组装设计工具、物料流快速分类、混合材料分离、微量污染物清除、回收材料再加工等。这些创新技术能够大幅减低制造业的能耗与一次材料用量，从而实现能源效率的有效提升。

REMADE 预计，通过上述优化技术，美国制造业每年能够节省大约 1.6 千兆英热单位（quads）的能量，相当于 2.8 亿桶石油，价值等同于美国全国一个月石油进口总额。

13.7.4 发展目标与愿景

按照以往的惯例，国家制造创新网络为 REMADE 也设置了与其他创新研究院类似的基本目标：

（1）对适用于能效管理与清洁能源等领域的、影响力较大的先进制造技术进行探索研发。

（2）在接受 DOE 等相关组织扶持的情况下度过前五年成长期后，能够实现独立运营。

（3）培养过硬的先进制造业工作队伍。

（4）强化创新生态系统。

（5）构建同时涵盖中小型企业的公私合营产业联盟以强化美国制造业竞争力。

但是 REMADE 所期望的远不仅限于此，他们为未来五年，乃至十年的发展，设立的更加清晰的量化目标，主要是在技术发展、生态组织和劳动力发展这三个方向上。

就技术指标而言，REMADE 提出来，要通过创新材料的回收、再利用、再制造与再加工技术，五年之内，内涵能源利用效率提升 25%；十年之内，内涵能源利用效率提升 50%以上。在提高物料使用效率与降低温室气体排放方面，通过研发打造具有代表性的规模试点，至少在一种能源密集型或能源依赖型加工流程中，实现 10 倍于当前最先进的技术水平所能实现的一次材料节约，在实现能源效率提高的同时，在当前最先进水平的基础之上减少温室气体排放的 20%。

工具也是重要的考量对象，REMADE 期望在 5 年之内，开发出能够有效提高能源使用效率的工具与技术，使二次利用材料的成本等同于或低于一次材料的使用的成本，相关技术达到业内最高水平。同时可以研发能够有效提升回收与再利用效率的技术，使特定能源密集型材料的回收效率达到 30%以上的绝对增长。REMADE 评估了当前的再生效率，对标当前最先进水平，承诺五年之内开发能够使材料二次利用所需能源减少 30%的工具与技术，在此基础之上，十年内材料二次利用能耗再降低 50%。

就组织与生态指标而言，仍然是需要可持续发展的公私合营模式的产业联盟。通过一起规划产业技术路线、制定年度规划流程等，并且各个组织需要规划好五年后的“自力更生”路径。

而在劳动力发展指标上，就更加务实和具体。REMADE 计划在 2018 年开始，每年培养至少 50 名 REMADE 相关技术领域的专业教育与培训专家，每年培养至少 500 名 REMADE 相关技术专业的学生。

这类指标的全面与细致入微，彰显着国家制造创新网络在创新研究院规划领域的典型特征，既有宏大的目标，也有触手可及的措施和进度安排。

13.8 先进机器人创新研究院（ARM）

13.8.1 成立过程

2017 年 1 月 13 日，美国国防部宣布成立先进机器人制造（ARM）创新研究院，负责领导该研究院的是卡内基·梅隆大学（CMU）组建的位于宾夕法尼亚州匹兹堡的先进机器人公司。ARM 创新院由联邦投资 8 000 万美元，地方政府和其他成员承诺投资至少 1.73 亿美元，将会把当前美国本土碎片化的机器人制造技术能力组织起来，在全球竞争中取得更好的位势。配套资金规模反映了美国机器人产业群体在该研究院中的重要位置，以及其对美国商业、学术界和地方政府的价值。

ARM 创新院由国防部牵头制造而且主要定位为工业制造机器人，但决定建立这一家制造创新研究院的过程可能并不简单。早在 2015 年 12 月 22 日，商务部国家标准与技术研究院（NIST）发布公告为其可能牵头组建的 2 家新制造创新研究院从工业界收集信息，其中之一就是“协作制造机器人”。2016 年年初，美国国防部也通过空军研究实验室（AFRL）发布了信息征询书，为其牵头组建的 2 家制造创新研究院聚焦的技术领域征集建议，并且给出了国防部正在考虑的 6 个潜在技术领域，其中就有“辅助机器人和柔软机器人”，该领域不仅包括工业制造机器人等商业机器人，还包括可执行作战任务的军用机器人。

传统工业机器人一般固定在静止基座或轨道上，与人类用安全围栏严格隔离，启动状态下两者不发生任何接触。随着机器人和人工智能技术的不断发展，这一模式将发生根本性的变化，逐步变为：可以在特定范围自主移动的机器人，与人类在同一工作区域同时开展工作，两者之间很自然地发生接触。协作机器人是下一代机器人发展的重要方向，其主要特点就是能像工友一样与其他机器人或人类一起工作，无需隔离防护。空中客车公司已经在其未来工厂概念中对人形协作机器人进行了演示，该公司此次也加入了 ARM 研究院，这是其参与的第一家美国制造研究院，意义重大。事实上，空客 A380 飞机零件制造已经开始使用人形协作机器人。

ARM 创新研究院旨在通过跨学科集成各种工业界实践和学术界知识，开发一系列机器人技术并应用于航空航天、汽车、电子和纺织等行业，形成一个稳健的制造创新生态系统。研究院的四项使命：加强美国劳动力，创造并维持就业，树立机器人领导地位，促进中小企业的制造。有意思的是，另外六家制造创新研究院也加入了 ARM 研究院，包括 AM 美国增材制造、DMDII 数字化设计与制造、IACMI 复合材料、AFFOA 先进织物、NextFlex 柔性混合电子及 CESMII 清洁能源智能制造研究院。工业机器人是诸多行业先进制造技术的基础，其应用往往代表了该行业的制造能力水平，还有什么比致力于发展这些制造行业的制造创新研究院更能推动先进机器人技术在各行业的应用呢？可见，该研究院在建成横跨 30 个州的开放协作网络后，将成为覆盖全美制造业的一个重要网络节点，接入更大的网络来发挥其作用。

13.8.2 组织结构与会员

ARM 研究院的领导机构是卡内基·梅隆大学（CMU）组建的先进机器人公司，这是一家独立运营的非营利公司，研究院目前的一些领导层都来自于它。ARM 研究院领导层包括首席执行官、技术官、劳动力官、运营官和财务官（CFO），现任临时 CEO 由先进机器人公司总裁 Gary Fedder 担任。从 2017 年 4 月起任职，同时担任卡内基梅隆大学机器人研究所教授和先进机器人公司总裁，之前曾任大学的副研究教务长。除了在微机电系统（MEMS）领域的专长外，他最重要的经历就是在 2011—2012 年，作为美国先进制造伙伴关系（AMP）的联合技术负责人，与工业界、学术界和政府一道，形成了推动 NNMI 启动的建议。他还曾共同领衔了美国增材制造创新研究院的建议书评审过程，目前仍在该研究院的执行委员会任职。

ARM 研究院拥有超过 230 家，包括 123 家工业界成员、45 家学术界成员、63 家政府和非营利组织，吸纳了各种规模的机器人软硬件开发商、众多军民产品制造商、大量顶尖院校以及若干国家实验室和其他制造创新研究院，为基础研究与产业化搭建桥梁。ARM 研究院将这些会员分成了 2 大类和 7 小类，包括工业界会员——白金会员、金会员、银会员、铜会员和初创公司；大学和非营利组织——核心会员和教育合作伙伴。其中，初创公司和教育合作伙伴无需缴纳现金会费，只有白金、金和核心会员能够领导研发项目，白金会员享有更多的知识产权权利。

虽然目前还不清楚 ARM 创始会员都是什么级别，但是若干家世界顶级的工业机器人制造商的加入可以说使 ARM 研究院具备了权威的代表性。包括世界四大工业机器人制造商的发那科、ABB 和安川都在其中。

13.8.3 主要关注的技术领域

研究院主要关注如下技术领域：协作机器人，机器人控制，灵巧操作，自主导航与机动，洞察与感知，测试、验证和确认。

1. 协作机器人（总体设计）

协作机器人是下一代机器人发展的重要方向，其主要特点是能像工友一样与其他机器人或人类一起工作，无需隔离防护。在协作环境中与人类和其他机器发生接触是难免的，因此机器人必须设计得足够安全，具备识别潜在物理接触及计划规避行动的能力。

（1）面向协作机器人的设计。随着拓扑优化和材料技术的发展，未来的机器人设计可以集成软控制技术、新型高性能驱动装置以及先进材料，让机器人能够与人类工友进行物理接触，并且在执行一系列任务时保持稳定操作。

（2）人-机/机-机交互。除了物理上的安全交互，机器人还需要通过直观界面与人类进行有效沟通，比如通过语音（通用自然语言）或非语音（图像、手势）接收人类指令，识别人类活动以保持与其同步，并且把自己的意图清晰地传达给人类。交互技术还应该让机器人能识别人类在身体和情绪上的限度，并相应采取一系列特定行动。

（3）监督下的运行保证。为机器人运行提供实施监测和校正协作环境的手段，保证机器人的安全和性能。运行保证能力应该提供实时状态感知、安保（包括赛博安全）、安全策略监测、调试、故障防护，以及系统行为验证与确认（V&V），获得的相关数据可存储在数据库中用于分析。

2. 机器人控制（学习、适应和改变用途）

下一代机器人可通过观察演示来学习、调整其功能，敏捷变换用途。任务适应性的提升将使航空航天等行业拥有安全有效和高生产率的机器人系统，应对多品种、小批量生产。先进的自适应控制和人工智能是支撑这一领域发展的使能技术，此外还需一个具备综合模块化架构的开放式通用框架。

（1）学习与决策。使用案例学习技术，让协作机器人观察人类或其他机器人执行任务，并能在若干安全和性能限制下重复这些行为。为检查任务执行的效果，可将高层级决策中的决策技术（最终将是成熟的推理技术）与低层级控制回路耦合以开发新技能，并通过不断观察而实时更新。高效的实时计算技术对于学习和推理的执行至关重要。

（2）适应。让机器人更具适应能力，如在一个机器人班组中有机器人出现故障时，可在它们中间重新分配任务。适应性可包括以下几方面：有效使用和集成开源软件；快速修改预确认的算法及通用软件架构和代码的能力；在机器人硬件中设计某些属性，从物理上实现对制造周期中干扰和变化的自适应响应；对人类和机器人进行协作培训，快速调整和适应新软件、硬件和生产协议的实施。

（3）快速改变用途。关注改变机器人用途的便利性，并提高投资回报率。快速、经济可承受和安全地让机器人平台改变用途应包括以下几方面：使能手段——修改或替换机器人的物理元件，允许其执行一系列新的人机协作任务；软件工具——快速和经济地重新配置机器人以执行新任务，减少制造资产的空闲时间；安全协议——有效的人机安全培训和快速改变用途的独特协议。

3. 灵巧操作

为实现下一代机器人对不同大小、外形及易碎物体的平稳抓取和灵巧操作，需要为复杂末端执行器开发触觉阵列密度接近人类的硬件，以及面向对象的算法。自适应学习是与这一领域密切相关的使能技术。针对下一代末端执行器的开发，还需要使用虚拟仿真手段优化设计、选择并实施最恰当的灵巧操作实现方法。

4. 自主导航与机动

在有人类走动和其他机器运行的制造环境中，下一代机器人应该快速响应其路径规划，自主移动，并且在预定路线上能够敏捷地规避障碍。安装在移动自主平台上的灵巧机械臂可提供多用途操作能力，如喷漆、攀爬、进入狭小空间等。

（1）导航、动态路径规划、障碍察觉和规避。自主导航能力将需要在系统最稳（如安全）和性能最优（如速度）之间平衡，让机器人在动态制造环境中知晓自身的尺寸和配置，以及它必须通过的障碍。只有机器人具备良好的状态感知能力，并且能够将传感器信息处理成可执行的运动计划时（如导航和路径规划能力），机器人才能自主移动。

（2）机动性使能条件。机器人的机动性受系统电力要求、电池容量和尺寸、信号/通信不足等因素限制。除此之外，还有通信安全问题以及工厂基础设施的变化，未来的理想状态是——一个不被电力和通信约束限制的机器人环境。

5．洞察与感知

洞察力对下一代机器人来说是一项需要极大提升的关键能力。必须对诸如视觉、距离、触觉、温度、力、扭矩等感知模式进行提高、分析和融合，以使机器人拥有恰当的状态感知能力。车间中的机器人将需要集成具备洞察力的系统，以监测它们以及周围事物（人类、其他机器人或设备）的行进。这些系统能够检测零部件的缺陷，估测人类维持安全和生产率的情绪和身体状态，并且基于触觉以及其他反馈来执行更多的抓取和组装策略。为全面解释智能状态感知，需要传感器之间互操作和相互兼容，并且需要数据简化技术和先进分析方法。

6．测试、验证和确认

辅助下一代机器人开发和分析的虚拟和物理手段与工具，对原型制造和工艺的确认至关重要。这包括基于实证的设计、实施和分析，以及面向所有成员的一个软件测试台和中央数据库。

（1）协作环境建模与仿真工具。开发对人机协作环境进行可预测的端到端设计所需的工具。目前针对机器人及相关技术来说，在设计、安全性以及性能等方面进行建模、分析并且验证还存在挑战，这包括在协作环境中用模型执行相关实验的能力。协作环境应由一个可靠的知识管理系统支撑，能够提供经确认的性能数据，未来创新的建模与仿真工具将解决这些问题。

（2）机器人软件测试台。开发可访问的协作机器人软件测试台，在将其集成进最终的机器人系统之前测试子系统的行为可靠性。一个共享的测试台应可在原型集成到各种实际制造系统之前，测试并确认原型中嵌入的软件及其他软件。理想状态是拥有软件自动化测试工具，以及在早期和开发与集成周期中验证产品代码的能力。

13.8.4 教育与影响力传播

ARM研究院承诺通过一个有强有力的教育与劳动力发展计划，增加先进制造业就业，机构将持续构建ARM的教育合作网络，推动更广泛地参与认证和教育计划；通过教育与劳动力发展计划扩展行业网络，更好地教育和支持中小企业；培训、认证学生和教师并提供实习机会；通过基于研究的STEM和工业界认可的ARM认证，使教育渠道多样化。

ARM研究院与区域机器人创新协作网络（RRIC）深度合作，接入现有的区域共享的物理基础设施，构建横跨30个州的开放协作网络。而RRIC将推动ARM完成使命；从相关区域招募新会员，特别是中小企业、初创公司和劳动力培训提供商；通过沟通和建立价值主张以帮助维护会员；参与ARM研究院的整体路线图制订，提供国家层面的输入驱动技术及教育与劳动力的发展。例如，作为ARM研究院的会员，位于纽约州的伦斯勒理工学院，将与纽约州制造扩展伙伴关系MEP的中心——纽约州科技和创新部（NYSTAR）一起建立的非营利组织FuzeHub，共同领导中大西洋RRIC，加入ARM网络。同样，会员之一的德克萨斯州农机学院也将领导中南部RRIC，成为ARM网络的一员。

先进机器人制造创新研究院8个标签见表13-8。

表13-8 先进机器人制造创新研究院8个标签

世界级创新者	研究院网罗机器人设计和工程领域杰出人才，将面向制造的下一代机器人创新水平提升一个数量级
美国制造	研究院作为非营利组织，由基于工业界的路线图、管理层和咨询委员会驱动研究院发展，提升美国在下一代机器人上的竞争力
区域创新协作	研究院将建立一个横跨30个州的开放协作网络，拥有8个区域性的机器人原型制造和试验中心，以及27个共享的制造设施
匹兹堡总部	研究院将卡内基梅隆大学国家机器人工程中心附近的工业界、学术界和劳动力发展团体聚合在一起
231家初始成员	研究院充分利用利益相干方的专业技术能力，包括123家工业界成员、45家学术界成员、63家政府和非营利组织
数据管理系统	研究院接入“国家制造创新网络”的在线数据总库系统，共享其他13家制造创新研究院的庞大数据
教育和劳动力网络	研究院利用成员的现有项目，比如FIRST机器人挑战赛、STEM（科学、技术、工程、数学）连接器等，创造超过50万个就业岗位
资金配套	研究院将获得超过2:1的配套资金，总投资超过2.53亿美元

后　　记
——合力完成《美国制造创新研究院解读》

本书由中国电子信息产业研究院组织出品，在研究院特聘顾问专家林雪萍的牵头下，采用了统一结构、多作者分工的编写方式。本书的原始资料来源十分广泛，既有散落在各个网站上的信息，也有演讲者笔记、招标书、研究报告等，通过作者们的翻译、整理、再加工和撰写而成。其中，上篇的大部分章节由旅居美国的赍霖先生负责编写，他对美国先进制造战略的来龙去脉做了详细的研究与分析；美国创新研究院对中国的启发由林雪萍和王晓明完成；会员制与知识产权、中小企业伙伴拓展计划 MEP 分别由刘亚威和王静毅负责编写。下篇各个创新研究院的实例由多人分工完成，增材制造 AM、数字化设计与制造 DMDII、轻量化材料 LIFT、机器人 ARM 主要由刘亚威负责编写，美国电力 PA、复合材料 IACMI、柔性电子 NextFlex 由宋华振负责编写，先进功能织物 AFFOA 由何发负责编写，其他章节如清洁能源智能制造 CESMII、可再生生物制造 ARMI、光电集成 AIM、生物医药制造 NIIMBL、过程强化 RAPID、降能减排 REMADE 则分别由王静毅、赍霖、张文豪、任海峰、王天宇和黄昌夏负责编写。

为了本书的顺利出版，书中各个部分内容得到了赛迪研究院工业科技研究所何颖、张义忠、任海峰、王磊、杨柯巍、石敏杰、郭英、宋亮等研究人员的审稿支持和资料支撑，在此表示感谢。

本书由林雪萍统一进行层次架构设计、内容处理和统稿，也得到了同事高静等人对各方面文献引用比对及审稿支持，在此一并表示感谢。

最后，还要感谢那些对美国制造创新研究院非常热心的读者朋友们，他们通过微信留言给了很多建议，对书稿也表示浓厚的兴趣。正是有了这些支持，本书才有了它的存在价值。希望中国“政、产、学、研”各行业都能够从中汲取更多精华，结合我们的一线实践，建设符合中国国情的制造创新中心。

参 考 文 献

[1] Advanced Manufacturing National Program Office. NATIONAL NETWORK FOR MANUFACTURING INNOVATION PROGRAM A PRELIMINARY DESIGN[R], January 2013.

[2] President's Council of Advisors on Science and Technology. REPORT TO THE PRESIDENT ON CAPTURING DOMESTIC COMPETITIVE ADVANTAGE IN ADVANCED MANUFACTURING[R], July 2012.

[3] President's Council of Advisors on Science and Technology. REPORT TO THE PRESIDENT ON ENSURING AMERICAN LEADERSHIP IN ADVANCED MANUFACTURING[R], June 2011.

[4] National Innovative Initiative Summit. Innovate America[Z], May 2005.

[5] National Research Council. Rising to the Challenge： US Innovation Policy for Global Economy[R], June 2012.

[6] National Academy of Sciences. Rising Above the Gathering Storm：Energizing and Employing America for A Brighter Economic Future[R], May 2005.

[7] 维基百科.词条：美国竞争法，https://en.wikipedia.org/wiki/America_COMPETES_Act

[8] OFFICE OF SCIENCE AND TECHNOLOGY POLICY. A STRATEGY FOR AMERICAN INNOVATION: DRIVING TOWARDS SUSTAINABLE GROWTH AND QUALITY JOBS [R], September 2009.

[9] OFFICE OF SCIENCE AND TECHNOLOGY POLICY. A STRATEGY FOR AMERICAN INNOVATION: Securing Our Economic Growth and Prosperity[R], February 2011.

[10] OFFICE OF SCIENCE AND TECHNOLOGY POLICY. A STRATEGY FOR AMERICAN INNOVATION[R], October 2015.

[11] THE NATIONAL SCIENCE AND TECHNOLOGY COUNCIL. A NATIONAL STRATEGIC PLAN FOR ADVANCED MANUFACTURING[R], February 2012.

[12] President's Council of Advisors on Science and Technology. REPORT TO THE PRESIDENT ON ENSURING AMERICAN LEADERSHIP IN ADVANCED MANUFACTURING[R], June 2011.

[13] Executive Office of the President. A FRAMEWORK FOR REVITALIZING AMERICAN MANUFACTURING[R], December 2009.

[14] National Economic Council. Revitalizing American Manufacturing：The Obama Administration's Progress in Establishing a Foundation for Manufacturing Leadership[R], October 2016.

[15] Advanced Manufacturing National Program Office. Guidance on Intellectual Property Rights for the National Network for Manufacturing Innovation[Z], October 2014.

[16] Advanced Manufacturing National Program Office. Guidance on Institute Performance Metrics National Network for Manufacturing Innovation[Z], August 2015.

[17] Advanced Manufacturing National Program Office. NATIONAL NETWORK FOR MANUFACTURING INNOVATION PROGRAM ANNUAL REPORT[R], February 2016.

[18] Advanced Manufacturing National Program Office. NATIONAL NETWORK FOR MANUFACTURING INNOVATION PROGRAM A PRELIMINARY DESIGN[R], January 2013.

[19] Advanced Manufacturing National Program Office. NATIONAL NETWORK FOR MANUFACTURING INNOVATION PROGRAM Strategic Plan[R], February 2016.

[20] President's Council of Advisors on Science and Technology. REPORT TO THE PRESIDENT ON CAPTURING DOMESTIC COMPETITIVE ADVANTAGE IN ADVANCED MANUFACTURING 为抓住国内先进制造业竞争先机而致总统的报告[R], July 2012.

[21] President's Council of Advisors on Science and Technology. REPORT TO THE PRESIDENT ACCELERATING U.S.

ADVANCED MANUFACTURING[R], October 2014.

[22] Subcommittee for Advanced Manufacturing OF THE NATIONAL SCIENCE AND TECHNOLOGY COUNCIL. ADVANCED MANUFACTURING: A Snapshot of Priority Technology Areas Across the Federal Government[Z], April 2016.

[23] Website of NIST：https://www.nist.gov/mep

[24] Vickie Wessel: march 1 advisory board presentation [Z], March 1,2016.

[25] FY17-Budget-NNMI Combined[Z],2017.

[26] Appendix-D Cost Share Recommendation Preparing for Board Meeting [Z],September 23,2013.

[27] Manufacturing Extension Partnership. Embedding MEP into NNMIInstitutes FFO [Z],October 17,2016.

[28] Website of United States Code：http://uscode.house.gov/view.xhtml?req=(title:15%20section:278k%20edition:prelim).

[29] Wendy H. Schacht. Manufacturing Extension Partnership Program: An Overview[Z], November 20,2013.

[30] National Institute of Standards and Technology .2015 NIST MEP ANNUAL REPORT[R],2015.

[31] Manufacturing Extension Partnership .MEP Advisory Board Meeting[R], March7,2017 .

[32] Advanced Manufacturing National Program Office. Guidance on Intellectual Property Rights for the National Network for Manufacturing Innovation, October 2014.

[33] Deloitte.2016 Global Manufacturing Competitiveness Index[R],April 6,2016.

[34] Website of America Makes: https://americamakes.us/

[35] America Makes & ANSI Additive Manufacturing Standardization Collaborative. Standardization Roadmap for Additive Manufacturing, February 2017.

[36] Department of Defense. Department of Defense Additive Manufacturing Roadmap[R], Nov 2016.

[37] Website of LIFT: http://lift.technology/

[38] 刘亚威. 轻量化材料制造创新机构项目概览[Z].中国航空工业发展研究中心，2017.

[39] Website of DMDII: http://DMDII.uilabs.org/.

[40] 刘亚威. “数字制造” VS “智能制造” [Z].中国航空工业发展研究中心，2015.

[41] Tolbert L M, Ozpineci B, Islam S K, et al. Wide bandgap semiconductors for utility applications[J], January 3,2003.

[42] Kamel Madjour.Silicon Carbide Market Update:From Discrete Device to Modules,Technology & Market Analyst,Yole Développement [R], 2015.

[43] Mouser Electronics, L. Cuthbertson[Z], 2016.

[44] Nick Justice,John Muth.Advanced Manufacturing office Peer Review[Z],May 25-28,2015.

[45] PowerAmerica .PowerAmerica Strategic Roadmap for Next Generation Wide Bandgap Power Electronics[R],January 2017.

[46] Power America.Call for Project for June 1,2017 –May 31,2018[Z], September 8,2016.

[47] Power America. Budget Period 2:Kick-off Quard chart[Z],2016.

[48] Yole Développement. Market and Technology Trends in WBG Power Module Packaging[Z],2014 Power Electronics Market Status,2015.

[49] Flexibile Hybrid Electronics Definition. [EB/OL]https://www.nextflex.us/about/about-fhe/，NextFlex, 2017.

[50] Brain W Anthony. Flexible Hybrid Electronics MII[Z],NextFlex MII,MIT PI,2015.

[51] Joining NextFlex Offers Flexible Benefits. https://www.nextflex.us/get-involved/membership-inquiry-form/[EB/OL], NextFlex,2017.

[52] Jason Marsh. Flexible Hybrid Electronics Technologies As the Foundation for a Connected world[Z], Imaps Polymer Symposium, April 25,2016.

[53] Jason Marsh. America's Flexible Hybrid Electronics Manufacturing Institute Printed Electronics Committee[Z],Apex

Expo 2016 meeting-IPC,2016.

[54] NextFlex. Project Call 2.0[Z],May 5,2016.

[55] Benjamin J. Leever, Eric W. Forsythe NextFlex: Enabling a Domestic Manufacturing Ecosystem for Flexible Hybrid Electronic[Z]s,2015.

[56] NextFlex,NextFlex Webinar,Project Call 3.0,Overview and Q&A[Z],June 8,2017.

[57] 《国防制造创新专刊》之美国国家制造创新网络，中国航空工业发展研究中心,2016 年第 3 期.

[58] Website of AFFOA ：http://join.affoa.org /

[59] Deloitte. Manufacturing USA A Third-Party Evaluation of Program Design and Progress，January 2017.

AFFOA. Project Call 1.0[Z],November 30, 2016.

[60] U.S DoE. Changing Composition of Light Vehicles by Materials,Vehicles Technology Program[Z],2010.

[61] IACMI ,Preliminary Technology Roadmap :Phase one, Nexight Group Prepared[R], February 2016.

[62] Taylor Eighmy ,IACMI— The Composites Institute Update, Board of Trustees ROED Meeting[Z],October 8,2016.

[63] Craig A. Blue IACMI-The Composites Institute U.S. Department of Energy Advanced Manufacturing Office Program Review[Z]，June 2016.

[64] Craig A.Blue,IACMI Overview[Z], November 13, 2015.

[65] Website of AIM Photonics: http://www.aimphotonics.com/

[66] College of Nanoscale Science & Engineering (CNSE) Introduction in website of University at Albany State University of New York: http://cnse.albany.edu/

[67] Dr. Dipak Chowdhury. Strategic interest in AIM Photonics at Rochester[Z], April 5, 2016.

[68] AIM Photonics management team personal profile and experiences from website of LinkedIn: http://www.linkedin.com/

[69] Website of U.S. Department of Defense Manufacturing Technology Program: https://www.dodmantech.com/

[70] Dale Turner. California RMC Dale Turner[Z], April 28,2017.

[71] Denise Swink. CESMII SMLC Manufacturing Panel Denise Swink-CEO-SMLC[Z], April 4-5,2017.

[72] Mark Johnson. Importance of Investing in Energy Innovation and Manufacturing[Z], February 22,2017.

[73] Sudarsan Rachuri. Clean Energy Smart Manufacturing Innovation Institute[Z], February 22,2017.

[74] Ray Collett. CESMII Launch and Overview[Z], February 2017.

[75] Goldman Sachs. Clean Energy Impact Report,2015.

[76] Paul Evans. Initiatives for Applying SM to Continuous Processing industries[Z], January 14,2016.

[77] Jim Davis. MII CESMII Smart Manufacturing Modularization[Z], January 17-18,2017.

[78] John Matranga. OSIsoft Overview and Marketplace Impacts[Z], February 23,2017.

[79] Website of SMLC：https://smartmanufacturingcoalition.org/

[80] Website of CESMII：https://www.cesmII.org/

[81] DOE,EERE. MODULAR CHEMICAL PROCESS INTENSIFICATION INSTITUTE FOR CLEAN ENERGY MANUFACTURING Funding Opportunity Announcement,2016.

[82] Federation of Chemical Engineering. European roadmap for process intensification,2015.

[83] RAPID. The PPT of RAPID Institute Members Council Meeting[Z],March 27, 2017.

[84] RAPID. The PPT of Process Intensification Solutions for U.S. Manufacturing,May 3, 2017.

[85] Website of RAPID Institute: https://www.aiche.org/rapid.

[86] Genentech, Inc. First Recombinant DNA Product Approved By The Food And Drug Administration [Z], October 29,1982.

[87] RADER R A. (Re)defining biopharmaceutical[J].Nature Biotechnology, 2008.

[88] The Medicines Discovery Catapult[Z]:https://md.catapult.org.uk/, May 24,2017.

[89] https://www.360zhyx.com/home-research-index-rid-64691.shtml, May 24,2017.

[90] U.S. Department of Commerce. Remarks: U.S. Secretary of Commerce Penny Pritzker Announces New Manufacturing USA Institute[Z], 2016-12-16.

[91] Manufacturing USA. Fact Sheet: Commerce Secretary Pritzker Announces New Biopharmaceutical Manufacturing Innovation Hub in Newark [Z], December 16,2016.

[92] Manufacturing USA. New Manufacturing USA Biotechnology Institutes: Biopharmaceutical and Biofabrication Manufacturing Innovation Institutes[Z], December 16,2016.

[93] NIIMBL .The National Institute for Innovation in Manufacturing Biopharmaceuticals. F.A.Q.:NIIMBL Operation, Leadership & Membership[Z],May 3, 2017.

[94] NIIMBL .The National Institute for Innovation in Manufacturing Biopharmaceuticals. Education/Workforce Development Needs Survey Results[Z],May 24,2017.

[95] http://www.nhbr.com/April-14-2017/ARMI-promises-biotech-bonanza/

[96] https://www.defense.gov/News/News-Releases/News-Release-View/Article/1049127/dod-announces-award-of-new-advanced-robotics-manufacturing-arm-innovation-hub-i/

[97] http://www.unionleader.com/business/white-house-taps-kamen-manchester-millyard-for-regenerative-organ-initiative-20161221

[98] https://www.defense.gov/News/News-Releases/News-Release-View/Article/1035759/dod-announces-award-of-new-advanced-tissue-biofabrication-manufacturing-innovat/

[99] http://www.xconomy.com/boston/2017/02/06/with-294m-kamen-hopes-to-bring-regenerative-medicine-up-to-scale/

[100] http://www.newhampshire.com/Kamen-predicts-Millyard-will-be-a-hotbed-of-regenerative-medicine

[101] Appendices for Funding Opportunity Announcement (FOA)，Advanced Tissue Biofabrication

[102] Manufacturing Innovation Institute (ATB-MII) Solicitation，W911NF-16-R-0021.

[103] Proposers' Day, Advanced Tissue Biofabrication Manufacturing Innovation Institute, June 17th, 2016.

[104] http://www.afirm.mil/

[105] https://webarchive.library.unt.edu/eot2008/20080916011957/http://tissueengineering.gov/welcome.htm

[106] http://mforesight.org/download-reports/

[107] DOE. REMADE Institute Proprietary Document from Sustainable Manufacturing Innovation Alliance[Z], January 2017.

[108] Website of REMADE：http://www.rit.edu/remade/

[109] The Office of Energy Efficiency and Renewable Energy. Clean Energy Manufacturing Innovation Institute for Reducing EMbodied-energy And Decreasing Emissions[Z], July 2016.

[110] The Office of Energy Efficiency and Renewable Energy. FOA Applicant Webinar Presentation,2016.

[111] Website of ARM: http://www.arminstitute.org/

[112] 刘亚威. 解读先进机器人制造创新机构[Z].中国航空工业发展研究中心，2017.